JN155362

世界でいちばん受けたい

環境デザインの授業

70 KEYWORDS OF ENVIRONMENTAL ARCHITECTURE

中村勉、近角真一、白江龍三、伊藤正利［JIA環境会議］

[目次]

パッシブ思想による環境要素技術

アクティブ技術を少なく、上手に採用

CHAPTER-2

第2章 省資源を「ストック」で考える

CHAPTER-3 第3章 人口縮減時代の豊かな低炭素社会をつくる

CHAPTER-4 第4章 エネルギーを考える

COLUMN コラム

フォーマットデザイン――刈谷悠三+角田奈央|neucitora
編集協力――吉川和宏
DTP――有朋社
印刷・製本――図書印刷

まえがきにかえて

1962年の著作『沈黙の春』で、知らず知らずのうちに自然を失い、化学物質が人間の健康も害する近代社会を批判したレイチェル・カーソン。彼女の作品『センス・オブ・ワンダー』(上遠恵子訳、新潮社)から、いくつかの文章を、ここに引用します。

そのとき、不思議なことにわたしたちは、心の底からわきあがるよろこびに満たされて、いっしょに笑い声をあげていました。

広漠とした海がうなり声をあげている荒々しい夜、わたしたちは、背中がぞくぞくするような興奮をともにあじわったのです。

地衣類は、わたしの昔からのお気に入りです。石の上に銀色の輪をえがいたり、骨やつのや貝がらのような奇妙な小さな模様をつくったり、まるで妖精の国の舞台のように見えます。

子どもたちの世界は、いつも生き生きとして新鮮で美しく、驚きと感激にみちあふれています。

もしもわたしが、すべての子どもの成長を見守る善良な妖精に話しかける力をもっているとしたら、世界中の子どもに、生涯消え

ることのない「センス・オブ・ワンダー＝神秘さや不思議さに目を見はる感性」を授けてほしいとたのむでしょう。

自然のいちばん繊細な手仕事は、小さなもののなかに見られます。雪の結晶のひとひらを虫めがねでのぞいたことのある人なら、だれでも知っているでしょう。

自然にふれるという終わりのないよろこびは、けっして科学者のものだけではありません。大地と海と空、そして、そこに住む驚きに満ちた生命の輝きのもとに身をおくすべての人が手に入れられるものなのです。

――引用は以上です。

この本を、レイチェル・カーソンに捧げます。

序章

環境建築を考える視点

70 KEYWORDS OF ENVIRONMENTAL ARCHITECTURE

KEYWORD

パッシブ型環境建築の思想 #01

環境問題と人口縮減問題を解決するための建築

「地球環境問題」と「人口が縮減する社会」は、これから先、われわれの社会にどのような影響を及ぼすだろうか?

地球環境については、1972年にローマクラブが「成長の限界」、つまり資源が無限であることを前提とした人類の営みはいずれ限界に達するとし、資源が有限なことを前提としたシステムへの変更を提唱した。このことが一つのきっかけとなり、持続可能な社会を実現する試みが世界的に行われるようになった。たとえば、温室効果ガスによる地球環境の問題では、2015年12月にCOP21が開催され、温室効果ガス削減のための国際枠組み「パリ協定」が採択された*。

一方「人口の縮減」は日本にとってたいへん大きな課題となっている。日本の人口は2008年の1億2808万人をピークとして縮減に転じている**。それにより、社会にさまざまな影響を与えるが、とくに憂慮すべきことは、少子化による人口縮減と高齢化は生産年齢人口の比率と絶対数の縮減を引き起こし、地域コミュニティーが維持できなくなる可能性である***。

これら自然環境と社会環境の課題克服には自然環境負荷が低く地域コミュニティが活性化する持続可能な社会へと転換することが求められている。

では、これら課題に対して、建築は、どのような役割を担うべきか?

地球環境問題に対しては、「環境建築」が有効である。環境建築は、省エネルギー・省資源だけでなく、快適で健康的な空間を確保する。その手法にはアクティブな手法(高効率機器の導入)と、パッシブな手法(自然エネルギーの利用)がある。この手法をバランスよく取り入れることが基本だが、地域コミュニティとの関わりではパッシブな手法の影響がより大きい。

地域の気候・風土の特徴を活かしたパッシブ型環境建築と、それらで構成される持続可能な地域づくりに、住民たちが積極的に参加することは、人口縮減時代における地域コミュニティ活性化の手がかりになるのではないだろうか。

環境問題に向き合いつつ、地域を活かす契機となるパッシブ型環境建築がどこまで可能か? 本書を通じて考えたい。

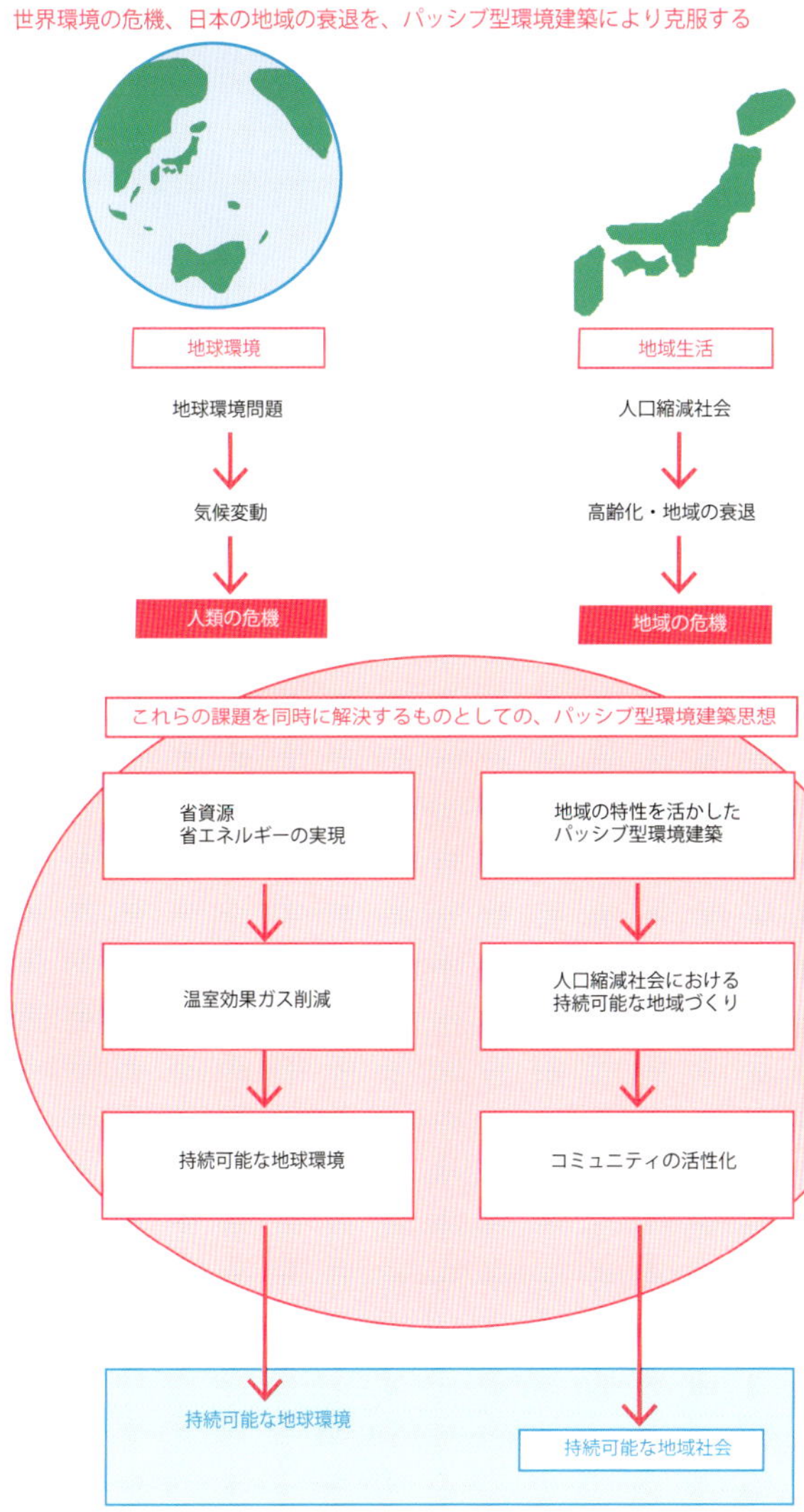

*パリ協定は、世界の平均気温の上昇を2度未満に抑えるため、世界全体で21世紀後半には人間の活動による温室効果ガス排出量を実質ゼロにしていく方向を示した。2016年11月に発効した。

**国立社会保障・人口問題研究所は、日本の人口の中位推計は、2050年に9708万人、2060年には8674万人になると予想している。

***国土交通省の資料によれば、生産年齢人口は2010年に8174万人(63.8%)、2060年に4418万人(50.9%)になるとしている。

［環境建築を考える視点］

KEYWORD #02

流域

持続可能な都市の実現は、流域を単位とする

サステナビリティ（持続可能性）を都市で成立させるには、都市を規定する範域のなかで再生可能な形で、物質を循環させたり、エネルギーを利用することが必要だ。

範域の境界線は国境や行政単位のように人為的なものと、山脈や河川のように自然環境によるものがある。

1970年代にアメリカで提唱された「バイオリージョナリズム」＊では、人間を含めた生物・生命が共存・共生するための環境づくりを、河川の流域のような、そこに固有の自然環境が成立している範域を単位として行っていくことが延べられている。

では日本において「持続可能な都市の範域」はどのように想定すべきか？

それを考えるために、まず、日本の地勢について把握しておこう。

日本列島の中央には山脈があり、そこから無数の河川が流れている。

江戸時代までは、物資の主要な輸送手段は水運で、多くの集落は河川沿いに形成された。また河川流域はそれぞれ、一つのまとまった環境を形成し、他地域の影響を受けにくい自律的な生態系をつくってきた。近代になり道路や鉄道は川をまたがるように整備され、自律的な性格はだいぶそこなわれたが、今後の持続可能な都市は今一度、河川流域を軸に再構築すべきだろう。河川流域で自律的な生態系に対して、人間の営みによる影響を最小限にとどめる努力をすることが、地域の持続可能性につながり、ひいては日本全体が持続可能な社会になることにつながる。

要するに、日本においては、持続可能な都市の範域として「流域」を単位として考えることが馴染みやすい。

しかし、河川流域の環境に一つとして同じものはない。日本において、都市の範域を流域単位で捉えた都市づくりを行おうとするなら、その流域の特性をどのように読み取り、活用すればいいのだろう？

日本列島は北海道から沖縄まで、亜寒帯から亜熱帯まで、多様な気候を形成していることもあり、その流域ごとに多様な気候・風土が形成されている。

流域の特性を読み解くとは、こうした多様な気候・風土に対し、人々がどのように向き合ってきたかを具体的に知り、その知恵を学び、さらにそれを実践的に活用していくことに他ならない。自然の力を利用するパッシブ型環境建築であればなおさらである。流域の特性を把握し、さらにそれを活かす工夫が大切だ。

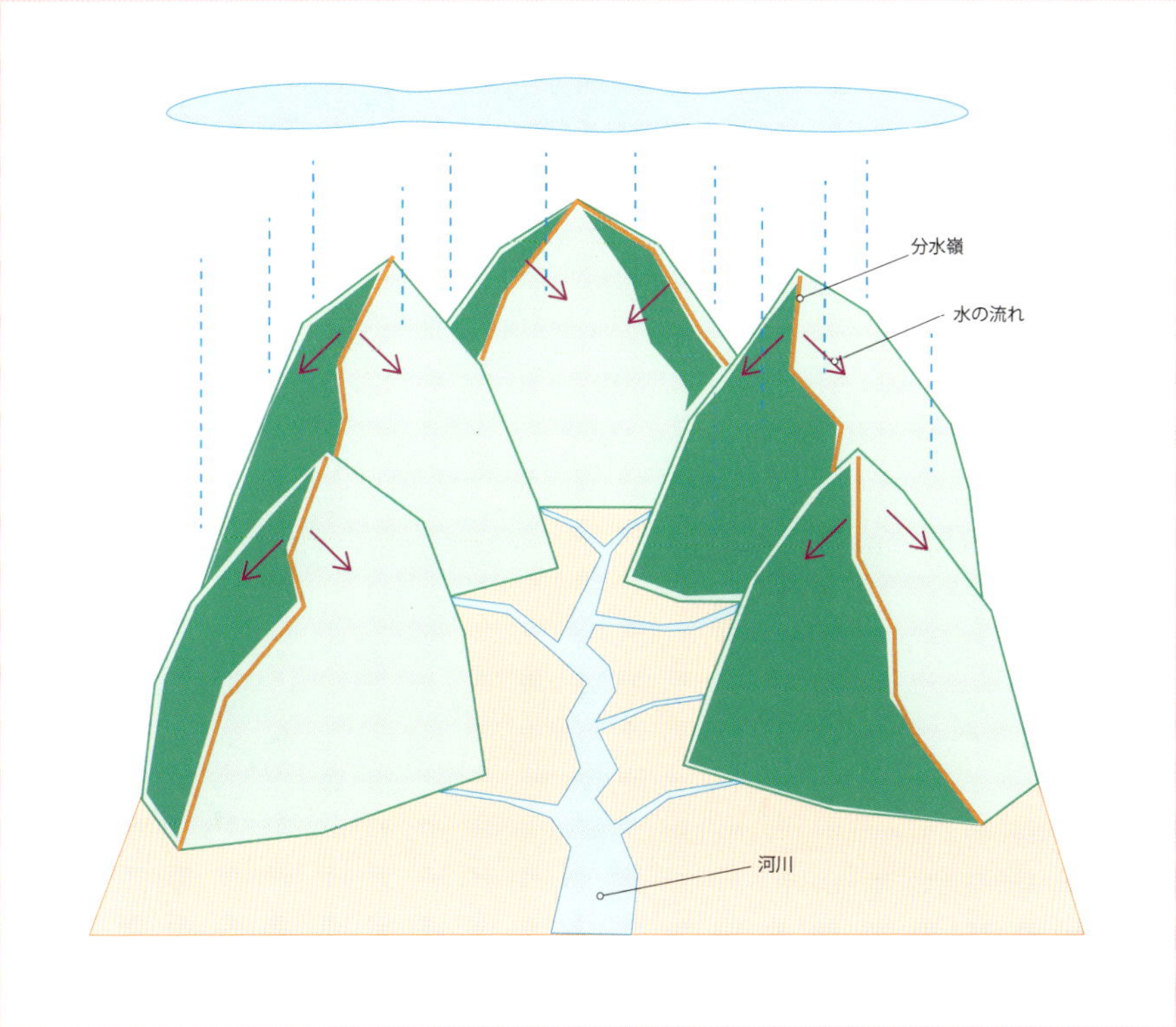

流域のイメージ

河川流域はまとまった環境を形成し、他地域の影響を受けにくい自律的な生態系を持つ。パッシブ型環境建築は、そうした流域の特性を活かす。

＊バイオリージョナリズム(bioregionalism)は、地域の生態系に根ざす形で経済的にも持続可能な地域をつくろうとする運動のこと。
出典:「地域環境デザインと継承(シリーズ地球環境建築・専門編1)」著:日本建築学会、発行:彰国社内のコラム「バイオリージョナリズム」(著:糸長浩司)

［環境建築を考える視点］

KEYWORD

#03 既存ストック

地域で長い間使われてきたものを活用する知恵

21世紀に入って、日本における建設投資額に占める改修費用の割合が年々伸びている。スクラップアンドビルドではなく、既存のストック（建築物）を上手に活用することは、省資源の観点からも、これからの建築の軸となる。

既存ストックを活用する際は、大きく分けて二つの切り口がある。

その一つは「知恵の活用」である。日本の多様な気候・風土のなかで、地域ごとに、多様な建築物がつくられてきた。長い年月にわたり蓄積されてきた知恵と工夫を学び、現代の技術に応用することが重要であり、それはパッシブ型環境建築の基本的な考え方でもある。

日本の伝統的な住宅は、開口部の位置や庇をはじめ、落葉樹を植えて夏は通風と日射遮蔽を両立させ、冬は日射を導入するなど、地域に特有の季節の変化に対応しつつ快適性を得るしつらえがある。木材等の再生可能な資源の活用についても、それぞれの地域に知恵がある。

そうしたことを参考にしながら、敷地の持つ微気候や、植生などの立地特性、地域の気象条件などを適切に読み取り、どのように自然の力を利用するかよく検討することが、パッシブ型環境建築をつくるうえでの基本となる。

もう一つは、「既存のストックそのものを活用」することだ。

多様な風土が形成した町並みや建物自体を活用する場合、将来の活用を見据えた改変と、歴史・文化的価値の保存という、異なるアプローチが考えられる。

将来の活用を見据えた改変とは、既存の建物を現在の社会的要請に応えるために改変することで、耐震性や耐久性等の建物性能を確保する。もちろんすべてを保存するのでなく必要に応じて建て替えも選択肢となるだろう。その場合の評価の尺度にLCCO2＊がある。LCCO2は、建設時、運用時、解体時それぞれのCO2排出量の累積を比較し、環境負荷を評価する手法である。

歴史的・文化的価値の保存とは、地域独自の歴史・文化的価値を持った建物・町並みをそのまま活かすという、ストックの利用法である。文化財としての保存には、そこで生活を営む形もありえる＊＊。

いずれの場合も建物所有者や地域住民が既存ストックの活用に対する価値を理解し共有することが必要となる。

富山県高岡市、金屋町

福井県若狭町、熊川宿

*LCCO2(ライフサイクルCO2)は、建築物の建設、運用、解体というライフサイクルにおいて生じる二酸化炭素の排出量のこと。

**「重要伝統的建造物群保存地区」では町並みが文化財として保存されながらも、人々の生活の場として活用されている。

KEYWORD

マネジメント #04

サステナブル都市に不可欠な地域マネジメント

幕藩体制下で、藩ごとに自給自足的な運営が行われていた江戸時代の都市は、サステナブル（持続可能）な社会のモデルとして紹介されることが多い。

武井弘一氏の『江戸日本の転換点』（NHKブックス）によれば、戦国時代が終わり平和な時代となった17世紀、日本中で新田開発が進められ、水田を中心とした多様な生物・動物が共生する生態系がつくり出された。しかし18世紀になると新田開発は飽和状態で、水田は地力の回復に肥料が必要となり、その供給源となった草山からの行き過ぎた摂取を招くなど、地域における持続可能性を保てなくなったようだ。

このことは、水田を中心とした循環型のシステムは持続可能で生物多様性の保全にもつながる優れたものであったけれど、いくら優れていても、範域内の消費量と再生可能な量のバランスをコントロールするマネジメントができなければ破たんしてしまうことを教訓として与えてくれる。

ひるがえって現代、われわれが行う建築・まちづくりにおいても同様のマネジメントが必要である。さらに一歩進んで社会的な必要性を考慮して、そもそも不要な建物は「つくらない」こと選択肢に入れる必要がある。また、建物をつくる場合も、最初のステップである計画段階で「不要なものはないか？」よく検討することが欠かせない。ビルや建物の運用においても、同様である。

また、適切なマネジメントの実施には、持続可能な社会システムの仕組みに対する地域住民の理解と意識変革が求められる。「ネガワット」＊という、節電により不要となった電力を指す造語がある。削減できたエネルギーを評価することで、利用者の側は「削減する価値」を意識できる。こうした言葉も、利用者側の意識変革を促すものであり、重要といえるだろう。仕組み自体が雇用を生むようにし、経済を地域内で循環させる工夫も必要だ。つまり、持続可能な都市づくりは、環境的な観点だけではなく、経済・社会的な持続可能性も満たす必要がある。

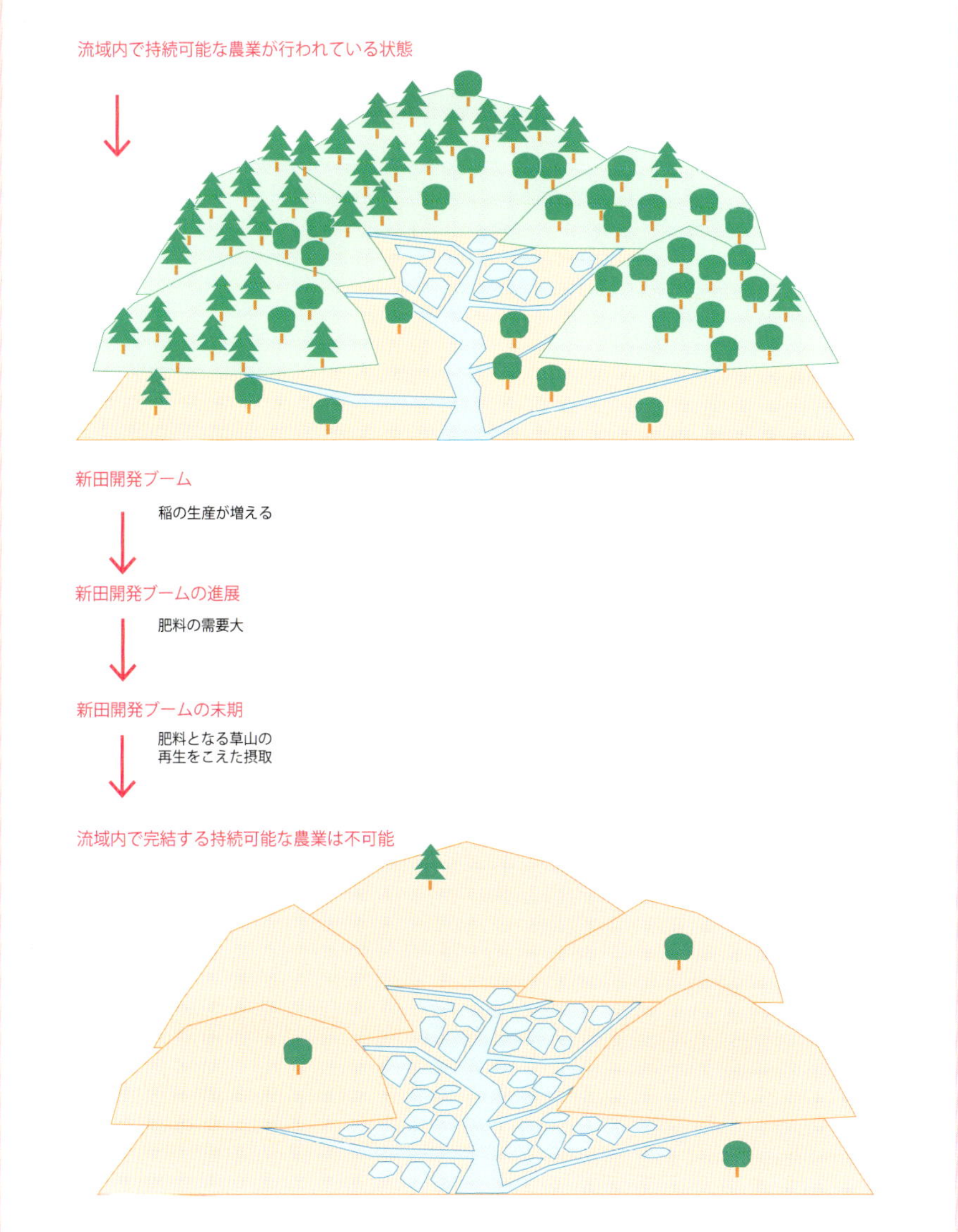

＊ネガワット(negawatt power)は、負の消費電力を意味する造語。

第1章

パッシブ型環境建築の設計手法

70 KEYWORDS OF ENVIRONMENTAL ARCHITECTURE

●ゼロカーボン建築をつくる設計手法

I〜IIIの制御は建築家・計画者の役割

III 空間計画削減手法
面積／時間／空間活動

II 都市のパッシブ環境基本性能
緑化／森／風の道／水路／池／微気候

I 企画・計画による削減手法
住民ニーズ／都市のソフトインフラ／敷地

以上により、10〜50%削減

エコロジーの概念は、生物多様性社会、循環型社会、低炭素社会のすべてが良好な状態にあることである。エコロジーが現実社会で具体化している例としては、日本の伝統的木造住宅があげられるだろう。

地域の自然素材を利用して、気温、湿度、風量などに配慮し、風土に適合するようにつくられてきた伝統的木造住宅は、最後は自然に還ることを念頭において計画設計されており、エネルギーはバイオマスでまかなわれてきた。しかし近代的なライフスタイルにより、多量のエネルギーを使う消費生活となってくると、エコロジカルなバランスは崩れてくる。

その一方で、伝統木造住宅に住みたいと願う人たちは、ライフスタイルの面でも、自然の知恵を活用して、低炭素型の「もったいない精神」でエネルギーを節約しながら豊かに暮らしたいという意欲を持つ人たちである。この精神こそ、パッシブ型の環境建築に受け継がれていくべきものだと考えている。パッシブはアクティブの反対である。電気のスイッチを入れたり、灯油やガスを使うなど、化石エネルギーを使って快適な状態をつくることがアクティブ、そのようなアクションをしないことが、パッシブである。上の図は、パッシブ環境基本性能を中心とする環境建築設計手法を図式化したものだ。

Iは企画・計画段階で、過度なニーズを抑えたり、既存施設の利用を優先したり、自然エネルギーを利用しやすい敷地を選ぶなどの計画条件を検討する段階での手法である。

●ⅠからⅥの手法で一般的に80%以上削減可能
●Ⅵの再生可能エネルギーによっては、カーボンマイナスも達成可能

ここで環境設備設計と建築家が協同

Ⅵ 再生可能エネルギー	Ⅴ 高効率機器の導入	Ⅳ 建築のパッシブ環境基本性能
		①断熱／②気密／③開口部断熱／④日射遮蔽／⑤日射導入／⑥蓄熱／⑦通気／⑧換気／⑨健康マテリアル
これにより10～50%削減	これにより10～20%削減	これにより30～35%削減

Ⅱは外部環境による手法で、緑化や水景化により街区のCO2排出量を削減する。

Ⅲは空間構成による手法。設計の段階で、活動の種類、規模、空間必要条件を考えるなかから生まれるものと、設計作業中にアクティビティを構想するプロセスから生まれるものがある。

そして、Ⅳにあげた9項目のパッシブ環境基本性能が十分に備わっていれば、太陽光や地中熱などのエネルギーを利用することで、寒くない住宅を実現できる。高性能断熱の開口部などを採用すれば、冷暖房、給湯、換気、照明に必要なエネルギーの消費をゼロに抑えたゼロエネルギーハウスも可能である。

本章では、ⅠからⅣの手法について、具体的な内容を、著者が実際に設計した建築物を例にあげながら、詳しく解説する。

Ⅴの高効率機器の導入は、古い冷蔵庫やエアコン、照明などから、COP（エネルギー効率）の高い家電製品や、LEDのように高効率な照明器具などに交換することで省エネ化を実現する手法だ。アクティブな手法だが、パッシブ手法を補完するものとして、本章で紹介しておく。なお、Ⅵの再生可能エネルギーについては、第3章および第4章で検討することとしたい。

パッシブ型環境基本性能を基本とする環境建築のつくり方を普及させることで、最終的には、すべての建築が環境に配慮し省エネに貢献するものとなることが望ましい。建築の存在そのものが省エネルギー、低炭素社会づくりに貢献していることが理想だ。

KEYWORD

空間利用率

利用率をふまえた面積の削減による省エネ

#01/70

パッシブ型環境建築の具体的な手法について、まず最初に、計画論的手法による省エネ化について説明したい。

計画論的手法による省エネ化の指標となるのは、「その施設がどの程度利用されているか？」を示す利用率だ。

社会には非常に利用率の低い施設が存在する。一つの施設のなかにも極めて利用率の低い空間がある。利用率が大きく異なる空間に対して、同じようにエネルギーを与えることは無駄である。

エネルギーが利用者の利便・快適性のために消費されるものだとしたら、利用率に見合った形でエネルギーを消費するシステムを考える必要がある。

たとえば自治体であれば、利用率が低いことが予想される施設について、「つくらない」も選択肢の一つにしてほしいと思う。著者は以前、一度見たら10年行かないような文化歴史施設をつくるより、歴史的事物のある場所を実際に案内したほうが、いきいきと歴史を学んでもらえるはず、と考えて、「まちぐるり博物館」を実現させた（左頁参照）。

また、企画・計画の段階で、ニーズ把握を上手に絞って全体規模を縮小することも省エネ化に通じる。港区のみなと保健所の計画では、9000㎡の要求面積を土地に合わせて7500㎡まで縮減した。そのなかで各部の要求面積を約10％縮減してもらったのである。運営を工夫してもらうことも省エネ化の計画手法だと知った経験である。

施設に利用率の低い空間が存在する場合は、仮に利用率の少ない空間が2種類あるなら、1・5倍の広さの空間を一つつくって、そこに二つの機能を持たせるというような計画手法もある。

学校の特別教室などはその典型で、たとえば理科と図工室を別々につくるより、どちらにも利用できる1・5倍の大きさの教室をつくれば、面積を削減できる一方、教室は広くなり、利用率は高くなり、活気ある特別教室となる。

このように、空間の数を減らしつつ、一つの空間を多用途に使いこなすことができれば、エネルギーの節約につながるだろう。

環境建築は、できるだけ機器に頼らないで実現することを旨とする。「つくらない」ことも含めた計画論的手法や、外部環境を徹底的に活用する空間のデザインによって、建築による省エネルギーを具体化していくのだ。

羽後長野西の八乙女城址から見る「まちぐるり博物館」のある秋田県中仙町（現大仙市）。手前の玉川が酸性の強い毒水の川であったため、田沢湖に入れて希釈し、田沢湖用水として1660年以降に仙北平野の開拓ははじまった。江戸時代の開拓では藤原朝の鏡が200近くも発掘され、その一つは駅東側の水神社の御神体に納められた秋田県唯一の国宝の鏡である。水をめぐるこの地の歴史は、羽後長野が日本海廻船から雄物川、玉川と舟運で京都、奈良とつながっていた平安時代にさかのぼる。風景の中の散居としての屋敷林は、奥羽山脈からの伏流水が沸き上がる湧水源とその周辺の農地を示している。現在は7代目の用水が奥羽山脈の中腹を流れている。町の案内人に深い町の歴史を魅力的な現地で案内してもらうのが「まちぐるり博物館」である。

KEYWORD

空調範囲

#02/70

空調する面積を減らしてエネルギー消費削減

大きな施設を全面的に空調するより、目的空間のみに限って空調する方が、エネルギー消費は少なくできる。

エネルギー利用の観点からみれば、空間は大きくても、エネルギーを利用する範囲をたとえば半分に限定することで、大きくCO_2を削減できる。

大東文化大学板橋キャンパスの教室棟の場合、教室や研究室は空調ゾーンとする一方、自由研究ラウンジや廊下、「スパイン空間」と名付けた半屋外などの中間領域は空調しない方針とした。中間領域を、空調なしで、冬や夏も快適に不特定目的活動に利用できるようにすれば、約45％の省エネが可能と想定した。中間領域を多く設けることで、照明エネルギーについても大幅に削減できる。

この手法のカギは、「半外部の空間をいかに快適にできるか?」である。

まず第一に、南側の陽だまりを利用できるか?

そして第二に、寒風の影響を受けないようガードを固めることだ。

広場から連続した1階のラウンジは、東と西は壁、北側は教室に囲まれているため、南の広場に大きく開かれていながら、陽だまりで、風もない、快適な空間となっている。学生たちは椅子に座っておしゃべりをしたり、パソコンを開いたり、広場は教室への入口となっているので、誰かがここを通るときに声を掛け合う、学生たちのコミュニケーションのうえでも重要な空間となっている。

ちなみに、このような半外部の空間を快適に設計するには、鉄道の駅空間が参考になるだろう。

駅はもともと、線路とプラットフォームは外部にあって、列車内を暖かくすればよかった。その開放性は、現在の地下鉄の駅と同じように、外部との区切りとなるガラスや扉がなくても問題ないように計画されている。

プラットフォームは吹きさらしで寒いけれど、階段下やコンコースの少し内側に入った風の影響の少ないところでは、暖房や冷房をしていなくても、過ごせるものだ。もちろん北国の待合室などでは仕切りの中でストーブを焚いているのだけれど。

地域の自然環境について考えるとき、その土地の鉄道駅の空間を観察してみるとよい。不特定目的の活動においては、空調なしの外部空気利用でも、意外と快適に過ごせる日が多いことがわかる。

大東文化大学教室棟1階ラウンジは、南の広場と連続した外部空気の空間である。北風を避けられる空間は、南の太陽光が床を温め、厳寒期でも太陽があれば暖かい。学生たちは談笑したり、ランチを食べたり、パソコンを開いたり、さまざまな活動が可能である。エネルギーを必要とする空調をしなくても、快適な環境をつくり出すことが環境建築設計の醍醐味だ。

［パッシブ思想による空間計画論］

KEYWORD

#03/70 設計者による計画条件再構成

環境の力を活用するために、俯瞰で考えよう

計画条件を考え直すことで、環境負荷を低減させることができる。このやり方は、パッシブ型環境建築を実現させる、計画論的手法の一つといえる。

しかしながら設計者が川上に遡って検討しようとすると、「すでに決まったものをなぜ」という意識が関係者に強く働くため、その実現はなかなか難しい。

環境の力を的確に利用したい設計者としては、敷地の選定についても計画を考え直してほしいと求める場合がある。

昔の日本人は土地を日向、日陰と呼んで、稲を日向に植えようとした。農民たちの知恵は、土の力、太陽の恵みを、環境の力として最大限利用しようとした。

著者が建設予定の敷地を見に行くときは、太陽のエネルギーを十分享受できるか、風通しはよいか、湿気はどうか、地盤はしっかりしているかなど、環境的な状況を調査する。さらに、建設に無駄なコストがかからないか、自然の力をエネルギーとして利用できるかなど、一つ一つ確認しながら計画を進めていく。

七光台保育園では、建物の背後に小さな森を残し、建物の前面に園庭を配置した。前面の園庭は、太陽で熱せられることで、気流が上昇する。すると気圧が低くなった園庭に、背後の森から涼しい空気が流れ込む。このようにして施設内を森の冷気が通り抜けていく。これはパッシブ型の手法による建物の配置計画により、自然通風を確保した一例である。

造成計画などでも、一般的には、平らな上面を大きな法面や擁壁で造成する計画が最小コストでつくる手法とされているが、環境的には、大きな埋め土や、急こう配の切り土擁壁などは、防災面も含め、コストがかかる場合が多い。自然共生型の造成手法により、自然に近い景観を再整備しながら造成するという、パッチワークのような手法を検討することも必要だ。

長久手市の愛知たいようの杜は、吉田一平理事長の雑木林郷の思想を重んじて、樹木を残し、隙間に建築する方法で施設がつくられている。家の屋根を越す樹木を植樹するのではなく、土地にある樹木を利用する発想だ。

少し引いて俯瞰的に見直すことで、もっとよい、素直な方法が見えてくる。

七光台保育園では、建物の前面に園庭を配置。建物の背後に小さな森を残した

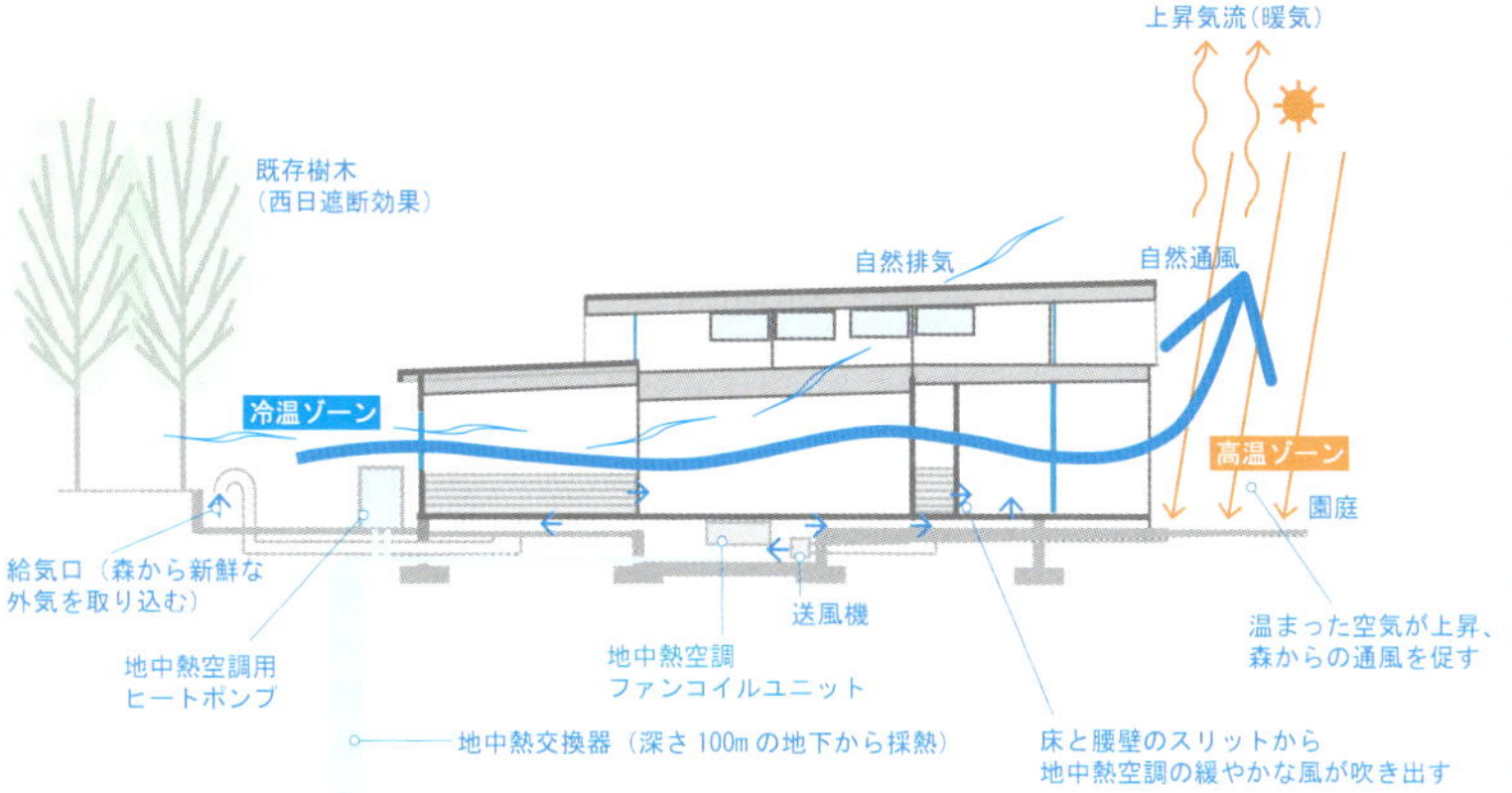

七光台保育園の敷地は、西北に小さな森があり、敷地調査の際に常に行う、「涼しいところ探し、暖かいところ探し」で園地が暖かく、森が涼しくなることを解読した。畑地であった敷地を囲む森の形から円形の園舎を配置し、中央の園地が子どもの遊ぶ活動的な空間である。森から園地へ流れる通風が建物内を貫通するように、窓、高い天井などが工夫されている。

KEYWORD

利用状況をふまえた手法選択

#04/70

利用者の活動パターンや利用時間を考慮する

利用状況に対応したエネルギー消費を考える手法には、

・センシング技術による方法
・パーソナルなウエアラブル製品
・利用時間を少なくするなど運営方法により削減する手法

などが考えられる。

まず、人が近づくとセンサーで照明が点く、といったセンシング技術による調整は、利用状況をダイレクトに電力に対応させる方法であり、今後さらに多くの場面で活用されると考えられる。

とはいえセンシング技術の場合、電気や水に関しては、スイッチを入れたり、蛇口をひねれば十分なエネルギーをすぐに享受できるけれど、温度や空気の質に関しては、準備期間が必要であり、終わってからも無駄なエネルギーが残るなど、必要な時に必要な量だけ供給することが難しいという問題がある。

次に、ウエアラブル製品については、すでにクールジャケットのようなパーソナルな空調機が出現しており、その意味で今後のさらなる進化が期待される。

運営面での省エネ工夫については、少人数で長時間全館を利用するような、エネルギーの利用効率が悪い状況を、いかに改善させていくかが問われている。

残業を行う場合は建物の一部の領域に限定する、というようなやり方や、活動領域に合わせてスイッチなどでゾーニングするようなソフトなアプローチが効果的だろう。

これらの手法は工学的アプローチでは見えてこない。計画論的なアプローチを重視して、教育や福祉などの現場で実際の活動パターンを知ったうえで、利用者の側から改善提案できるような状況をつくり出すことが必要だ。

現場の状況をしっかり把握すれば、利用時間を短縮する、夜の利用を少なくする、入れ子の空調ゾーンを設定する、など、運営面の環境提案が可能だ。計画論的なアプローチによって、利用者のニーズに合致した手法を採用できる。

太田市の中央小学校でエコ改修の設計をしたとき、内断熱を採用したことがある。学校施設は一般の施設と違って、活動時間が短く、かつ昼間に限定されている。そのような場合は外断熱よりも内断熱の方が省エネ率が高いという計算結果が出たからだ。利用時間や時間帯を考慮したうえで断熱や熱供給の方式を検討しなくてはならないという一例だ。

利用状況に対応してエネルギーを少なくする3つの方法

①センシング技術によるもの

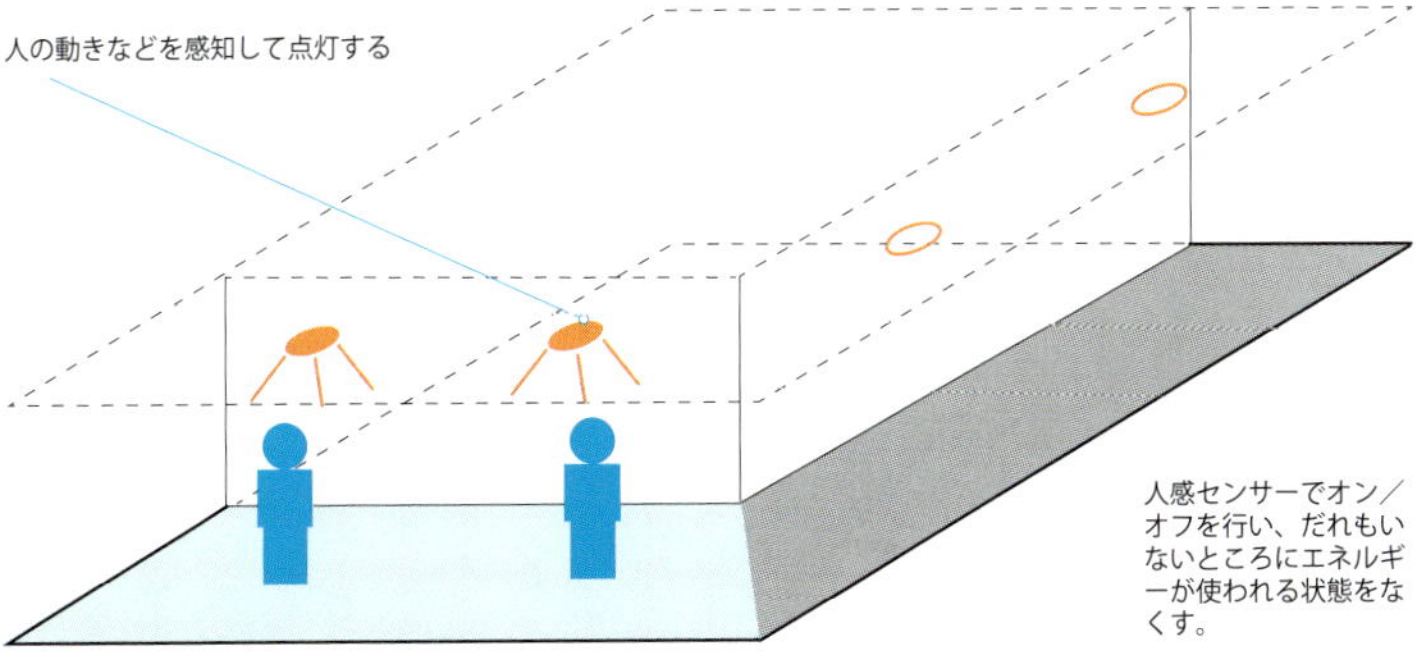
人の動きなどを感知して点灯する

人感センサーでオン／オフを行い、だれもいないところにエネルギーが使われる状態をなくす。

②ウェアラブル製品によるもの

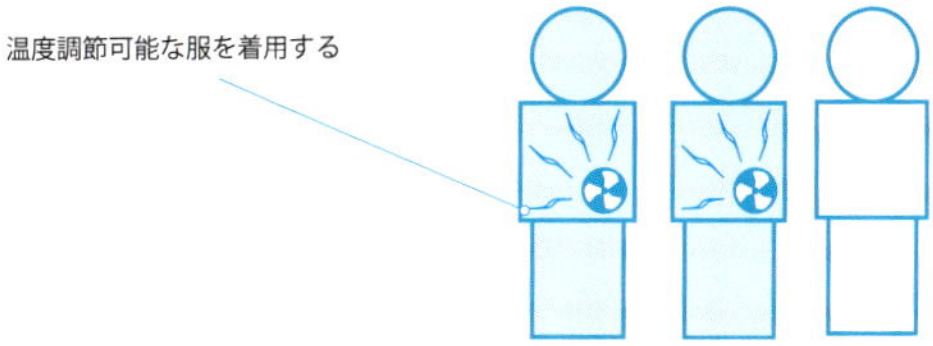
温度調節可能な服を着用する

作業着内を空調する手法。空間全体の空調より、はるかに少ないエネルギーで快適化できる。

③運営方法によるもの

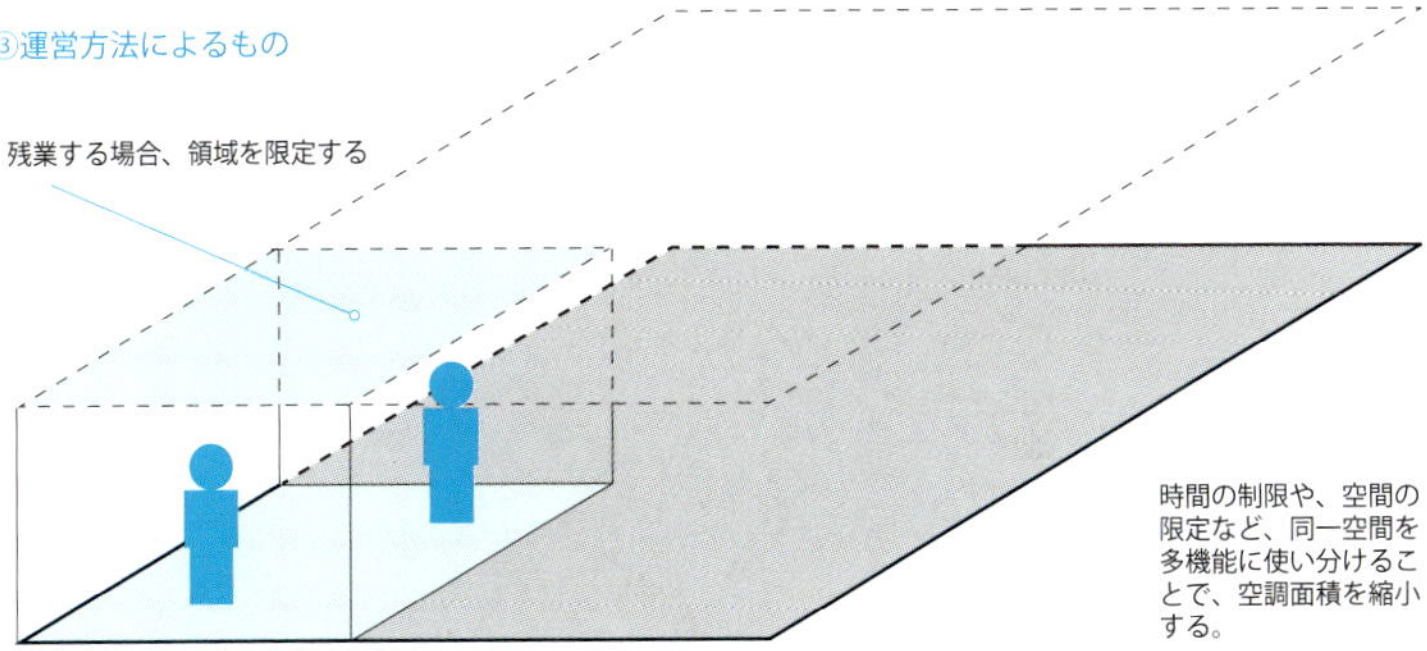
残業する場合、領域を限定する

時間の制限や、空間の限定など、同一空間を多機能に使い分けることで、空調面積を縮小する。

KEYWORD

#05/70

環境の形に学ぶ

環境がつくる形に環境建築のヒントがある

それぞれの風土で、雨風を凌ぎ、寒さから身を守るため、長い年月がかかって伝統的な家は生まれ、変化してきた。

もともとは自然から生まれ、自然に還る材料が使われてきた。しかし、近代社会となり物質文明が到来し、新しいライフスタイルが生まれ、住宅の形や材料に大きな影響を与えてきた。そしてこれからの低炭素型社会、人口縮減社会を考えると、もう一度「知足」、足るを知るという思想が重要だと思っている。

そして、建築家である筆者は、新しい建築の在り方を考え続ける。環境を考えることから建築は変わりうるか？

環境意識の高い建築の例として、今から50年以上前、1963年に吉村順三が設計したNCRビル（現：日本財団）がある。

このビルは、外壁にダブルスキンという手法を取り入れた最初の例だ。二重のガラスで囲まれた空間が熱を取り入れ、空気を排気し、新鮮空気を取り入れる。

また、みなと保健所（#30参照）では、外廊下の手すり部に保水レンガを積み、水で浸らせ、外気の潜熱をとり、内部に負荷を与えずに、涼しい新鮮空気を取り入れる新しい建築も生まれている。

大胆な環境建築も登場している。高層ビルの外皮を流れる空気が、二つの壁の隙間にスピードを増して流れ込み、タービンを回して電気をつくるのだ。つまりみずからエネルギーを生み出す建築も登場している。

こうした建築を考えると、建築の形も変わってくるかとわくわくする。

自然の形には、参考にすべき環境の形が存在する。

雪の風景には、風がつくった風紋や、鋭い雪庇などの形が見て取れる。

太陽のエネルギーを取り込もうとする植物の葉脈や、枝の延び方なども、よく考えられていると感心する。

植物の種が遠くに運ばれるための形もおもしろい。風に乗って舞う姿は、種を頭にした飛行機の翼のようだ。ひねられたらせん状の形は、まわりながらゆっくり落ちていくためにつくられている。

新しい建築の形は、まだまだありそうだ。

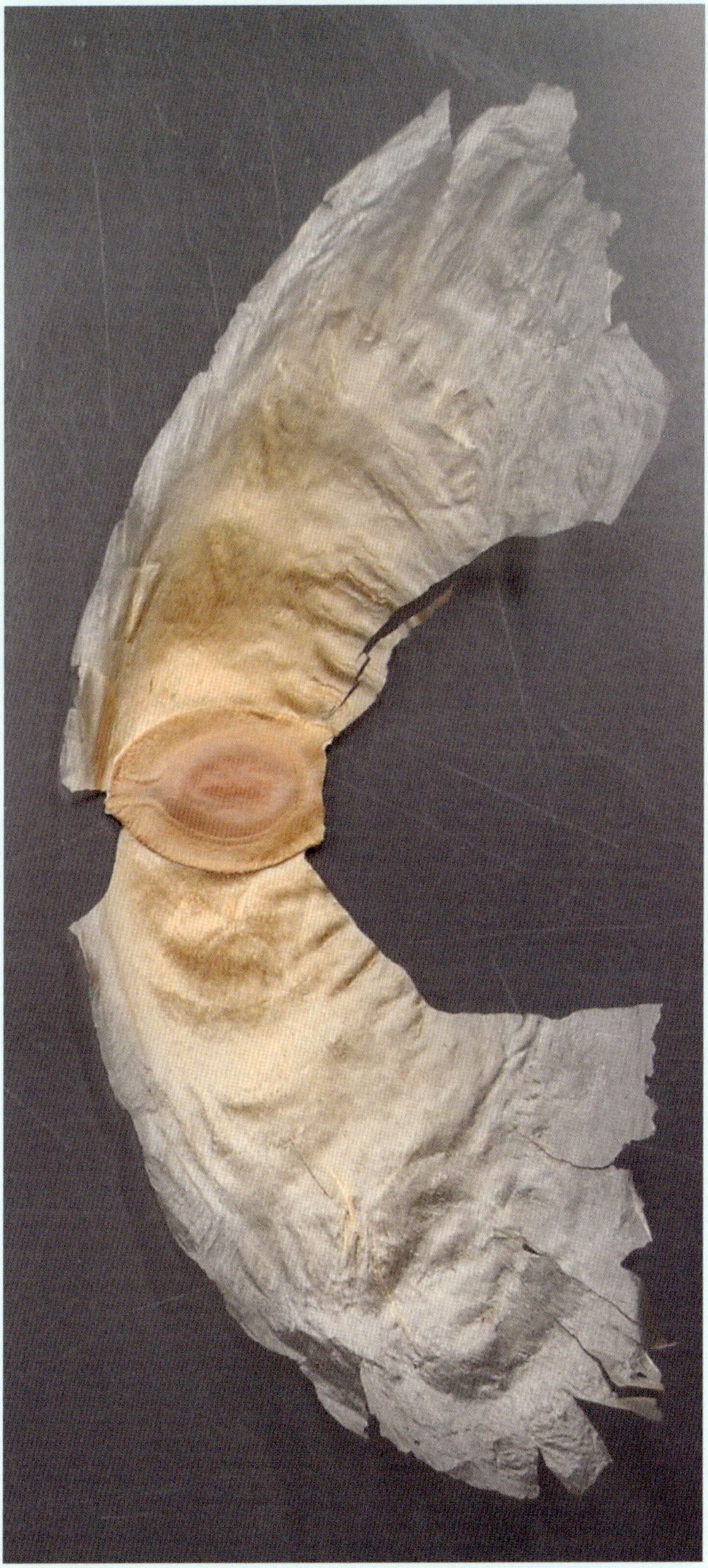

風で運ばれる種の形（工学院大学篠沢健太教授提供）
工学院大学で筆者は「環境の形」を木造で実際につくろうという設計課題を3年間行った。学生たちがつむじ風や波の形、炎、噴水、樹木、葉脈などさまざまな環境（本当は現象）を形にしようと頭を抱えていたとき、ランドスケープを専門としている篠沢健太氏がこの種をもってきて上空から落とすと見事にくるくる回った。リリエンタールやライト兄弟なども空気の力をどのように利用できるか考えをめぐらしていたのだろう。環境から建築の形を考え直してみたいと思っている。

［パッシブ思想による空間計画論］

KEYWORD

エネルギーフロー

建物のエネルギーフローを断面で捉え、考える

#06/70

エネルギーフローについては、断面で考えることが基本となる。

エネルギーは何らかの物質によって移動する。環境建築においては、熱の伝搬は、対流、伝導、放射、蒸発の4つの方法によることを頭に入れ、水や空気を筆頭として、物質のフローによってエネルギーを伝えることを考える必要がある。水や空気にエネルギーを載せ、その流れ（エネルギーフロー）を、自然の力を利用してうまく制御することが大切だ。

室内では、冷たい空気が下に集まり、暖かい空気は上に集まる。上に集まっている空気は、ファンを使って下に送ることができる。

水は下に落ちる。水は水蒸気になると上昇する。氷になると水の上部を浮遊する。水を利用するときは、下に落ちる力を使えば、動力は少なくて済む。

熱伝達を考えるとき、熱交換は欠かせない。空気で熱交換する、水で熱交換する、水から空気へ伝達する、など、位相を考えながらエネルギーを移動させることが必要だ。たとえば、エネルギーは水で地下へ運び、空気に伝搬させて上に送るというやり方である。ちなみに、エネルギーを運ぶものとしては、容積比熱を熱伝導率を考慮しながら比較するとよい。

エネルギーが空間の中をどう流れているかを考えるだけではなく、蓄熱もあわせて考えると、エネルギーを時間をずらして利用する手法が生まれる。

大東文化大学の板橋キャンパスでは、地中熱とコージェネレーション（熱電併給）の廃熱を、蓄熱水タンクに蓄熱させることで、蓄熱量の多い水によって外部から取り入れた空気を温める仕組みのヒートトレンチを設けた。

冬、キャンパス広場内の給気塔から給気した空気は、長さ約70mのトレンチで最大7℃温められる。これを外調機に送り、温められた空気は、ダクトで各階の床下へ導かれる。

この暖気は、床下でフローリングを温め、かつ躯体のコンクリートに蓄熱し、窓際のスリットから室内に導入される。それぞれの室内は、各室独自の判断で温めることが可能である。

その後室内の空気は、入り口上部のスリットから廊下に出て、ソーラーチムニーのスリットから外部に廃棄される。

空気は一方通行で、リターンを使わなくても済む効率のよい手法である。（夏のエネルギーフロー図は071頁参照）

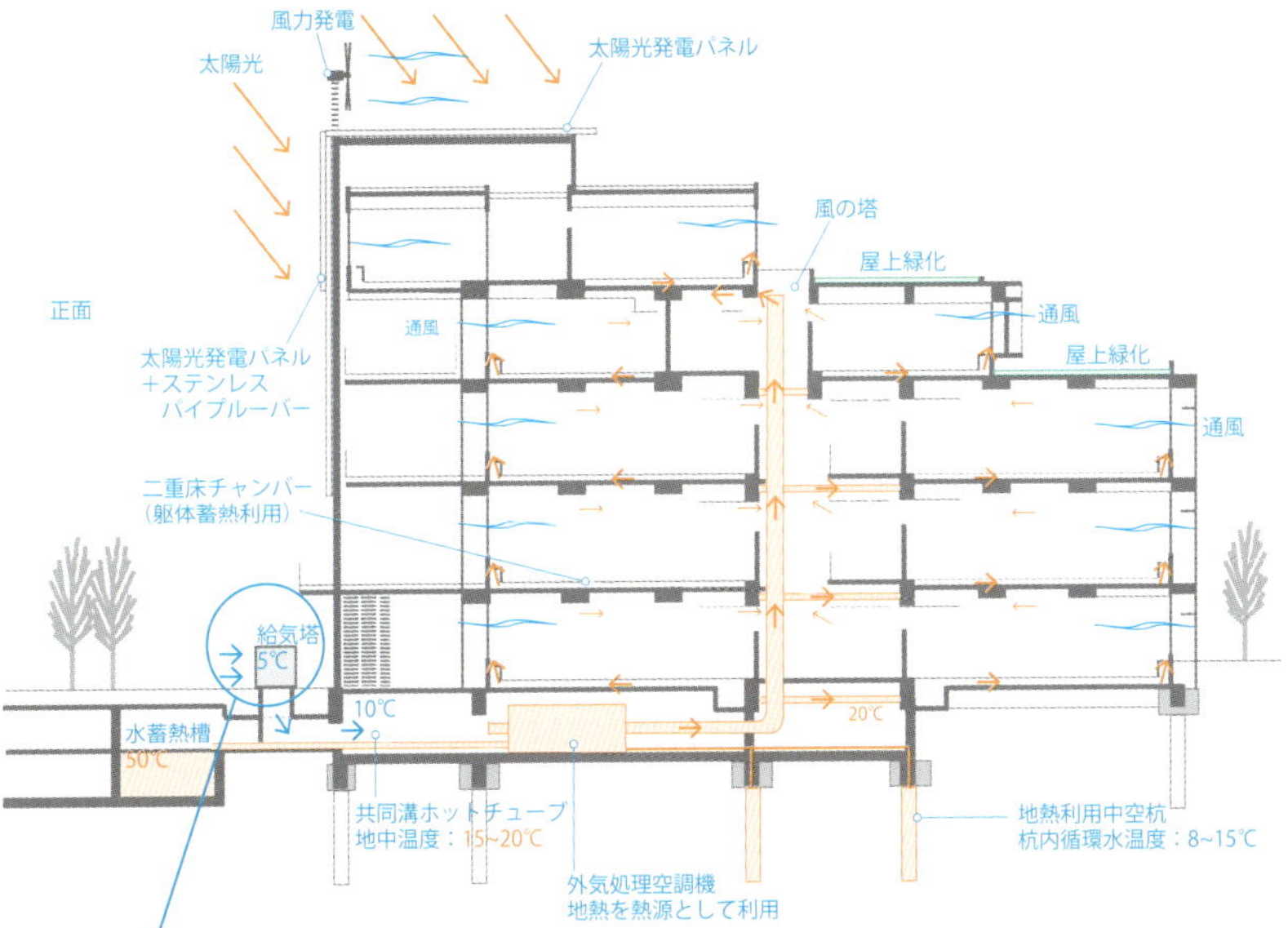

給気塔

冬の大東文化大学教室棟では、25ｍの深い杭で地中熱を利用し、新鮮空気も地下トレンチを150ｍ通る間に温度を上げる。またコージェネレーター発電機からの廃熱を旧図書館（現広場）の地下水槽に蓄熱している。これらの熱を外調機で空気に伝え、吹き抜け内のパイプダクトで各階の床下に導入する。空気は床を這いながらコンクリート躯体に蓄熱し、窓際から室内に入り、上部のスリットから廊下へ出て、最後は吹き抜け（ソーラーチムニー）上部のスリットから排出する。「地下から床下へ、そして廊下を温めて外部へ」という、水や空気に託したエネルギーは、各所で蓄熱したり、非空調廊下を温めたりしながら動いていく。フローにより、有効なカスケード利用が理解できる。

正面（南面）外観

KEYWORD

#07/70 エネルギーの「流れ」と「形」

パッシブ型環境建築は「流れ」を取り入れる

地球上のあらゆるものは、エネルギーの流れの結果、生まれた形である。

海の水は、太陽の熱により水蒸気となって空中に浮きあがり、気圧の差によって上空へ向かい、低い気圧の方へと移動して、雨や雪となって落ちてくる。

雲の形。空の色。中学生のときにとても感動した筆者は、雲の形と動く速さを何日も飽きずに観測したことがある。

陸地に降り注いだ水は、まず樹木の葉に落ち、幹を伝って、根本へ。枝葉を伝った水は根本から離れた地面に落ちる。水を探して伸びる根は、地面をしっかりとつかみ、木は大きく成長していく。

水は大地をうるおし、土の成分と溶け合い、バクテリアに活力を与え、植物、動物、生き物たちを恵みを与えながら、下流へと流れていく。

水の流れは、小さな支流が合流しながら、やがて大きな流れになっていく。大雨で氾濫し、上流から下流へと土壌の養分を移動させたりもする。

一方大地は、地中にあるマグマのエネルギーで揺れ動く。水蒸気を噴き上げ、ときには噴火し、大きく姿を変える。長い長い時間の経過のなかで山地がつくられていった。

長野県の山などは断層が多く、尾根のくぼんだところを幾つか見つけ、それを結んで断層を発見する楽しみがある。

5月の朝、ウエールズの農村を散歩していると、生け垣から生まれたばかりの鳥の雛の声が聞こえてきた。小川のせせらぎと一緒に耳に届く、新しい命の声。イギリスには、ヘッジローと呼ばれる境界の生け垣が、総延長で45万kmもあり、600種の植物、1500種の昆虫、65種の鳥類、20種の哺乳類が生息しているという。ヘッジローが生物多様性計画の重要な拠点となっている。

日本では里山が生物多様性の拠点だろう。針葉樹と照葉樹が混植され、さまざまな生き物が生息する。人は里山の木で家をつくり、木の実や小動物を食べ、木を燃やしてエネルギーを獲得した。

土地を耕し、大地からの恵みを受けとる農の営みが、コミュニティを育くみ、土地には歴史が刻まれていった。「水の流れをいかに制御するか?」が、地域の形をつくり、歴史をつくった。

建築もまた、自然エネルギーの流れを取り入れることで、自然に歯向かうのでも、屈するのでもない、まさに自然体の建築が生まれるのではないだろうか。

港区立みなと保健所

8階建ての庁舎の中央に、ソーラーチムニーをつくった。ソーラーチムニーは8層の吹抜け。北面に折り紙のような白いパネルを取りつけている。パネルは垂直に対し75度で折れ曲がり、空気上昇を誘引する。パネルの表面は反射率の高い、クラシコアンティコというイタリアの鏝塗りで塗装。上部からの光を各階に分散する役目も果たす。

ウエールズのヘッジロー

イギリスの中南部はゆったりしたアンジュレーション(土地の起伏)のある丘陵地で、高い山もなく、延々と小麦畑が続いている。そこは車の道と運河が縦横につくられていて、ときには道路と運河が立体交差をしている。運河の駅もあり、ボートで旅をする人などが一泊する設備も用意されている。敷地境界はヘッジで囲まれており、そのほとんどは小さな小川に沿っていて、ヘッジの中は小鳥が安全に過ごせる環境となっている。このような自然との共生の環境は、厳しい気候の中で培われたイギリス人の自然観なのだと思う。

KEYWORD #08/70

「衣替えする教室」

季節や時間の変化を感じることで生まれる工夫

日本の季節は美しい。四季の変化はうつろいの美学を生み出した。一日のうちでも朝、昼、夕と時間の経過により光の方向が変わり、部屋の温度も変わる。

日本の学校は、明治28年、文部省の三島通良が、暖房も照明器具もない時代の校舎として「北廊下に南教室」という標準設計をつくった。

広島県福山市に、開放的な南廊下の学校が残っていた。環境工学の研究者からは、これからの温暖化の時代には南廊下のほうがよいという声も聞かれる。日差しの強すぎる教室にとって、南廊下は、温熱緩衝ゾーンとして利用できるメリットがあるからだ。

福山の学校の教室は、夏は日射遮蔽されているので涼しいが、冬は太陽のエネルギーを享受できないため、寒い環境となっていた。しかしこの問題は、南の開放廊下に窓を付けることで簡単に解消し、しかも温熱的にはより優れた効率を実現することができた。

環境省学校エコ改修事業で群馬県太田市立中央小の北廊下型の学校の耐震改修の例では、耐震補強とともに改修した。南側にアウトフレーム工法を採用し、2・5m幅の空間が付加されて、約5mのオープンスペースが生まれた。この工法は、室内空間が2・5m増加するというメリットがあり、オープン（多目的）空間を教室のすぐそばに設けられる点からも、推奨されるべき工法ではないかと考えている。

このとき副校長から、夏は教室を北側に寄せ、冬は南側で勉強するという「衣替えの教室」が提案された。

横浜市港北小学校の改修のときは、学校側が教室と廊下との間の間仕切りを開放したオープンスクール形式を強く要望した。この学校では「利用されていない空き教室を利用する」という条件でオープン化に踏み切った経緯がある。

南北軸の校舎の場合、東教室西廊下タイプの教室は、午前中しか光が当たらず、午後は寒い教室として不人気だ。南北軸の既存校舎を改修し、学年ブロックで暖房区画をして、教室と廊下との間はオープンにしたところ、朝も夕方も明るい教室となり、「一日中暖かい学校」といわれるようになった。廊下との間仕切りをなくしただけで、南向き教室よりも太陽光のエネルギーをたっぷり享受できる。

季節や時間の変化をていねいに感じられると、いろいろな工夫が生まれてくる。

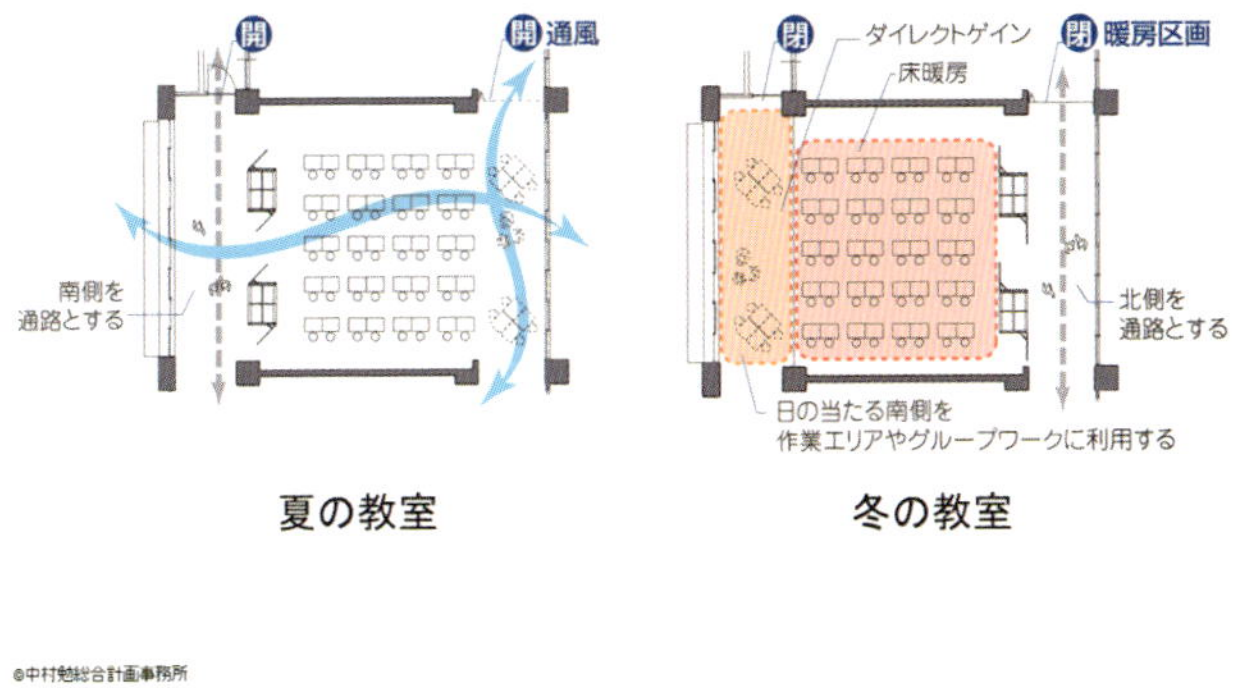

「衣替えする教室」太田市中央小学校

北側廊下はもともとの廊下であり、南側に耐震補強としてPCフレームを躯体から2.5m離して建設し、本来の躯体との間を梁とスラブで連結した。校舎は南側が窓面積が大きく、耐震的に不利であり、アウトフレーム工法で南側の耐震性を補強すると同時に2.5mの空間が増築する形が生まれた。教室に対して北と南合わせて5mのオープンスペースが生まれたことになり、教室部分を南に寄せると北に、北に寄せると南にオープンスペースができる。これをどのように利用するかで副校長先生が「衣替えする教室」と名付けた。

太田市立中央小学校の「衣替えする教室」。冬の教室は、南側の窓から太陽光を導入。窓の外に見える太陽集熱パネルが温水をつくり室内を暖房する

KEYWORD

内部空間の使い分け

#09/70

部屋を季節で使い分ける「住まい方」の知恵

大きな民家は、その内部に入れ子のような空間をもっている。

外皮から考えると、雨戸、ガラス戸、網戸のある廊下空間があり、内障子の内側に畳の間がある。

南側の畳の間は、奥座敷、中座敷、板の間に分けられている。

北側は、南のハレに対してケの間で、奥から寝床、納戸、茶の間があり、生活の場に使われていた。また北側には、厠に通じる開放廊下がつけられていた。

東に土間があり、反対側に使用人の部屋、厩、風呂、かまどなどがある。

このような民家は、現在のライフスタイルでは使いにくく、土間を板の間にして内部化した家を、入れ子のように改造して利用しているケースが多い。

そうした場合、おもしろいことに、寒い冬には新しい家に閉じこもって、夏には広い座敷に寝るという、夏と冬を使い分ける住まい方をする人が多い。

元来、日本の家は夏を旨としてつくられてきた。ただし、人が過ごしやすいように夏を旨とした家にしているわけではない。床下の開放性は、シロアリからの被害を少なくする。雨量の多いところでは、進入した雨水がすぐに乾燥するよう、壁内部に空気の流れをもたせた。つまり長持ちする家にするためである。

現代のライフスタイルでは、冬は寒くて耐えられないと思いがちだが、伝統木造を愛する住まい手は、10〜16℃程度の温度で生活することを好み、18℃で「暑い」という。衣服でも調節している。

3・11以前なら、それまでに獲得した快適性を保持したいという人がほとんどだったが、それ以降は、時代遅れと思われてきた、いろりや暖炉、こたつなどの局所暖房や、採暖といわれる方法も、見直されてよいと思われる。トイレや風呂場など、一部の部屋だけ寒い状態にしておくと、ヒートショックにより、死亡率が高いというデータもある。急激な温度の変化によって血圧が急変すると、脳卒中や心筋梗塞などのおそれがある。

とはいえ、暖房している室からは暖気がにじみ出るため、外側の空間もある程度の温度は保たれているものだ。

地域の歴史、風土に根ざした伝統木造文化は、基本としてパッシブ型でLCCO2が少ない建築で、次世代の低炭素社会の基本的思想となりうると改めて思う。

土浦の岩瀬家

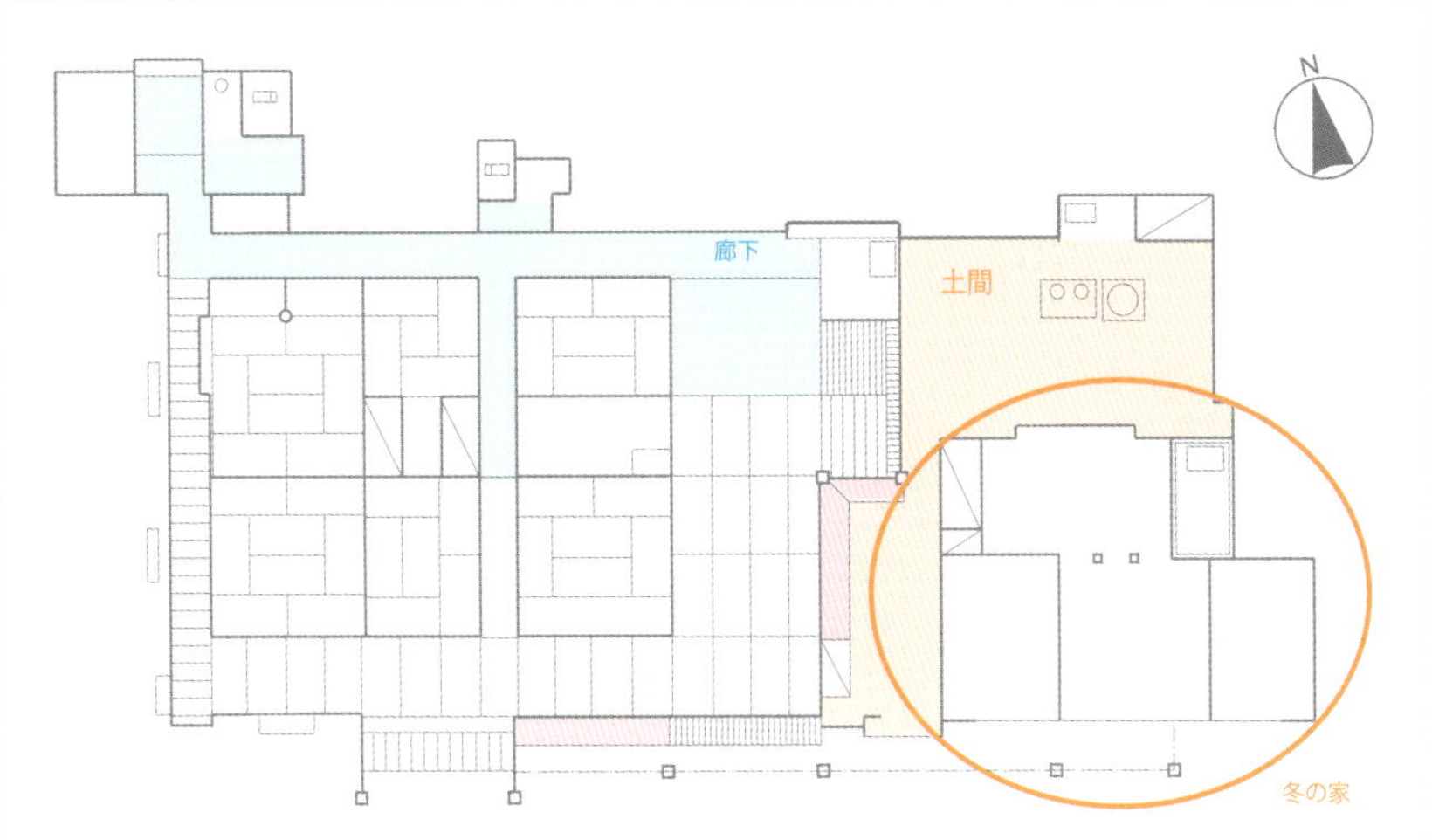

土浦岩瀬家の「冬の家」

土浦市の北東部上山崎にある岩瀬家は、南側に江戸時代からの小作の家波を控えた豪農の住まいを伝える民家である。西側には大名のための玄関の間が用意され、内部は南に4つの間が並ぶ。この家には東に大きな土間があり、北側に竈が残る厨房が、そして南側に仕事場としていた土間があった。この大きな家では暖房費が大きくかさむため、南東の部分を改造して3DKに相当する入れ子の家をつくって暮らしていた。これを「冬の家」と呼んだ。

KEYWORD

中間領域

#10/70

開放廊下や中庭、縁側など中間領域の可能性

日本の伝統的な空間は「中間領域」だ。

桃山時代につくられた園城寺（三井寺）光浄院は日本の住まいのルーツといわれるが、座敷の南側に、庭と一体化した開放廊下がある。この開放廊下型式は、時代とともに変化し、日本の伝統的空間を代表するものとなっていく。

京都の大徳寺孤篷庵に代表される庭と部屋との一体化は、中間領域を間においた関係にある。

方丈の庭には、二方板床の外部廊下があり、書院としての白砂の庭に面した式典を行う格式のある庭との関係がうかがえる。それに対し、角の雪隠を回ると、一変して豊かな庭に変わり、畳の廊下となる。書院の忘筌《ぼうせん》の前には障子を軒先から垂らして、この内側は舟入という内路地となる。

さらに直入軒《じきにゅうけん》の書院から先には、塀にうがたれた露地口から入ると、露地が内部空間のような中庭（これも中間領域といえる）となり、山雲床《さんぬんじょう》という個人空間へと導かれる。個人的空間になるにつれて、中間領域は省略化されていく。

もともと、縁側と内側の座敷との間には、板戸、蔀戸などがあって、内部の人や畳を、直射日光や雨から守ったり、戸襖や紙襖で寒さや光を制御していた。

縁側と外部庭との間は開け放しの状態であったが、この縁側廊下と外側との間を、風雨から守るために雨戸で仕切るようになっていく。

さらにここにガラス戸が入るのは明治時代からだ。松江のラフカディオ・ハーン邸には美しいはめ殺しガラス窓が曲がり廊下の角にはめ込まれている。

現代の住宅は中間領域がない家が多くなっているが、バルコニーなどの内的な外部空間は内部空間を外部と連続させてくれる。これも日本の住文化の縁側という中間領域が変化した形だろう。

温室などの外的な内部空間も中庭を内部的に取り込んだ中間領域だ。外の植物を内部で楽しむという、内外の環境を季節を超えて楽しむ方法だが、同時に、エネルギーの緩衝空間としても大きな役目を果たしてくれる。冬はダイレクトゲインにより太陽の熱を床に蓄熱し、夜には外側を閉じて内側を開け、温熱源として利用できる。夏は太陽光を絶対に内部に入れないことが鉄則だ。夜の外気で室内を冷やすナイトパージ効果もある。住まい手の感覚と知恵が必要だが、うまくコントロールすれば、非常に効果的な温熱制御装置として使うことができるだろう。

光浄院の縁側

園城寺光浄院は日本の住宅の原型といわれ、シカゴ万博において再現されたものにライトが感激してプレイリーハウスのイメージにつながったという話がある。深い庇の下の空間は、外の庭と一体化した外部空間でありながら内部的な中間領域の空間で、「外的な内空間」の代表的空間である。外の庭は、板戸（雨戸）と障子を開けると、内部の畳の間と連続し、中間期には庭と連続した自然共生の空間が生まれる。床の間の絵を描いた狩野山楽は、庭の木々が連続するように、隣の書院の壁絵と連続的な風景として床の間の絵に続けている。

島根県、小泉八雲旧家

松江城の北、堀の外側に小泉八雲（ラフカディオ・ハーン）邸がある。明治時代に島根県立中学校の英語教師として赴任し、この家をあてがわれて住んだ。南と西に広がる庭に面する廊下はL型に曲がり、その角にガラス窓がはめ込まれている。風景として広々とした気持ちのよい庭を楽しむ仕掛けである。

KEYWORD

ゼロカーボン建築とカーボンニュートラル建築 #11/70

敷地内でつくり出す自然エネルギーを利用する

日本建築学会は2009年、建築関連17団体と連携して「提言地球温暖化対策ビジョン2050」を発表。その後「地球温暖化対策アクションプラン」を発表した。また2014年には18団体と連携して「低炭素社会推進会議」を立ち上げている。

カーボンニュートラル建築とはどういうものか?

まず、一般的な普通の建築がある。

これに対し、計画・設計省エネ手法や、パッシブ型環境建築手法、高効率機器などを使ってエネルギー消費をできるだけ減らす「省エネ建築」がある。省エネ建築は、パッシブ型の手法だけで空調のエネルギー消費を30～50%削減できる。また、ヒートポンプ・エアコンやLED照明などの高効率機器を使うことで動力や照明のエネルギー消費を20%程度削減可能だ。

省エネ手法で50%以上削減したら、次に供給するエネルギーをゼロカーボンの再生可能エネルギーで賄うことを考える。再生可能なエネルギーの利用で、化石エネルギーの消費をゼロにするのが「ゼロカーボン建築」だ。ゼロカーボン建築は、筆者の目標であり、最近、ZEH（ゼロエネルギーハウス）をローコストで提供できる技術を開発した。

ちなみにゼロエネルギー建築は、敷地内や地域で生産・供給できるエネルギー以外に、外のエネルギー利用をゼロにする建築をいい、経済産業省がZEB（ゼロエネルギービル）やZEH（ゼロエネルギーハウス）を推進している。これは化石によるエネルギーでない、ゼロカーボンのエネルギーを利用するというゼロカーボン建築の言い方を変えたものと考えられる。

「カーボンニュートラル建築」では、オンサイト（現場）もしくは地域での供給エネルギーが足りない場合に化石エネルギーを利用する。その際、室温効果ガスの排出量を計算して、それに見合う形で森林経営に資金援助をしたり、CO_2排出量をカットしている施設などからその削減量（クレジット）を購入する。こうした埋め合わせ（オフセット）をすることで、カーボンニュートラル（室温効果ガスの排出量ゼロ）を実現する。

カーボンオフセットの取組みにはいくつか課題がある。削減活動が実際に削減を達成しているかどうかの保証がなかったり、排出削減を行わないことの正当化に利用されることがあるからだ。

ゼロカーボン建築とカーボンニュートラル建築

日本建築学会 2009 年地球温暖化対策ビジョンより作成

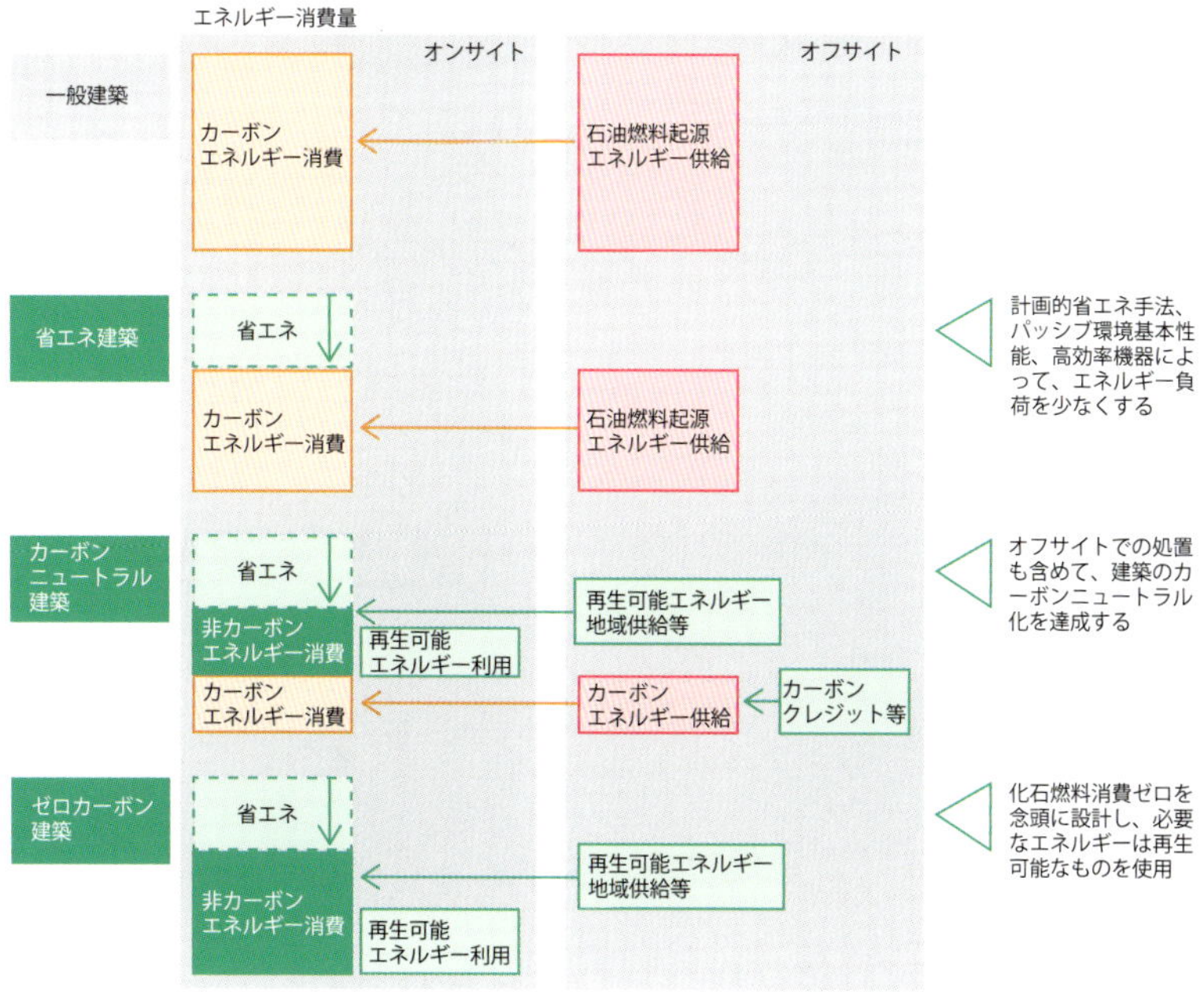

ゼロカーボン環境建築を目指した七沢希望の丘初等学校

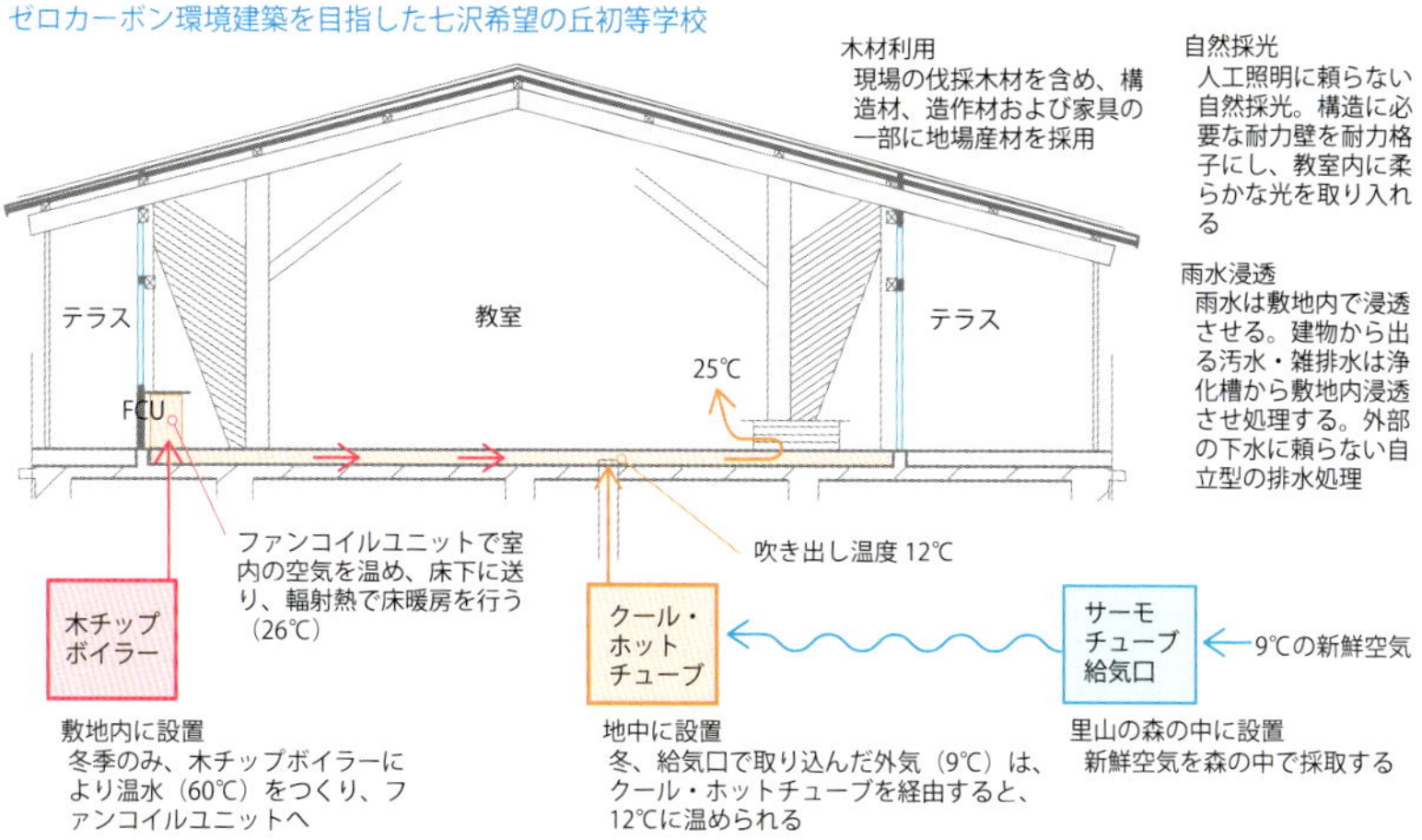

小さな里山の敷地が、一つの環境的世界として完結するよう計画。可能な限り、里山の環境的世界のなかでエネルギー供給・処理を行う（141頁参照） ▷ 電気を除く低カーボン建築を実現 CASBEE 評価で、S ランクを達成

〔パッシブ思想による環境要素技術〕

KEYWORD

パッシブ環境基本性能 #12/70

環境建築実現のための9項目の基本性能

本稿から9項目あるパッシブ型環境基本性能について詳しく述べていく。

パッシブ環境基本性能には、

①断熱
②気密
③開口部の断熱気密
④日射遮蔽
⑤日射導入
⑥蓄熱
⑦通気
⑧換気
⑨健康マテリアル

があり、その仕組みや方法についてはあとでじっくり説明するが、パッシブ環境性能を実現するうえで重要なことは、正しい方法を選ぶことと、いくつかの項目を連携させることである。

たとえば、熱エネルギーを入れない／逃がさないためには、①断熱、②気密、③開口部の断熱気密、④日射遮蔽について、最大限の効果を利用することが大切だ。

また、太陽のエネルギーを入れて、蓄え、長く利用するためには、⑤日射導入と⑥蓄熱の連携が重要になる。

太陽の光を上手に取り入れ、人工照明に頼らないためには、⑤日射導入の工夫がポイントとなる。

自然の冷気を導入して、時間差をつけて利用したり、高温度でも快適さをつくり、冷房負荷を減らすためには、⑦通気の確保が必要だ。

健康のための新鮮空気を排気熱で温めて／冷やして導入するには、⑧換気の技術を活用することになる。

化学物質の利用を控えたり、火災時に有毒ガスを発生させないためには、⑨健康マテリアルの採用が重要だ。

なお、パッシブ型環境基本性能を実現させる建築材料については、原材料の計画的生産や、循環型でない製造エネルギーや運搬エネルギーを減らす地場産材の多用や、化学製品の不使用、長持ちする材料と工法などを心がけたい。

設計の段階、施工の段階それぞれにおいて、LCCO2を減らす方向の仕様規定、空間設計をすることで、30〜50％のCO2削減を実現する必要がある。

もちろん、高効率機器の選定による運用CO2の削減も重要だ。

エネルギー利用の面では、電気、ガス、石油といった枯渇性のエネルギーを利用しないで、自然・再生可能エネルギーを利用することで、消費エネルギーを50〜80％削減する目標を達成することが可能となる。

9つのパッシブ環境基本性能

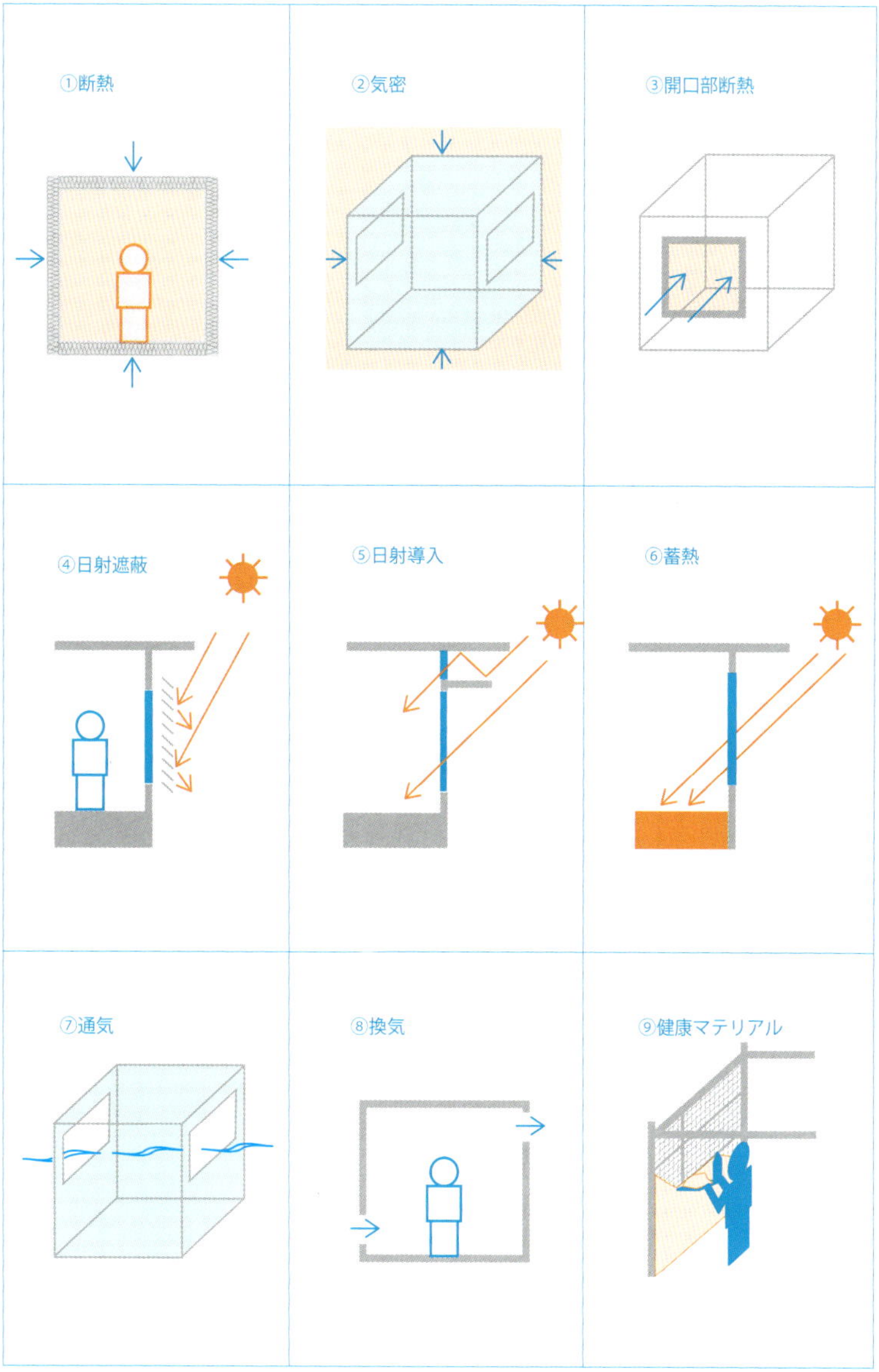

KEYWORD

快適さの条件

#13/70

人間はどういう条件のときに快適さを感じるのか

「快適」とはどのような状態のことであるか考えてみよう。

快適さは、気候条件や年齢、健康状態、衣服、生活スタイルによって、暑さ寒さ、風や雨に対する抵抗力によって、感じ方は違ってくる。四季を考えてみると、5月と10月、春と秋は、原っぱで生活ができるほど気候条件が人間に心地よい。この季節をイメージしていると、どんなに性能の悪い建築であっても、春秋は快適と感じられるだろう。むしろ外にいる方が快適さを感じることは多いかもしれない。

その一方で、寒い冬と暑い夏では、部屋で快適さを得ようとしたとき、まったく別の対応が必要となる。快適な家をつくるには、四季の変化とその影響に配慮しつつ、設計しなければならない。

東京都市大学教授の宿谷昌則氏は、外界と人体との間のエクセルギー消費速度が最小になる環境条件を、不快でない環境と定義している。

周壁平均温度とは、人体を包んでいる部屋の壁・床・天井の平均表面温度である。周壁放射と人体の間に温度差があると、熱が移動して、体温が奪われていく。温度差が大きいほど、体からエクセルギーが消費されていく速度が速く、不快と感じるということなのだ。

たとえば、寒くて身体が縮むような状態は、体から体温が出ていくことを防ごうとする生理的仕組みだ。冬の場合は、室温は18℃でも、周壁平均温度が25℃くらいあると、もっとも快適に感じるという結果になった。つまり、冬の暖房を効率的に確保するには、室温だけでなく、床や壁面を温めるようにすれば、室温は低くても快適さを確保できる。冬は、周壁の表面温度を上げることが重要なのだ。

夏の暑い日、体から汗が出ている状態は、エクセルギー消費が速いことを意味する。夏の室内では、気流ゼロのとき、周壁温度は28・5℃で快適さを感じる。しかし気流が秒速0・2～0・5mあれば、30℃以上でも快適と感じる（湿度60％の場合）。夏は、通風が重要なのだ。

土の床は熱を蓄え、その上に座り、横たわると快適であることは古代からよく知られ、近世まで「土座《ドザ》」様式として伝えられてきた。

現代ではこれをパッシブ型手法として、太陽熱を床や壁に蓄熱するダイレクトゲインやトロンプウォールという方法がある。夜の気温が下がったとき、放熱が大変効果的であることがわかってきた。

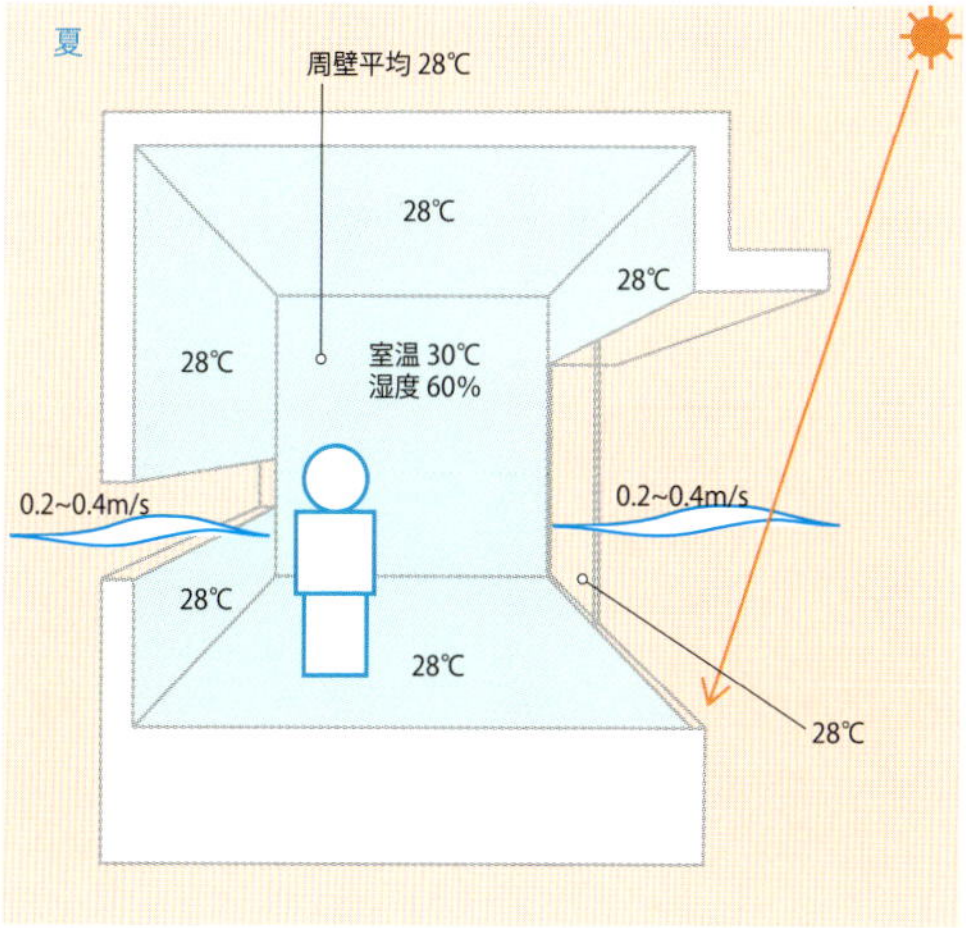

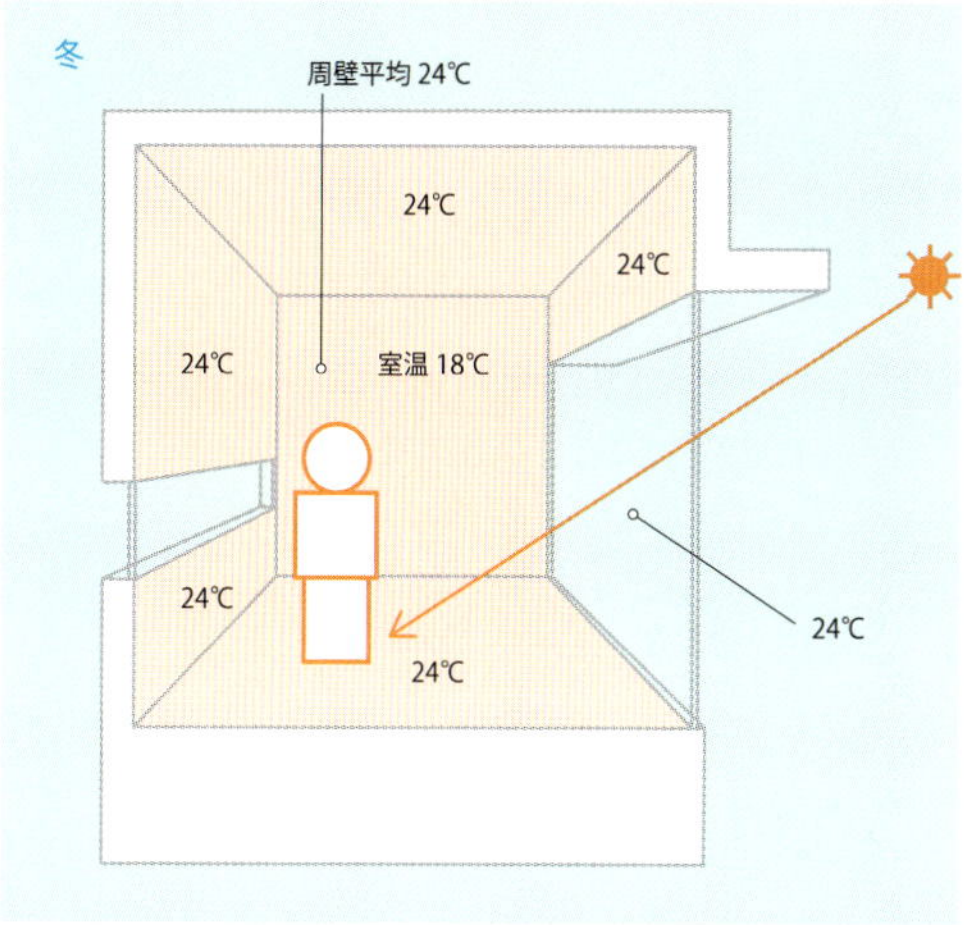

快適さ

宿谷氏のエクセルギー理論での実験結果から、
暑い夏：湿度60％として、30℃でも気流が0.2～0.4m/sあれば快適さを感じる状況をつくり出すことができる
寒い冬：一般的な衣服の場合、室内気温は18℃でも、周壁温度の平均が24℃あれば快適
という。快適さは体内のエネルギーが外へ流れ出ていく速さで表される。

イメージ図は、宿谷氏作成の図をもとに作成

KEYWORD

① 断熱

断熱性能を高める方法について

#14/70

夜、暖房で部屋を暖かくしても、朝になると室温が下がってしまうのは、どこかから熱が外部に逃げているからだ。

熱が逃げる理由は、隙間風のように空気が外に通じている場合と、壁や屋根の面から放熱されている場合がある。

熱が逃げる場所を突き止めて、逃げない工夫をする必要がある。

隙間風を防ぐのは気密性能だ（#15参照）。伝統木造住宅では、土壁と柱や梁の間に乾燥によって隙間が生じるなど、低気密性能が問題になることが多い。

面からの放熱を防ぐのは断熱性能だ。壁や屋根、床に断熱材を厚く入れ、断熱性能の高い開口部を採用すれば、外皮面積全体の断熱性能が高まり、熱は逃げにくい。断熱性能は熱貫流率の低さで性能を表す。

基本的な断熱性能が高くなるほど、どこか局部的に熱が伝わる部分（「熱橋ヒートブリッジ」という）が大きな影響を与えることに注意する必要がある。

もっとも一般的な断熱材は、グラスウール断熱材で、昭和40年代から一般木造住宅の間柱の間に入れる幅45cmの材料が大工さんに重宝がられていた。ただし、壁の内部に結露が発生し、その水分で重くなった断熱材がずり落ちて、上半分に断熱材がないという事故も多発した。そこで現在は、グラスウールを包んだ袋の耳を間柱にくぎ打ちして壁に固定する方法がとられている。

グラスウールは、安いため、普及は早く、厚くした高断熱工法も普及した。

昭和50年代後半、新築から数年で床が腐って抜け落ちる事故が多発し、元北海道室蘭工科大学教授の鎌田紀彦氏は、その原因を調査した。すると、壁の中を床下からの冷たい空気が流れることが、壁の中や天井裏に大量の結露を引き起こし、それが木材を腐らせる原因になっていたそうだ。これに対してシート気密構法とボード気密構法という二つの構法が開発された（次項参照）。

断熱材の取り付け方法には、構造材の間に充填する「充填断熱（内断熱）」と、構造材の外側に張り付ける「外張り断熱（外断熱）」がある。充填断熱は内部結露などの問題があり、外張り断熱は厚い断熱材を取り付けることができないなどの課題がある。

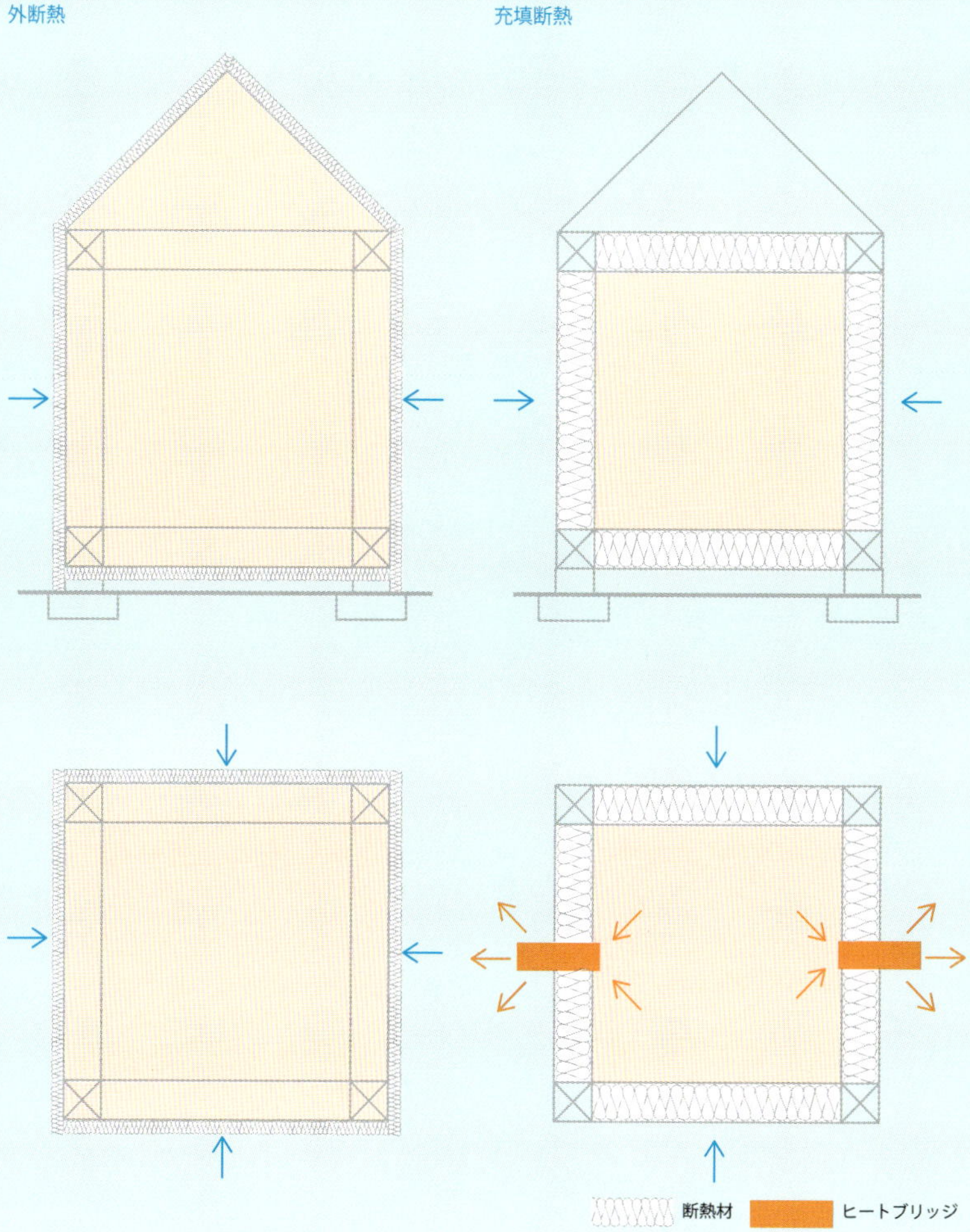

外断熱は、構造材の外側に付加する大壁の方法で断熱材を張り付ける。

住宅の場合、木材の構造材を前提とするため、内断熱は、構造材の間に断熱材を充填する充填断熱が多い。また、建物の断熱性能は高くても、一部の材料が内と外を橋のようにつないでいると、熱が内から外に伝達されて、結露の危険性が生じる。これをヒートブリッジ現象という。

KEYWORD

②気密

外壁気密工法で建物の気密性能を向上させる

#15/70

快適な室内環境を少ないエネルギー負荷で実現するには、気密性能が重要だ。外気が侵入すると、室内温度の調整に大きなエネルギーが必要になるからだ。

気密性能はC値（隙間面積cm²／床面積m²）で表わす。伝統木造の家では新聞紙大の隙間面積があることも多いが、気密性のよい家では名刺大となる。

気密性能のよい建物ほど、小さな隙間から侵入した湿った空気が結露を引きおこす。高い気密性能を確保するには、気密性能を高める仕様とし、現場ではマニュアルに従ったていねいな施工をし、完了後に測定を行って誤りを修正する。

断熱材の内壁側には防湿気密シートを貼り、空気と湿気の壁体内への侵入を完全にせき止める。外壁側には透湿防水シートを貼って、湿気を外部へ通過させ、外部からの雨水の侵入を防ぐ。

前項で紹介したように、元北海道室蘭工科大学教授の鎌田紀彦氏は、北海道の住宅の断熱性能を高めるために、安価なグラスウール断熱材を使って、床下から壁内や天井への空気の流れを遮断する工法を提案した。「気流止め」と呼ばれるこの気密工法は、シート気密工法とボード気密工法に分けられる。

シート気密工法は、グラスウールの室内側に設ける防湿シートを、施工しやすいように分厚いシートとし、その張り方を工夫し、この防湿シートが気流止めとなるように、かつ、住宅全体をこのシートですっぽりくるむようにして、気密を実現する。

この工法はコストは安価であったが、従来の工法と段取りが大きく異なるため、技術の普及に時間がかかったが、平成11年には次世代省エネ基準に施工方法として取り入れられている。

ボード気密工法の場合、壁の下部は、床の下地合板を土台に直接打ち付け、上部は天井があたる柱間に木材を横に渡して気流止めとする。気流止めは、壁内結露の危険があるところに必要な工法である。

阪神大震災で、筋交いで耐震性を確保した在来木造住宅より、外壁の外側に合板を張ったツーバイフォー住宅の被害が少なかったことがボード気密工法の普及につながった。厚い下地合板を根太なしに張る根太レス工法（剛床工法）が、竣工後の床軋みを防ぐことが判明したことや、長期火災保険が安くなる準耐火構造の仕様として、壁と天井の取合い部の柱間に、ファイヤーストップとして木材を入れる工法が認められたことも、普及を後押ししている。

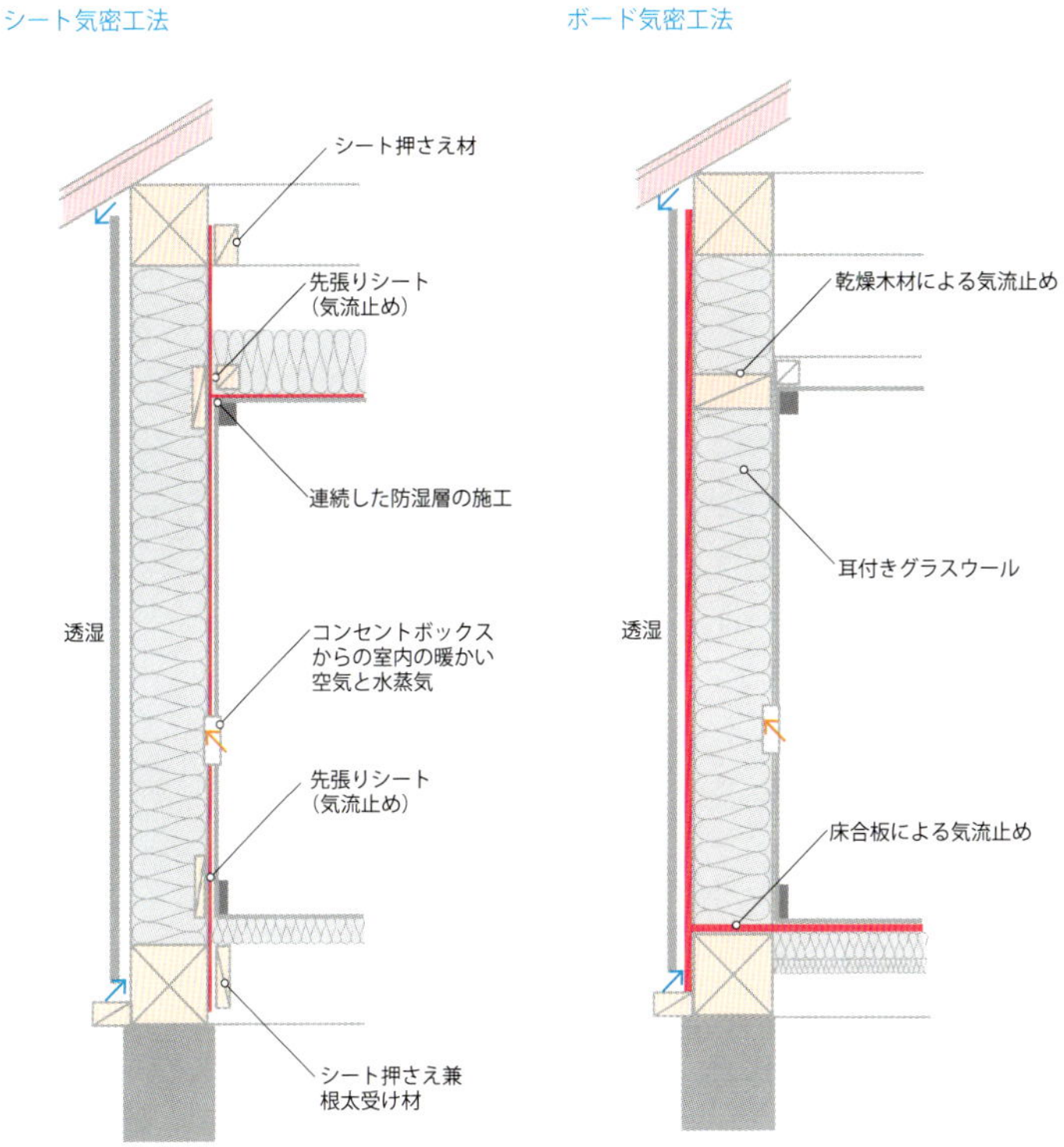

出典：鎌田紀彦氏

土壁などの湿式壁では乾燥するにつれ、収縮により隙間が生じる。壁と柱、壁と床など、粗塗りから中塗り、仕上げの乾燥時間を十分に置かないと、隙間が大きくなる。また、北海道では、断熱材が入っていても、床下と壁体内、天井裏と壁体内が通じていることで気密が悪くなり、壁体内の結露により、躯体の腐朽や断熱性能が劣化するなみだ筍（たけ）事故などが報告されている。気流止めが有効だ。

KEYWORD

③開口部断熱

#16/70

高性能サッシが開口部の断熱性能を高める

壁、天井、床などの断熱性能に比べ、開口部の断熱性能は極端に悪い。

断熱性能は熱貫流率（U値）（W／㎡・K）で表すが、省エネ基準＊で6地域の場合、屋根・天井は0・24、壁は0・53、床は0・34となって平均熱貫流率（UA値）0・87以下の外皮性能が求められている。一方で、開口部が4・6以下とされ、開口部が他の部位に比べて断熱性能が悪いことがわかる。

熱貫流率4・65はアルミサッシで複層ガラスの場合だが、木製ペアガラスサッシでは2・91となり、大きく性能がアップすることがわかる。とはいえ、壁の0・53と比較して、約5分の1の性能だ。

省エネ基準で外皮性能が満たない場合、強化仕様として、開口部の性能を強化することが勧められている。

強化方法としては、ペアガラスの内部にクリプトンガスを封入したり、鉛入りのLow‐Eガラスを採用するなどして、熱貫流率を低くする。

しかし強化にはコストがかかるため、開口部の面積を小さくしたローコストエコハウスが各地で登場している。これは日本の建築文化にとって危険なことだ。

開口部の断熱性能を高めるには、トリプルガラスのサッシを入れるか、ペアガラスサッシをダブルにしたクワトロサッシを採用する方法がある。クワトロサッシの熱貫流率は0・51で、壁と同じ性能だ。

この場合、「どれくらいの大きさのサッシを入れるか？」を断熱性能で考える必要がなくなるため、デザイン的裁量の幅が大きく増加する。

なお、開口部に関しては、火災時の耐火防火性能を考慮する必要がある。延焼のおそれある部分の開口部には防火性能が求められ、防火性能の試験で630℃の熱に20分耐えられることが条件だ。

アルミの場合、300℃で耐力を失い、600℃で溶解する。アルミは熱で溶けると、ガラスを保持できなくなる。ガラスが落ちれば、内部に炎が入る。そのようにして全焼した現場を視察したことがある。しかし木製サッシの部屋は安全に守られて6名の命が助かった（#28参照）。

木製サッシの木部は1000℃の熱にも耐えられる。表面は10分で6㎜の炭化速度で炭化するが、消防の放水で消火しても形態は変わらず、ガラスと枠との間は膨張材が密閉して炎が内部に入ることを防いでくれる。

木製クワトロサッシの導入は、パッシブ型環境建築の高性能化に貢献する。

断熱性能比較

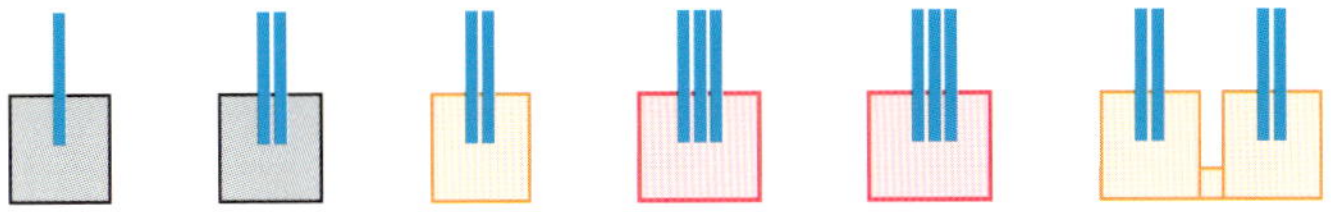

サッシ	アルミ	アルミ	木	樹脂	樹脂	木
ガラス	単板ガラス	複層ガラス	複層ガラス	トリプルガラス	トリプルガラス	クワトロ（複層のペア）
熱貫流率（W/㎡k）	6.51	4.65	2.91	0.91	0.79	0.51（ブラインドなし：0.74）

クワトロ0.51（4重ガラス窓）のイメージ

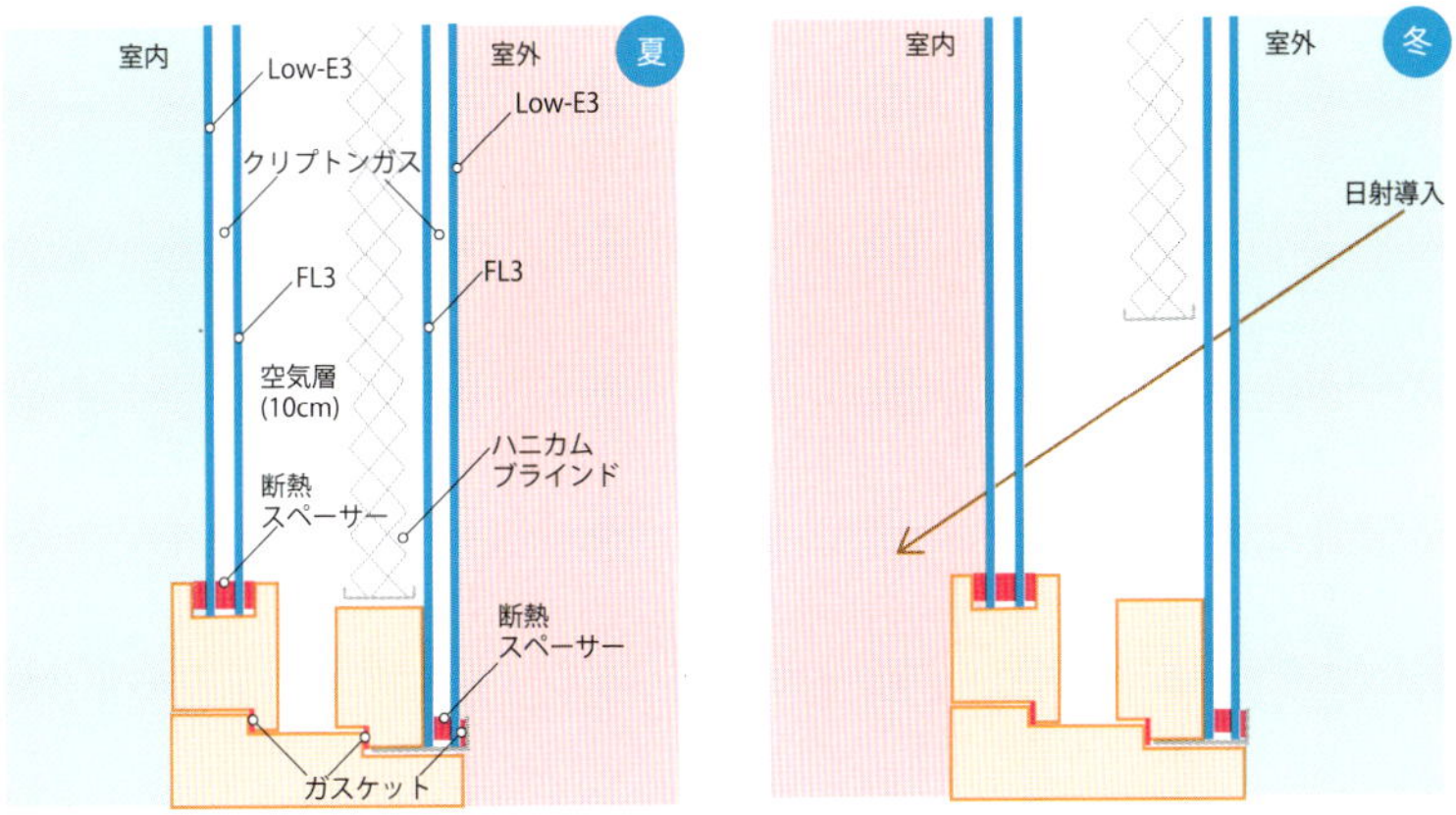

出典：キマド株式会社のパンフレット（技術提供：一般社団法人木創研）より作成

クワトロサッシ

2010年の省エネ基準改正により、外皮性能が非常に重要になった。その中でも開口部の熱還流率の悪さが全体の外皮性能を悪くしてしまい、窓の小さな家が増加してきたことをふまえ、なんとかして開口部の断熱性能を上げることを考えたが、木製ペアガラスをダブルにすると熱貫流率(U値)0.5が得られることがわかった。これをキマド株式会社が製品化して、世界最高品質の開口部が生まれた。クワトロサッシは、現在は防火試験も合格し、市街地でも利用可能となっている。

---

*平成25年経済産業省・国土交通省告示「エネルギーの使用の合理化に関する建築主等及び特定建築物の所有者の判断の基準」。

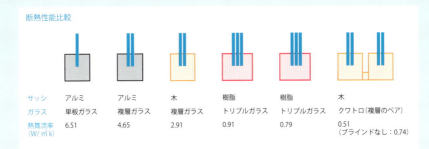

KEYWORD

④日射遮蔽

庇やルーバー、落葉樹やゴーヤなどを活用

#17/70

高断熱・高気密の建築にとって、夏の日射遮蔽は、もはや必要不可欠な要件となっている。

1990年代のはじめに多摩ニュータウンで公団と多摩住宅建設協同組合が協同して土地付き戸建住宅の開発を行ったとき、いくつかのパッシブ型のエコハウスを建設した。

その一つに、温室付きの住宅を設計したときのこと。1坪ほどの2層の温室は、外部側のガラス窓と、内部側のガラス窓を、四季や気温、太陽の状況に応じて使い分けるという設定だった。

当然、外側の窓にはルーバーが付けられていて、夏には日射遮蔽をするように計画されていた。

ところが、住民からクレームが来たとき、夏の夜はとても耐えられない暑さになっているという。

見に行くと、肝心のルーバーが取り付けられていなかった。昼間の太陽光が温室内部の床タイルに蓄熱され、夜には放熱された熱気が内部の居間を熱くしていた。これではたまらない。

太陽光を遮るには、庇を太陽光高度に合わせて計算するのが基本であるが、開け閉めさえ忘れなければ、外付けルーバーもしくは外付けスクリーンを取り付ける方法が、もっとも効果的といえる。

自然を利用する方法としては、南側に落葉高木を林のように植えることも、樹木の下部が冷涼になることも併せて、気持ちのよい空気をつくり、通風を利用した夏の快適さを得るのに有効だ。

この方法は、奈良県宇陀市の菟田野小学校の南側に栽培園を兼ねた雑木林をつくった例がある。住宅では群馬県の矢板市エコハウス（フケタ設計）で実施された。

雑木林の庭というのは伝統的庭づくりからいえば、「見せる庭園」ではないかもしれないが、風による葉の動き、木立の間からスクリーンを通して見る風景など、建物内部からの眺めは良好であり、同時に外部からも「雑木林に囲まれた家」という新しい風景づくりができ、自然との共生というイメージをつくることができる点でも効果的である。

バルコニーなどに網を張って、プランターでゴーヤやへちまなど蔓性植物を栽培し、網にその蔓をはわせ、茂った葉を夏の日光遮蔽に利用するやり方は、「緑のカーテン」の名称で親しまれ、広く普及している。

菟田野小学校の雑木林

日射遮蔽は窓の外側で行うのが効果的だ。外付けスクリーンやすだれなども有効だが、学校のような公共施設ではなかなか手が回らないで暑さを我慢していることも多い。そこで菟田野小学校では南に栽培園を配置し、その中に高木を配植した。この雑木林が基本的な日射遮蔽効果を与える。樹木だけでは日射遮蔽が難しいところはスクリーンなどを利用してもらう計画とした。南側に高木を植えるのは冬の寒さに対して心配する声もあるが、冬には葉が落ちる落葉樹とすれば冬の日照は確保できる。

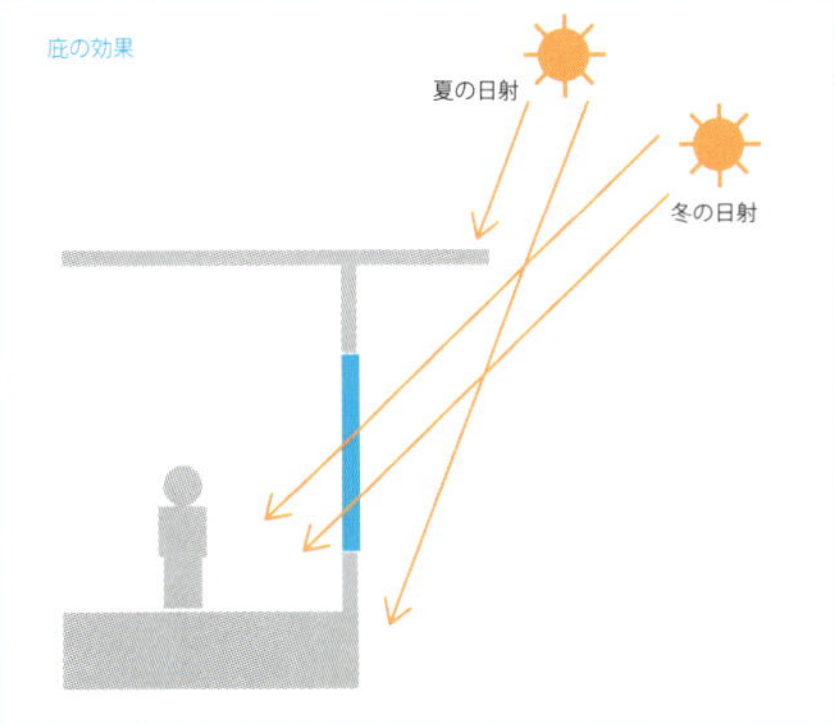

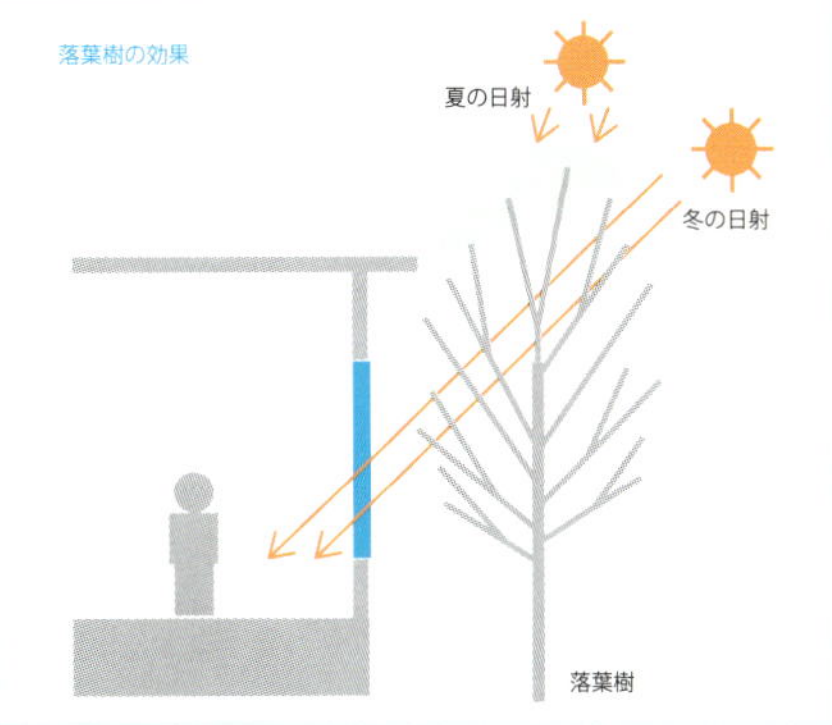

KEYWORD

⑤日射導入（自然採光）

#18/70

自然採光により明るさを確保する

日射導入の目的には二つあり、一つは自然採光を多く取り入れ、人工照明を少なくしようとするため、そして二つ目は太陽熱を室内に取り入れ、床や壁に蓄熱して暖房エネルギーを少なくしようとするためである。この項では自然採光、次項で日射熱利用について紹介する。

学校施設などでは照明にかかるエネルギーが全体の約30％とされている。教室などで窓側の1／3を消すことで約9％の省エネ効果がある。単に窓際の採光をよくするだけでは夏の暑い日射を室内に呼び込んでしまうため、夏には深庇で日射を遮らなければならない。そして同時に照明に代替する光を入れることができれば省エネが可能である。

太陽光は直射光で2万lx以上もあり、室内環境で必要な照度（200～1500lx）に比べると大きすぎるため、ある程度ルーバーなどで光量を落として導入するなどが必要となる。むしろ、北側から天空光を導入する方法でも十分な自然採光を得ることができる。

窓の上部約2・1mのところにアルミなどで水平庇をつくると、その上部に反射した光を内部に導入することができる。これをライトシェルフといい、反射した光を天井でバウンドさせ、奥まで導入することで4m離れた机上で約200lxの照度を得ることができた例がある。

ライトシェルフは、庇の上側の窓を開閉することで効果的な自然換気ができるが、日本では台風時にライトシェルフ上に降った雨水が窓側に吹き寄せられるので、窓面から空間を開けるなど止水への配慮が欠かせない。また光の導入は熱の導入でもあることを忘れてはならない。省エネ建築では冬季に太陽熱のダイレクトゲインを期待するため、南面には遮熱性のガラスを使わないが、ここにライトシェルフを設けると、夏季に多量の熱を導入することになってしまうので注意したい。

また、空気のダクトのような、四角断面の筒の内部にアルミを張り、全反射しながら奥まで光を導入する光ダクトという装置も考えられている。事務所などでは自然光の照度に応じて調光可能な照明を組み合わせることで、太陽高度の変化や天候による違和感が少ない自然採光が可能となる。応用の可能性が非常に大きい装置であるが、現状での課題はコストである。量産化による低価格化が望まれる。

ライトシェルフ

ライトシェルフは採光窓の中段に庇を設けて、一度庇で反射した光を屋内の天井に再度反射させて部屋の奥まで導入する装置である。

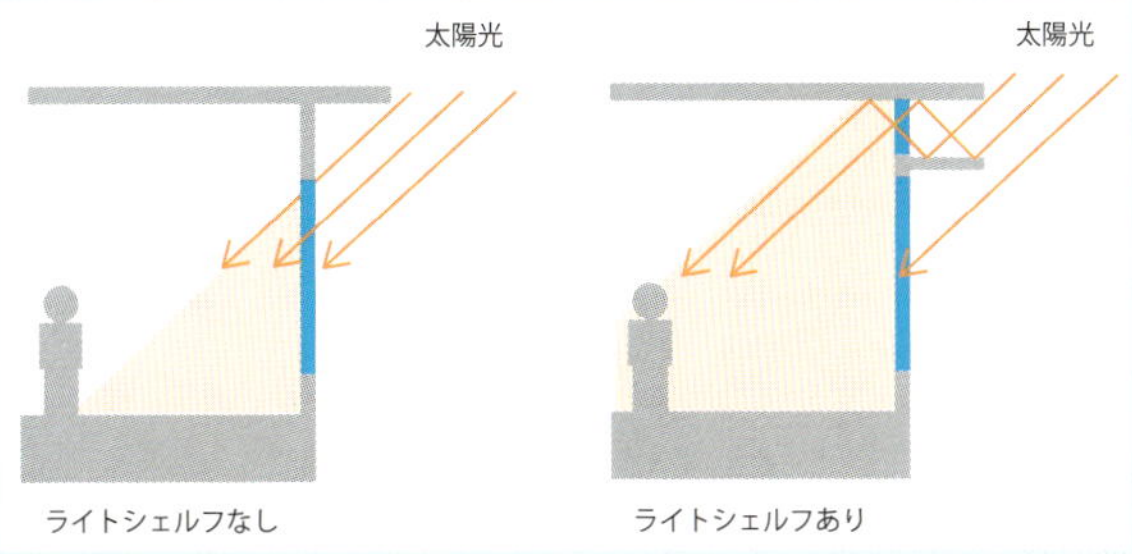

大東文化大学教室棟は、南側をスパインと名付けた背骨となる動線空間が深い庇を兼ねているため、日射遮蔽となっている。南側は太陽光も強いので、日射を直接導入することは避けた方がよく、この場合は木デッキの外部床からの反射が室内に入る程度でちょうどよい。一方北側教室は、できるだけ日射を導入したい。木製サッシの中間の無目の位置に、外部にアルミの薄い庇を設け、北の天空光を導入するライトシェルフを設けた。このアルミ板に反射した光は窓際の白い天井で反射し、曇りの日でも教室の中央あたりで約200lxの自然光を得ることができた。

光ダクト

ダクト状のものの内側に高反射性のアルミを張りつけて、自然光を建物の奥まで導入する装置である。

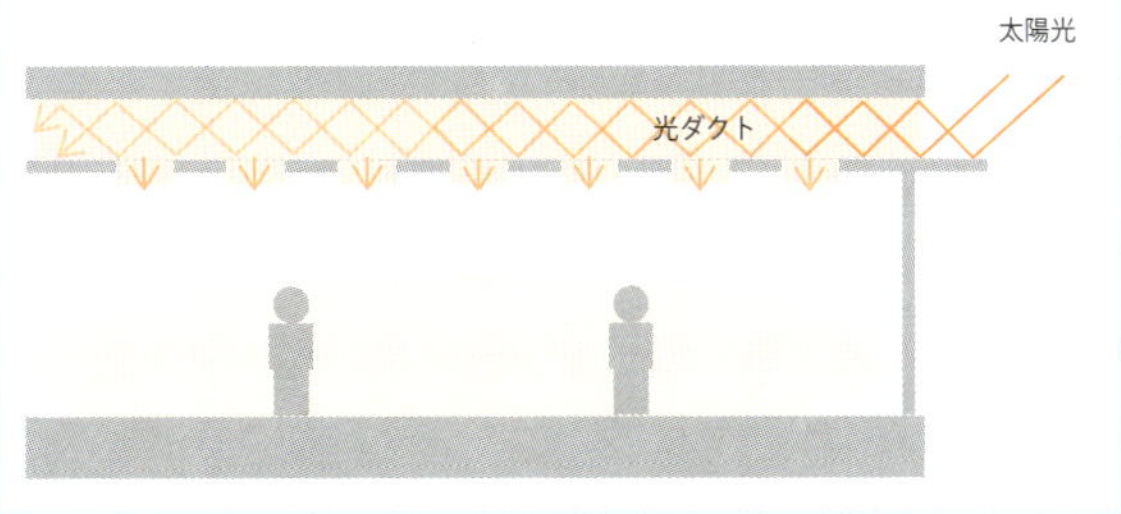

KEYWORD

⑤日射導入（日射熱利用）

#19/70

太陽熱を床や壁に蓄熱させて暖房に利用する

窓面からの日射の取得率は、日射熱取得係数（μ値）で表わす。μ値は、地域による日射量の違いによる5段階の暖房期日射地域区分があり、0・8〜1・2の日射取得率代表値で表現される。

窓ガラスからの取得率は、透明ガラスを0・8とすると、内側に和障子を付けると0・38、外付けブラインドでは0・17となる。また、非透明部材（屋根など）の日射熱取得率は熱伝達率（U値）の3〜4%とされている。屋根からも日射の熱が入ってくることを計算する必要がある。

とにかく、ダイレクトゲインやトロンブウォールなどの日射熱取得の計算にはμ値の取得が欠かせない。

日射エネルギーを蓄熱する手法をダイレクトゲインという。太陽光が、広い開口部を通して、床の広い範囲に照射されると、太陽光の熱が、床の蓄熱体に蓄えられる。その後は、太陽光が入らない夜も、床からの熱で室内を適温を保つことができる。

横須賀の小住宅（065頁）では、2階建てで吹き抜けのある南側の1階床を土間床とした。炭で黒色に着色した土間コンクリートに太陽光が照射して、熱を吸収し、蓄熱する。この土間蓄熱だけでこの家は暖房を一切利用していない。土間の蓄熱用コンクリートは75㎜の厚さがある。小住宅ではこの程度が適切な蓄熱厚さのようだ。

マンションの改修例で、床に35㎜の厚さの大理石（下地木荒床は約50㎜）を部屋全体に敷いている。7階の東南向きの開口部（幅3・6m、高さ1・8m）から朝7時から陽が入りはじめ、10時ごろまで床に太陽熱を蓄熱してくれる。冬の暖房は夜7時から2時間の床暖房をタイマーでつけるだけで、平均20℃の室温を定温状態で保持する。

壁の蓄熱体に蓄熱する手法をトロンブウォールという。床に熱容量の大きな材料が使えないときなどは、ガラスの内側に土壁を立て、黒い吸収性の高い色を塗るとトロンブウォールの効果がある。

1月の外気温度2℃の晴れた日、昼の室内温度は27℃に上がったが、黒蓄熱壁の表面温度は24℃で室内温度より低い。太陽の熱を吸収して蓄熱体の温度が上がる過程の途中段階と考えられる。夕方6時過ぎに室内温度は20℃に下がると、黒蓄熱壁の表面は22℃となった。夜9時以降は、室内は18℃、壁の温度は20℃となって、この温度を保持する。

横浜市金沢区美園邸のトロンブウォール

美園邸は南に大きな開口部があり、ダイレクトゲインの手法で床に蓄熱する方法も検討したが、住み主が木の床を好んだため、蓄熱壁を設けることにした。住宅の南面は、太陽エネルギーを十分利用したい環境的要求と、構造的な各面1/4以内に必要な耐力壁を配置する要求とが相反して、思うような開口部が設けられない欠点がある。ここでは耐力壁の外側にガラス開口部を配置し、耐力壁を厚さ30㎝、幅1.5m、高さ5mの土壁とし、構造躯体と蓄熱を同時に満足する手法を採用した。

KEYWORD

⑥ 蓄熱

#20/70

太陽光エネルギーを昼間蓄積させて夜間利用

蓄熱は、熱容量の大きな材料に熱を蓄え、時間差をおいて利用する手法で、パッシブ型エコハウスの設計において、もっとも効果の大きい手法である。

蓄熱体の熱容量は、体積（表面積×厚さ）と容積比熱＊の乗数で表される。

水の容積比熱は４０００（kJ／㎥·K）で、熱を蓄えるのに適しており、蓄熱タンクとして利用される。ただし、水は内部で熱対流が起こり、表面蒸発により熱が失われていく。対流しにくいジェル状の液体を密閉容器に入れた蓄熱体であれば、より効果的である。

筆者がよく利用するのは基礎を兼ねたコンクリートや石である。コンクリートの容積比熱は１７６４（重量比熱０·８７９）、石の容積比熱は２１３２（重量比熱０·８０８）である。どちらも密度が高く、体積あたりの熱容量も高い。

とくに大理石は熱伝達率が高く、局部的な熱も全体に伝達されるので、ダイレクトゲインなどの床材には、厚めの大理石をよく利用している。

コンクリート躯体を蓄熱体とすると、その外側を断熱しなくてはならない。

大東文化大学板橋キャンパスの教室棟は、すべての躯体を断熱材でくるんだ。このとき、特別な外断熱材を使用するとコストが高くなるため、空隙率の高い木毛セメント板を打ち込むことでコストを節約し、表は白色と黒色に彩色した。

こうして外断熱した躯体に熱を蓄えるのだが、RCスラブの上の木床との間に空気層を確保し、ここに暖房・冷房・夜間冷却用の空気を送り込み、蓄熱することとした。

最初の1年間はコンクリートの水分が抜けず、効果は少なかった。その後は、1月の朝8時に室内は20℃に保たれ、30分ほど暖房を運転するだけで一日中暖かく居られると聞き、蓄熱の効果が大きく出ていることを知った。

港区立みなと保健所の場合は、もう少し丁寧な仕事で、発泡スチロール断熱材を打ち込み、その表にテラコッタタイルを張り、東西などはモルタル仕上げとしている。

蓄熱体は、熱容量の大きな材料でできていればよい、というわけではない。そこに熱が蓄積されなければ、冬は冷たく寒々しくなる。また、蓄えられた熱を外に逃がしてしまう熱橋（ヒートブリッジ）があったり、気密が確保できず隙間風が多いと、蓄熱効果は発揮されない。

ダイレクトゲインの藤原邸

相模湾に面する小高い丘の中腹にある小さな家で、風通しがよく、南の太陽光を存分に受けられるため、空調の不要な家を計画した。太陽光の動きをコンピューターで計算し、夏の日差しをガラス内部に入れないようにバルコニーと庇の深さを決め、冬は4m以上も奥まで太陽光が入ることを確認した。一階の床の外の小さな庭で畑をしたい施主は、そのまま土間で生活するという。そこで土間を蓄熱床とする提案をして、万一の寒さに備え、75㎜厚の電熱ニクロム線を入れたコンクリートを断熱材の上に敷き、これをダイレクトゲインの受動体とした。予想通り、コンクリートが乾燥してくると威力を発揮するようになり、太陽熱だけで生活を楽しんでいる。

＊容積比熱は$kJ/m^3 \cdot K$、重量比熱は$kJ/kg \cdot K$の単位で表す。

KEYWORD

⑦通気（自然通風）

#21/70

上手に自然の風を取り入れて涼しくする技術

自然通風は日本の風土に欠かせない、夏の快適さを確保する手法である。

東京都市大学教授の宿谷昌弘氏の研究によると、夏季における快適環境は、外気温度33℃として、室温26〜30℃、周壁平均温度25〜28℃、空気の流れが秒速0・2〜0・4mの場合であるという。これは日本の伝統的住宅で、開放的な中間領域である廊下が庭に開かれ、涼しい風が南から北にそよぐ状態をつくり出しているものを、数値で表現しているといえる。

秒速20〜50㎝程度の風速は、人の感覚では、ほとんど風を意識しない。京都の町家などでは、中庭からの冷気が、母屋の土間空間の上昇気流でゆっくり引き込まれ、涼しい環境がつくられている（#22参照）。

このような自然のドラフト効果で涼しさをつくり出す手法に知恵を働かせることも大切な設計手法である。

アジアや中東の熱帯地域に特徴的な通風装置にウインドキャッチャーがある。バーナード・ルドフスキーの『建築家なしの建築』（鹿島出版会）に、1950年代のパキスタンのハイデラバードの写真があり、屋根の上に並ぶ同じ方向を向いたひし形のウインドキャッチャーが、圧倒的な存在感を示していた。

筆者が1990年代のはじめに訪れたときは、エアコンの普及でさすがに少ししか残っていなかった。

しかし、カラチのアミラリ・カマール氏は産院の建築設計に、この伝統的ウインドキャッチャーをモチーフにしたデザインを用いていた。

海からの風を上空で受けて室内に導入する装置は、ハイデラバードのひし形のほかに、エジプトのカイロなどでは四角い部屋のような、大きな排気塔のようなものが屋根の上に設けられている。

自然通風は、窓の大きさだけでなく、空気の流れやすい形が必要になる。

本来は、壁に穴が開いているだけであれば、壁に沿って空気が流れても、内部に空気は入らない。

内部に空気を導入するには、圧力差が必要で、導入板の有無によっても、大きな差が生じる。その意味では、縦すべり出し窓や、突出し窓、そで壁が窓に接したところなどは、ウインドキャッチャーとしての効果が大きい。

湿度60％で気温30℃の環境でも、空気の流れが秒速0・2〜0・5mあれば快適さを得られるのだから、パッシブ型環境建築において通気の役割は大きい。

ハイデラバードのウインドキャッチャー（「建築家なしの建築」より）

カイロ、ウインドキャッチャー

カイロで見つけた通気塔である。現在この塔は天井レベルで塞がれており、内部は空調を行っている。本来この塔は、ウインドキャッチャーとしての役割か、ソーラーチムニーとして換気を主としたか、また右と左が違うデザインということは片方が排気で片方が給気か、などといろいろ想像したが、いずれにしろ熱帯の地域でこんなに大きな換気塔を2基も石でつくるという意思の強さに感服する。それにしても空調が発達すると、どこも同じ風景となる。

パキスタン、ハイデラバードの産院のウインドキャッチャー

産院は建築家アミラリ・カマール氏の設計。1992年、カマール氏に案内されてハイデラバード市内を見て回ったが、ウインドキャッチャーは空調機に押されてほとんど残っていなかった。カマール氏は、この土地の記憶として、産院の換気口としてウインドキャッチャーを各室に設けたのだ。

KEYWORD

⑧ 換気（気密性能と換気） #22/70

伝統的建築のパッシブな換気手法の可能性

部屋にいる人の健康を害さないよう新鮮空気を取り入れることを「換気」といい、快適性を保つために取り入れる空気の流れを「通気」と使い分けている。

しかし、伝統的建築などの空間では、煙出しや越屋根などの換気装置は、町家の中庭などとの組み合わせでみると、通気装置とみることもできる。地域性に対応した伝統的建築からは、優れた工夫を発見することが多い。

換気にはアクティブ手法とパッシブ手法がある。この項ではパッシブ手法について、次項でアクティブ手法について紹介する。

パッシブ手法は日本の伝統木造住宅における床下から茅葺屋根に抜ける換気の手法をお手本にしている。

パッシブ型の自然換気は、床下から給気し、部屋の上部から屋根裏の排気塔や越屋根などを通して自然の空気流や温度差によって排気する換気手法である。ほかに、排気塔屋根を、鉄板かガラスとし、太陽熱によるドラフト力によって排気するソーラーチムニー方式などがある（039頁参照）。

民家の土間空間の小屋組みを見上げてみると、うっすらと光が見える。越屋根だ。越屋根は、土間のかまどやいろりの煙を排気する煙出しの役割を持つ。伝統木造の家では、空気は床下から畳を貫通して室内に入り、茅葺屋根や越屋根から排気される。

左頁の写真は、奈良県橿原市今井町、今西家の土間である。越屋根から光が漏れている。豪壮な木組みの土間空間には、食事を座敷で行うための竈《へっつい》があり、その煙を屋根の南側に開けた越屋根から換気していた。

パッシブ換気の例としては、京都などの町家の中庭と一体化した小屋裏換気装置との仕組みがあげられる。

町家では、長い敷地の母屋と離れとの間に井戸のある中庭がある（167頁参照）。木々が植えられた中庭には、冷気が溜まる。この中庭の冷気が、土間を通って室内を冷やし、小屋裏の棟に上昇気流となって上がっていき、排気される。自然の温度差によるドラフト力によって、空気の流れができている。

なお、建物の換気性能は、気密性能が高くなるにつれて必要とされるようになった。一人の人間に必要な新鮮空気の量は1時間あたり約25㎥であるが、気密性能の低い伝統木造住宅などでは、1㎡あたり20㎠以上のすき間がある家が多く、換気はとくに必要なかったのだ。

今西家の土間と越屋根

今西家は日本で唯一の市民自治の町、橿原市今井町の西を守っていた家で、故伊藤鄭爾先生が実測して博士号を取得し、その後この家は民家で初の重要文化財に指定された。この豪壮な木組みの土間空間は裁判の際の御白州にもなったという。同時に食事を座敷で行うための竈（へっつい）があり、その煙を屋根の南側に開けた越屋根から換気していた。この土間の左上に黒い扉が見えるが、ここは悪人の御仕置部屋で、煙にいぶされるため燻牢といわれていた。悪人といっても同じ町内の者たちで、軽いお仕置きのつもりであったと思われる。

KEYWORD

⑧換気（換気の手法）

#23/70

3種類の換気手法を状況に応じて使い分ける

機械で換気する方法は、給気口部分と排気口部分の両方にファンを付ける第1種換気、給気口部分にだけファンをつける第2種換気、排気口部分にだけファンをつける第3種換気の3種類がある。

第1種換気は、吸気と排気の両方をコントロールしようという、バランス型の換気システム。大型の建築でどこかに溜まっているような部分をなくしたいときなどに設備設計によって計画される。住宅ではそこまですることは稀である。住宅では第2種換気か第3種換気方式が多く使われている。

給気口部分にファンをつける第2種換気では、全熱交換機というアクティブ型の設備機器が開発され、さまざまな機種が登場している。

全熱交換機は設備機械の内部で、排気と吸気が螺旋コイル状になって熱交換をするものが一般的だが、北欧の機種では吸気と排気を交互に交代に行うものなどユニークな機種も生まれている。

全熱交換機はコストが高く、熱回収の効果も7割以下、実際には5〜3割といわれる。ショートカットなども起こりやすく、建物全体の空気を換気できるのか、ていねいな設計と検証が必要だ。著者は1990年代に導入を試みたが、その後はパッシブ型の空間的な熱交換の方法に切り替えた。

第3種換気は住宅に用いられることが多い。特にトイレや洗面室など、必ず換気ファンが必要な部分があるため、給気口にファンを追加することより、管理がしやすい。第3種換気のよい点は床下熱交換などの工夫ができる点だ。

厚木市の七沢希望の丘初等学校（047頁参照）は、第2種方式で換気している。森から新鮮空気を給気し、ファンで数10m地中のヒートパイプを通して床下に入れ、バイオマスボイラーの温水で温めて、2カ所の小さなソーラーチムニー経由で排気する。

マイナスイオンの多い森の新鮮空気を地中熱で温める際に、できるだけ気流速度を遅くして入れることに配慮した。パッシブ型換気だけでは所定の空気量が確保できない可能性があり、吸気口にファンを設けることにした。

換気用にファンを付けると、フィルターの管理が必要になる。たとえば天井裏に点検口を設けたら、上を向いてファンの掃除をする必要があり、苦痛である。上階床に点検口を設けるなど、清掃のしやすさに配慮が必要だ。機器類をできるだけ少なくすることがポイントである。

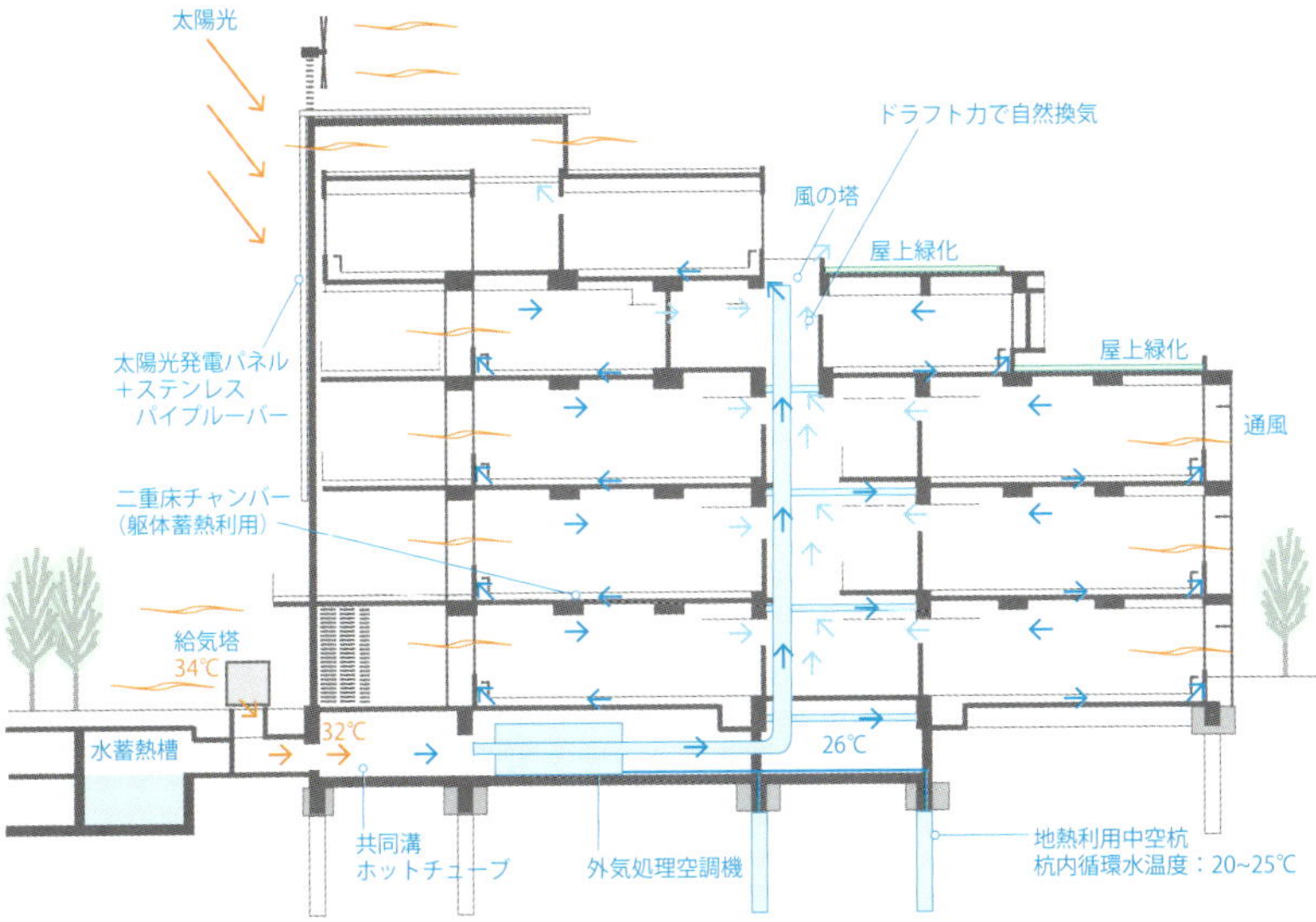

大東文化大学3号館では、夏、導入した外気を地下で冷やし、空気の流れをうまく使って、ビル全体を換気する(冬のエネルギーフロー図は037頁参照)。南広場の彫刻塔から採取した35℃の新鮮空気は、地下共同溝を約150m通るあいだに地中熱により約5～7℃低下、28～30℃になって地下の外調機に入る。外調機で26～27℃に調整され、吹き抜け内のパイプダクトを通って各階教室の床下に入る。床下内でコンクリート躯体に冷気を蓄熱し、窓際のスリットから室内に入り、廊下上部のスリットから廊下に排出され、上昇気流によりソーラーチムニーのスリットから外部に排気される。

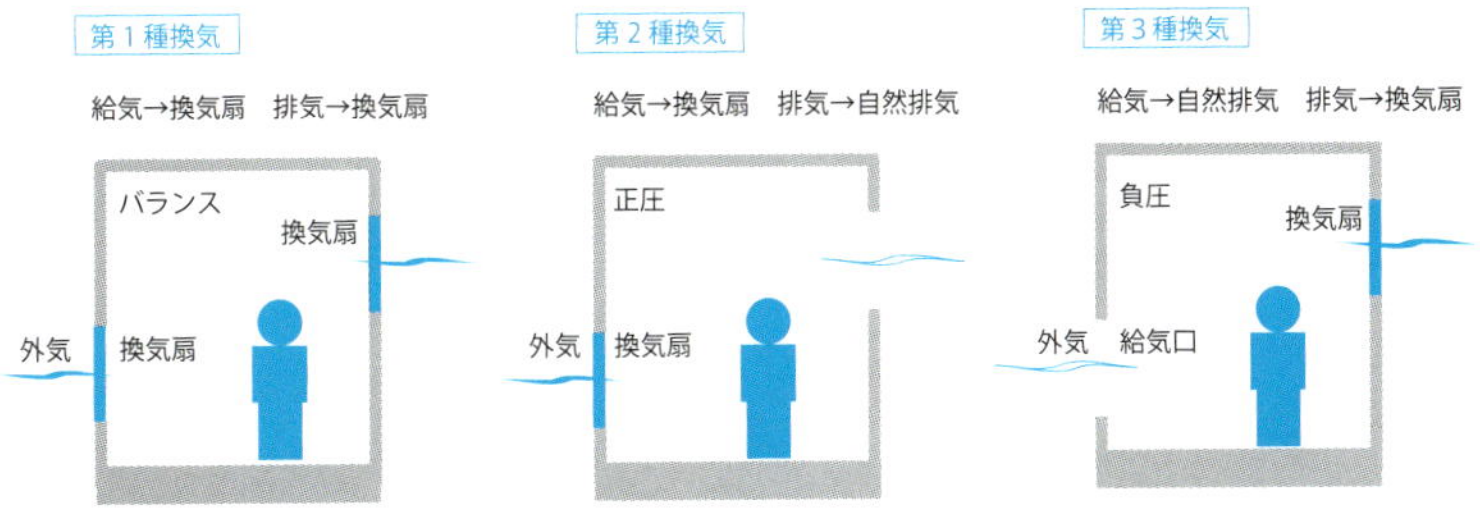

KEYWORD

⑧換気（結露とカビ）

#24/70

結露やカビの発生要因を知っておく

日本やアジア地域では、建築の快/不快は湿度によって大きく左右される。

湿度が40％以下のヨーロッパで快適だからといって、その方法を日本に持ち込んで失敗する例は多い。その原因はこの湿度による。

むしろイギリスの冬の霧の状態を参考にする方が日本には合っている。

湿度は70％を超えると、さまざまな問題を引き起こす可能性が高くなる。

温度が5℃以上の差があると、結露が発生したり、空気がよどんでいるところにはカビが発生する。

空気線図という相対湿度と絶対湿度のグラフで考える習慣をつけるとよい。

空気中の水蒸気の量は変わらないが、温度が上がると空気中に含有できる水分量は多くなり、逆に温度が下がると含有量は少なくなり、それ以上の水分は温度が低い物質のところで様相が水に変化する。これが結露である。

結露は冬だけではない。夏の昼夜の温度差でも結露は発生することも注意しなければならない。長野県浪合村の村役場で、木造の小屋組みの上に構造用合板で剛性水平面をつくり、断熱材を敷き詰めたうえ、空気層をつくって瓦棒の鉄板屋根を葺いた。次の夏に小屋組みから水が出て、床を結露水で汚した。その原因は、昼の屋根は50～70℃になり、夜は15℃以下に下がる。鉄板下の空気層が閉鎖されていたため、飽和水蒸気が発生し、結露したのだ。野地板にたくさんの穴を開けると、その後納まったが、どんなところでも温度差が生まれると空気中の飽和水蒸気がいたずらをすることがよくわかった。

カビの発生要因は第一に温度。20～30度、25度以上で繁殖しやすい。

第二に湿度。湿度60～90％以上、特に湿度80％以上でカビが繁殖しやすい。

梅雨時は、カビの成長に一番適した環境となり、冬の5～6倍に増える。

第三にほこりなどもカビの原因だ。

つまり、空気の流れがない部屋や、部屋の隅、閉じた収納内部や建具の隙間などは、カビが生じる危険性が高い。

イギリスで、洋服ダンスの下に5Wの豆電球を設置して、その微弱な温度により内部空気に上昇気流を発生させてカビを防いでいる知恵を見たことがある。

昔の住宅は隙間が大きく、空気の流れがあり、カビや結露の問題はあまりなかったが、高断熱高気密住宅は発生する確率が高くなるので注意が必要だ。

浪合フォーラム中央の公民館

長澤悟氏に誘われて、860人の浪合村の新しい村づくりを1年半かけて議論しつくした結果、「村全体が村民すべての浪合学校」というコンセプトを生み出した村づくりの経験がある。浪合村は長野県飯田市の南約30㎞、標高1,000mの峠にあり、気温は零下15℃の極寒の世界だ。冬の断熱性能やヒートブリッジなどに対して、深夜電力を利用した潜熱蓄熱型の床暖房などさまざまな手法を駆使したが、夏の朝夜の温度差で結露が生じることには気が回らなかった。

KEYWORD

⑨健康マテリアル（$LCCO_2$計算）#25/70

低炭素社会における建築建材と$LCCO_2$

ライフサイクルCO_2（$LCCO_2$）の計算では、施設の設計仕様に応じて、環境負荷原単位に数量をかけて集計することで、材料ごとのCO_2排出量が一目瞭然となる。

一般的には、現場打ちでも、PCプレキャストでも、杭にしろ、構造躯体にしろ、コンクリート製品は大変大きなCO_2排出量となっている。アルミサッシ、アルミパネルなどのアルミ製品、スチール扉などの鉄製品、ユニットバス、キッチンカウンターなどの設備製品などが桁違いに大きな数字であり、その次に窯業タイルなどの窯業製品がある。

本来は、すべての企業が、自社の製品がどれだけCO_2を排出しながら製品となるか検証することが必要である。

検証方法を制度として確立し、その結果を製品にラベリングすることで、建築材料の生産CO_2排出量は大幅に削減できるだろう。

一度、複合型の木製フローリングの生涯生産CO_2排出量を東京大学教授の清家剛氏に協力してメーカーと調査したことがある。

左頁にマテリアルフロー図を作成しておいた。原材料が表面単板は中国製のカバ桜、ベッドはアメリカのポプラで、その他は接着剤や梱包用資材だ。

まず、これらの工場へ入ってくる材料について、それ以前の$LCCO_2$を計算する。次に工場でのCO_2の排出量は、年間の生産量と年間の電気、重油などの総使用エネルギーを知れば、単位当たりのCO_2排出量を計算できる。販売店から現場までの運搬にかかるCO_2排出量は、1年間のトラック運送費から原単位を利用して運送距離と燃料CO_2を計算する。そして現場の職人の使用するエネルギーをCO_2変換する。

こうして全体および単位当たりの$LCCO_2$を計算した。ただし、中国材の伐採から製材、輸出までの工程は、追跡調査をしたが細部は把握できなかった。

すべての素材メーカーが$LCCO_2$をウェブサイトで公開したり、製品にバーコード表示することを義務付ければ、設計者や消費者は、それを目安にエコマテリアルを選ぶことができるようになるだろう。

木製窓の製造に関するCO_2の排出量を計算してみると欧州材（パイン）と国産材（杉）で比較すると、欧州材は輸送のCO_2排出量が80％以上という大きな比率を占めていることもわかった。

Y フローリング製造業者を中心としたマテリアルフロー（清家剛研提供）

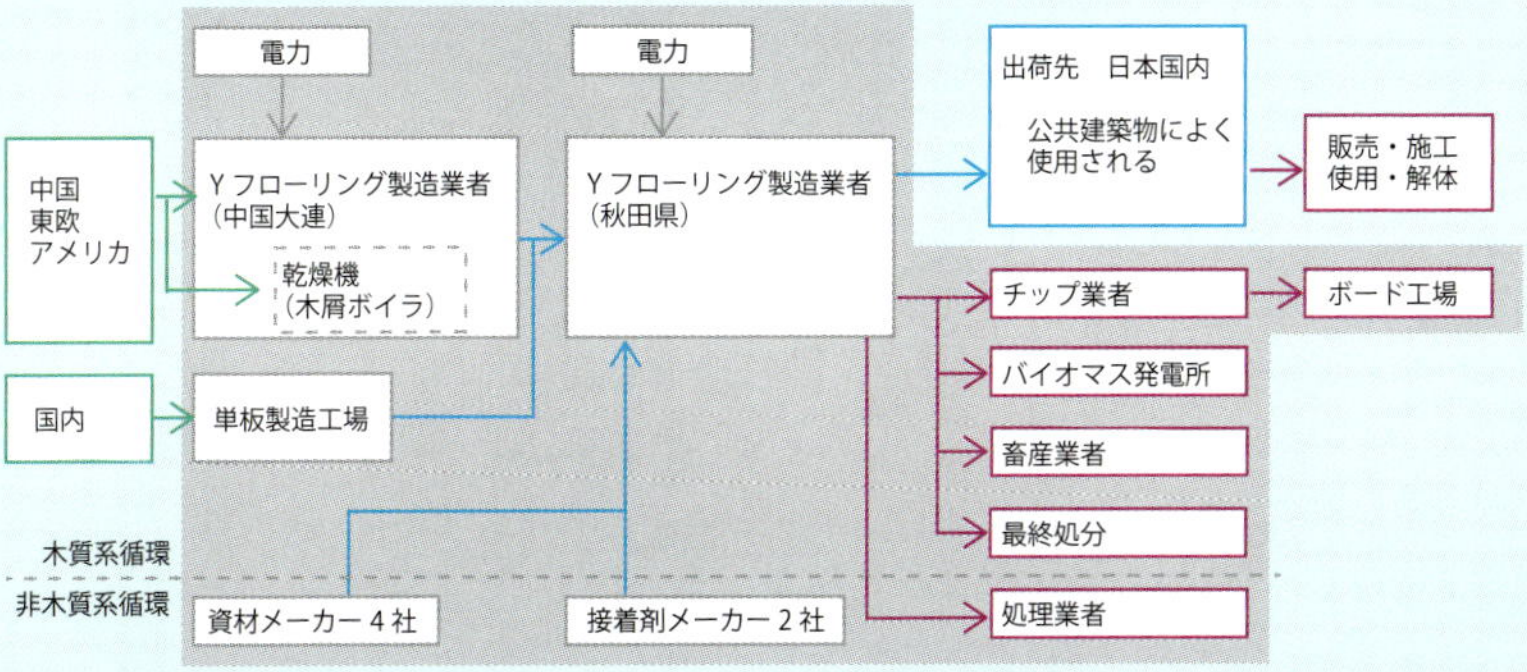

秋田県のフローリング工場の協力を得て、東大の清家剛研とライフサイクルエネルギーフローの計算を行った。まず、原料について、工場内のフローとエネルギー投入量を調査し、建設現場までの運搬、取り付けのエネルギーなどすべてを調べた。1年間の製品が生まれるまでのマテリアルフローと、投入した原料の量、工場で消費された電力量など、光熱費を含めた燃料総量を製品の㎡数で除したものが単位エネルギー量となる。難しいのは原料の追跡だ。清家研の研究者は中国やアメリカまで行って、半製品の集成材の工場、さらに製材所まで追跡したが、原木までたどり着けなかったという。フィンランドなどは輸出の際に、それまでのエネルギー量の数値を添付することになっているという。

窓 1 台の CO2 排出量試算（キマド株式会社）

	生産場所	輸送過程	製品化	出荷後	計
欧州材（パイン）	伐木　乾燥　製材 1.4 kg-CO2 / 台	現地→海上輸送→工場まで 61.6 kg-CO2 / 台	工場 7.0 kg-CO2 / 台	現場まで＋現場 0.72 kg-CO2 / 台	70.720 kg-CO2 / 台
国産材（杉）	伐木　乾燥　製材 1.4 kg-CO2 / 台	工場まで 1.008 kg-CO2 / 台	工場 7.0 kg-CO2 / 台	現場まで＋現場 0.72 kg-CO2 / 台	10.128 kg-CO2 / 台

キマド窓1台あたりCO2排出量試算図

富山のキマドから出荷される窓1台あたりについて、欧州材と国産材を比較しながら、どの工程でどのようなCO2が排出されているかを計算してみた。キマド工場では7.0kg-CO2/台の排出だが、欧州材は中間輸送（車→船→車）のCO2排出量が大きく、総計としては欧州材約70kg-CO2/台、国産材約10kg-CO2/台と約7倍の差となった。

KEYWORD

⑨健康マテリアル（エコマテリアル）#26/70

やさしい印象を与え、温湿度環境を調整する建材

エコマテリアル（環境によい材料）内装材として代表的なものは木と土で、ほかには紙、石、窯業材料などがある。

伝統木造住宅では建材をエコにし、地盤は石と土で固める。基礎は玉石を石端建てとして使う。コンクリートは耐震構造として使う以外は、できるだけ使わない。

土台から上の躯体は木造で、製材品としての無垢材を利用する。集成材は歩留まりが悪く、接着剤を利用しているので極力使わない。

壁は土壁、木壁。水回りはタイルまたは石壁とする。

天井材は板張り、数寄屋では紙も使われる。

屋根は、昔は茅葺屋根、檜皮葺き屋根そして瓦屋根で、風の強いところは勾配の小さい板屋根に石を置いた。

現在は茅葺、檜皮葺屋根は金属屋根に変わり、瓦屋根も重いため、しっかりした躯体構造でないと耐震性に影響することなどが課題である。

建材、設備資材、運搬設備などについては、地元で生産できないものもあり、ここに化学製品が入り込む。これもできるだけ少なくすることを心がける。

キッチンでは、ステンレス製の天板を大工加工のテーブルに載せたものをよく使う。下棚や食器棚も大工造作だ。

浴室はタイル床に木製壁で、檜の浴槽を置く。トイレや暖冷房設備、電気を除けば設備比率は大変低い。

製材柱梁や木質床、それに木舞土壁をしっかり塗り、外部にも上部は土壁、下部に焼き杉、大和壁などを張る。

問題は壁内の断熱材だ。パッシブ型の環境性能を支える材料は1980年代以降のもので、グラスウールやウレタン、ポリスチレンボードなどが多いが、最近はセルロースファイバー、木くずを固めたフォレストボード、羊毛などの自然素材が使われるようになっている。

エコマテリアルと、日本の伝統建築の材料は、ほぼ共通しているといえるだろう。伝統建築が使用するのは、その土地の材料である。その土地の土であり、石であり、樹木であり、水であり、空気である。その土地の自然そのものであり、これらの材料でつくったものは、壊れたときも、腐るなどして、その土地の自然に還る。そしてまた、その土地の自然を育てていく。こうした資源循環を可能にするのがエコマテリアルであり、パッシブ型環境建築には欠かせない。

長野県浪合村、トンキラ農園（松下重雄設計）

浪合村の新しい村づくりの議論をしていたとき、原地区の6人のおばさんたちが川魚の養魚池をつくってほしいと要望してきた。村づくりは村人すべてが輝いて主人公となり、自然を愛し、寒さも含めてそこから学ぶ謙虚さをもった村を理想とした。係長だった近藤庸平は「これはチャンス」と村づくりのコンセプトを体現した文化体験施設トンキラ農園をつくり上げた。南の根羽村の街道沿いにあった民家を解体移転して中心の家とし、宿泊棟と陶器工房をつくり、養魚池と農地を整備した。自然と共生するとは自然から生かされている環境である。

KEYWORD #27/70

シックハウス症候群

危険性のある物質は使用しないか、できるだけ減らす

1990年代から、シックハウス症候群などの建材による健康被害が問題になってきた。さまざまな形で化学物質が含まれている建材に囲まれて生活していると、あるとき急にアレルギー症状を起こすなど、化学物質過敏症はその人の化学物質の許容力が飽和状態になると発症するといわれている。

1960年代から新建材といわれる材料が使われるようになった。ベニヤ板の表面に仕上げ用の突板を張ったもの。表面に木目調の印刷をしたもの。接着剤混入の薄塗りが効く土壁の材料など、安く簡便な材料が大工さんに重宝がられた。

ところが、これらの材料は、塗料、接着剤、溶剤などに化学物質が含まれており、シックハウス症候群や化学物質過敏症を引き起こす危険性がある。

ホルムアルデヒドに関しては☆☆☆☆（フォースター）という許容量以下の製品が一般的となっているが、ホルムアルデヒド以外にも、トルエン、キシレン、パラジクロロベンゼン、エチルベンゼン、スチレン、クロルピリホス、フタル酸ジ-n-ブチルなどの揮発性有機化合物があり、ガイドラインが発行されている。

こうした揮発物質が、人体にダメージを与えてしまう。基本的な対策は、これらの物質を含む建材を使用しない、もしくはできるだけ減らすことだ。

トルエン、キシレン等の有機溶剤を含む建材・家具は使用しない。

天然系建材の中にもアレルギー誘因物質（テレピン油、柑橘油、ヒバ等）があるので要注意である。揮発性有機化合物（VOC）が大量に含まれる天然系建材・施工材（臭いの強い天然系塗料、木材、接着剤等）は実際に臭いを確かめてから使用することが肝心だ。

また、本来ならば建材がその人に適するか否かを自己診断してもらい、採用できるかを見極めることも大切である。

リフォームの場合、施工現場から工事期間中は離れてもらい、安全を確かめてから入居する。新築では入居までに時間の余裕をとり、臭いが気にならなくなってから入居するように計画する。

2005年以降、空調や給湯器の室外機による低周波の被害が報告されるようになった。低周波は人によって感受性が異なるために、問題は複雑化し、原因も正確には確認できていないが、こうした問題についても対策は必要であり、メーカーの対応が待たれるところだ。

揮発性有機化合物	室内濃度指針値（25℃の場合）	
ホルムアルデヒド	100μg/m³(0.08ppm)	接着剤に含まれる
アセトアルデヒド	48μg/m³(0.03ppm)	
トルエン	260μg/m³(0.07ppm)	接着剤、塗料などの溶剤
キシレン	870μg/m³(0.20ppm)	接着剤、塗料などの溶剤
エチルベンゼン	3800μg/m³(0.88ppm)	塗料、接着剤の溶剤
スチレン	220μg/m³(0.05ppm)	発泡スチロール、ポリスチレンフォームに含有
パラジクロロベンゼン	240μg/m³(0.04ppm)	タンスの防虫剤、消臭剤
テトラデカン	330μg/m³(0.04ppm)	接着剤や塗料の溶剤
クロルピリホス	1μg/m³(0. 07ppb)	防虫剤（防蟻剤）
フェノブカルブ	33μg/m³(3.8ppb)	
ダイアジノン	0.29μg/m³(0.02ppb)	殺虫剤
フタル酸ジ -n- ブチル	220μg/m³(0.02ppm)	塩ビ製品の可塑剤など
フタル酸ジ -2-エチルヘキシル	120μg/m³(7.6ppb)	ビニルシートなどの可塑剤

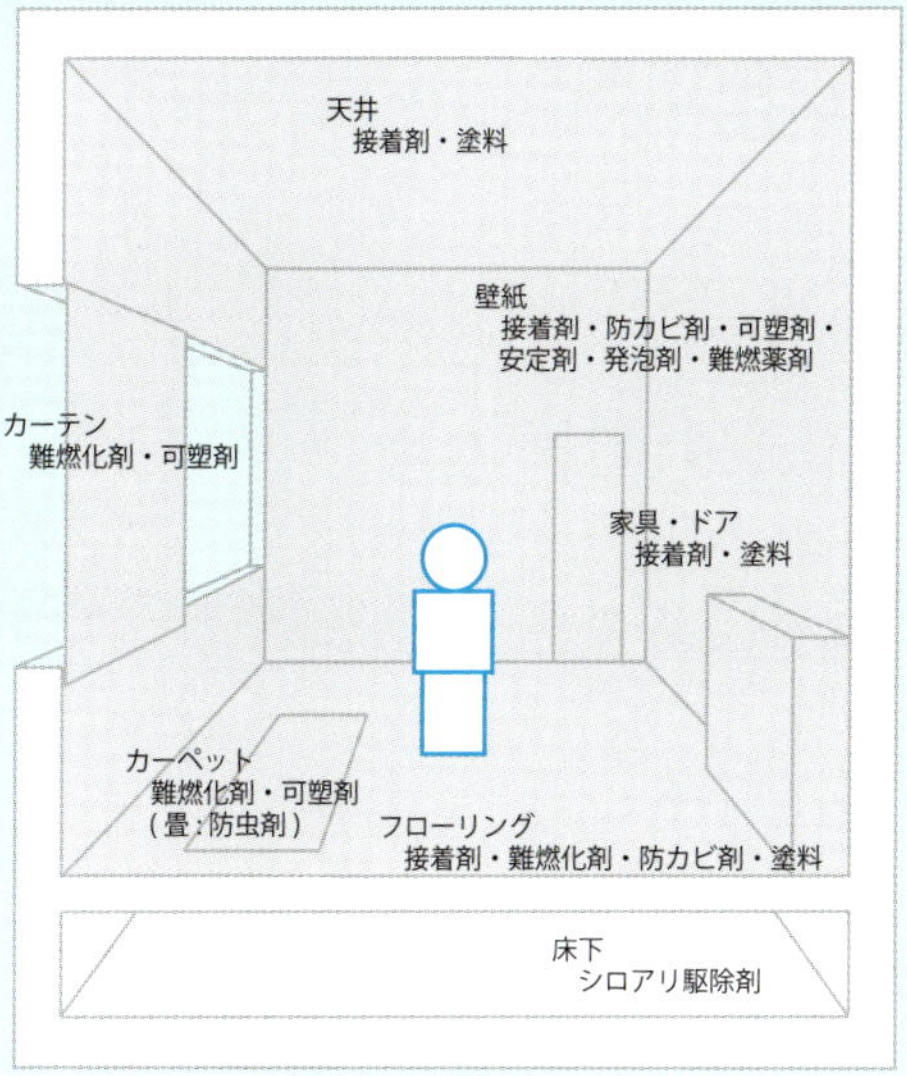

化学物質過敏症をひきおこす化学物質

建築家の浜田ゆかりさんは軽度な化学物質過敏症で、故高橋元さんのひと環境計画を共同主催し、バイブルとなっている健康な住まいづくりハンドブックなどを執筆した。新築物件の見学会に行くと、「ここから入れない」と、どの建材に化学物質が入っているかを教えてくれる、いわば歩くカナリヤのような存在だった。「化学物質過敏症の人の家を設計するときには、設計者の判断はあてにならない。一人ひとり違う感受性をもっているため、材料を枕元に1週間おいて安全を確認しながら慎重にすすめる」と教えてくれた。

［パッシブ思想による環境要素技術］

KEYWORD

木製サッシ

エコマテリアル「木製サッシ」は火事に強い

#28/70

放火被害にあったZ氏宅を、事後に調べたことがある。鉄筋コンクリート3階建ての住宅で、1階は駐車場、2階は事務所、3階は住居、4階はロフトで、計6人の家族が住んでいた。

1階にある駐車場に、ペットボトルに入れた油が投げ込まれ、放火されたという極めて悪質な事件である。

3階に6人が住んでいて、火が出て約5分後に消防に電話している。消防車が着いたのは出火してから約20分後。建物は炎に包まれた。

2階の事務所の開口部はアルミサッシ、一部ガラスブロックの窓もあった。

2階の事務所は、アルミサッシが溶けて、ガラスが外れ落ち、内部に炎が入り込んで、すべてが黒焦げになった。ガラスブロックも溶けていたので、温度は800℃を超えていたと思われる。アルミサッシはコンクリート溝内に燃えカスが残っているだけで跡形もなかった。

鉄の防火扉は、上下が外側に反っていた。天井から内部に炎が入ったようだ。甲種防火戸は炎に強い。真っ赤になっても耐えているものだ。それが反っているのは、消火隊が外側から水を掛けとき、反りかえったのではないかと推測される。急場とはいえ、防火戸に水がかかると大変なことになる。

3階は、木製のペアガラス窓で、木製障子と枠の間に発泡剤が仕込まれたもので、火災温度によって発泡し、気密性が高くなって火炎の侵入を防いでくれる。消防車の放水によって消火された外部木部は、黒く炭化したものの、変形していなかった。内部の6人は無事に救出された。

4階のロフトは風呂場で、斜めのトップライトはアルミ製であった。このアルミサッシが炎で溶け、ガラスは落ち、炎が内部に進入し、風呂場の樹脂サッシが溶け落ち、内部は黒焦げだった。

北側の隣家は、敷地境界に接して建てられていた工場で、木造の骨組みの上に鉄板のサイディングが葺かれていた。サイディングの表面にとくに変化はなく不思議だったが、裏に回ってみると小口から火が噴出していたという。

内部の木構造は焼け崩れていた。サイディングの薄い板は、その裏の木材を、炎からは守ったけれど、400℃以上の熱は防ぐことはできなかったようだ。

アルミサッシ、ガラスブロック、鋼製防火戸ではなく、火炎発泡剤付きの複合材木製サッシが火災から人命を守った事実を特記しておきたい。

木製サッシは火炎で表面は炭化するが変形せず、火炎の侵入を許さなかった。

アルミサッシは溶け、ガラスも落ち、火炎の侵入を許している。

木製サッシは火事に強い

①油入りペットボトル放火では、5～10分の短い時間で1000℃に達するほどの高温の火炎におおわれる

②アルミサッシは300℃で耐力を失い、ガラスを支えられなくなる。600℃になると溶けて霧消する。内部に炎が入るのを防ぐことができない。

③鉄は450℃で耐力を失い、ガラスを支えきれないため、炎の進入を防ぐことが出来ない。

④樹脂サッシはもっと低い温度で溶ける。有毒ガス発生の危険性も考えられる。

⑤鉄製の防火戸は火炎には強いが、消火水で反り返ってしまい、火炎の内部進入を許してしまう。

⑥複合材木製サッシは火炎に対し、表面は炭化するが変形せず、水で消火される。障子と枠との間に火炎発泡剤を挿入しておけば、火災時の気密性は向上し、火炎と煙の侵入を防ぐ。

（善養寺幸子氏による分析。写真提供も）

KEYWORD

放射冷却

#29/70

夜間、地球が宇宙へ熱を放射することを活かす

今後、温暖化が進むと、夏の気温はいっそう上昇する。現在すでにヒートアイランド現象の影響もあってか、35℃を超える日も多くなってきた。

この高温多湿状態は、蒸暑地域の課題である。これを解決する方法があれば、東南アジアなどの熱帯地域でも利用できると期待されている。

バンコクで調べたところ、一般の住宅ではエアコンは一部の部屋に限られ、居間などの夜の室温は32℃、扇風機で涼をとっているが、8時過ぎくらいで外気は27℃とだいぶ涼しくなっている。朝も外の木陰が涼しく、少しの風があれば外で食事をしたいくらいである。

夕暮れのカイロでは、ナイル川に夕涼みの人たちが沢山集まってきて、釣りを楽しんでいる人もいた。

なぜ太陽が沈むと急に5〜7℃も気温が下がるのだろうか。

太陽の温度は6000℃であるが、宇宙は真空で、ほぼ絶対零度(マイナス270℃)の世界である。

太陽の光が当たらない地球の夜の部分は、昼に太陽で温められた熱を宇宙に放射するため、気温は下がってくる。これが放射冷却だ。大気圏の空気の存在が、温度の低下を緩やかにしている。曇りの日は下がり方が少ない。

放射冷却は地球環境にとって非常に重要な現象だ。このサイクルによって地球はある範囲の定常状態を保っているからだ。この現象がなければ、地球は太陽熱を蓄熱する一方となり、温度は上がり続けるだろう。

この放射冷却現象はパッシブ型環境建築を考えるうえで、重要な研究対象である。たとえば、放射冷却によって温度の下がった空気で、夜間、室内を冷やしておくナイトパージという手法だ。

空気だけを冷やしても、全体の冷房には数分の効果しかないという実験結果も出ているが、空気を介して躯体などの熱容量の大きな物質に蓄冷する手法は、非常に効果が大きい。熱の伝搬を、空気ではなく、熱容量の大きな水などが利用できれば、効果は数倍になるだろう。

発明家の藤村靖之氏は放射冷却の仕組みを活用して水を冷却する非電化冷蔵庫をつくっている。外気温度が35℃でも内部の水は5℃まで下がるという。実際の建築に採用することができれば、その効果をはっきり示すことができるだろう。今後の研究開発に期待したい。

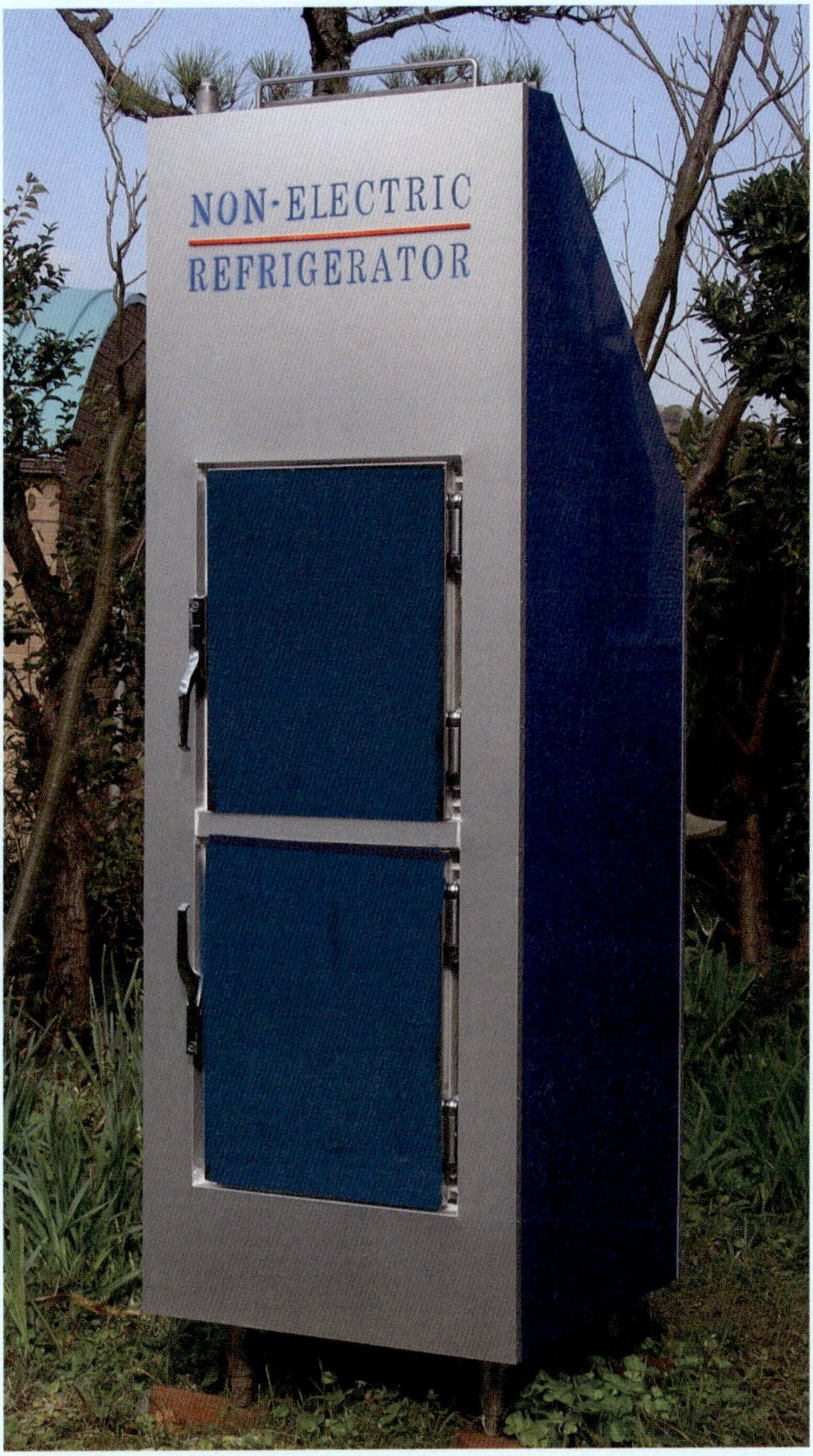

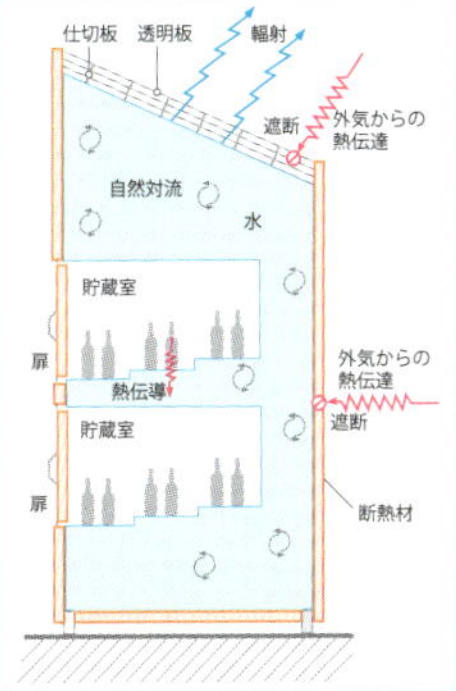

非電化冷蔵庫

発明家の藤村靖之氏は宇宙や青空の冷たさを教えてくれた人だ。そしてそれを実践的に自分で非電化冷蔵庫をつくってしまった。この写真は正面の扉側だが、正体は裏側の上部の斜めガラスだ。この中には水が封入されており、斜めガラスから北の青空、宇宙への熱放射が内部液体の対流で冷却され、35℃の気温でも5℃まで下がるという。扉の中でビールを冷やしておくことができる。この技術を応用して氏は、モンゴルの砂漠地帯やアフリカで貯蔵庫をつくっている。この技術は建築の冷房などにも利用できるはずだ。

写真提供:非電化工房

［パッシブ思想による環境要素技術］

KEYWORD

蒸発潜熱

蒸暑地域の夏のパッシブ環境手法

#30/70

パッシブ型環境建築では、温度管理がとても重要であるが、もう一つ、湿度の取り扱いも重要である。

湿度の管理に関しては、活性炭に水分を吸着させるデシカント空調があるが、吸着した水分を蒸発させるために熱を必要とするところがネックである。そこで、複合したシステムを組んで、天然ガスなどによるコージェネレーション方式で発電し、その余剰熱をデシカント空調に利用するなどの方法が考えられている。たとえば太陽熱や地中熱、下水熱、排気熱などを活性炭の回復に利用する方法や、デシカント空調機を小型化し、天井カセットへ応用するなどの、今後の技術開発が期待される。

熱の移動の方法には伝達、放射、対流以外に、蒸発潜熱がある。

この蒸発潜熱の方法を使って気温を下げる研究を東工大の梅干野晁名誉教授、浅輪貴史准教授が長年行ってきた。

それを応用し、夏の暑い外気を含水させたレンガの隙間に通し、水分が蒸発することで気温を下げる手法を、港区立みなと保健所の外壁で試みた。

外気温35℃の空気が外壁と上部緑化壁を通った内側では27℃まで下がった。大変涼しく、快適で、効果は大きいと実感した。

水分の蒸発によって周辺の温度を下げる手法は、ヒートアイランド対策の有効手段と考えられ、その効果は空気線図を用いて温度下降を予測することが可能である。

たとえば、夏の日中に相当する気温30℃、相対湿度50％の空気の場合、湿球温度は約22℃である。日陰の濡れた表面でも、周囲からの反射日射や高温を示す熱放射を受けて、湿球温度よりは数℃高いことが多いが、十分に濡れた表面では、気温よりも8℃も表面温度を低く保つことができる。しかし日射を受けていると、表面が濡れていて盛んに蒸発していても、表面温度は気温より下がらない。

みなと保健所では、バルコニーや外廊下の外壁で蒸発潜熱による冷却を行い、内部との境界壁から室内に導入するなど、限定的な空間設定をすることにより、蒸発冷却の手法を導入することができている。蒸発冷却により空気をどのくらい冷やせるかは、空間設定が重要ということだ。

外気を水蒸気で冷却して導入する方法は、夜の冷気を蓄熱するナイトパージの手法と同様に、沖縄などの日本南部の蒸暑地域で用いるパッシブ型環境建築の手法として期待が大きい。

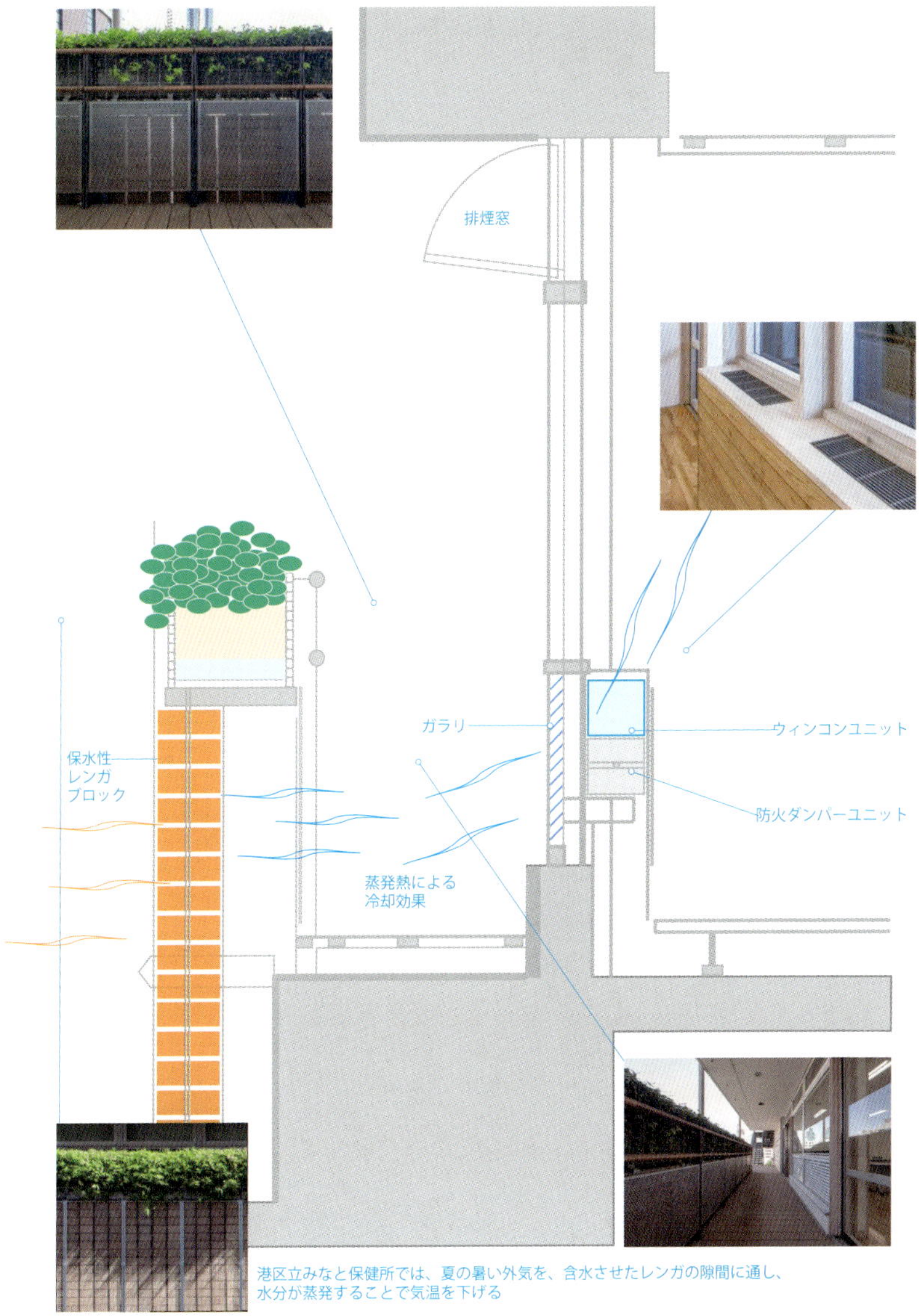

港区立みなと保健所では、夏の暑い外気を、含水させたレンガの隙間に通し、
水分が蒸発することで気温を下げる

蒸発潜熱による冷却

みなと保健所では、東工大の梅干野晁氏の指導を受け、蒸発潜熱による冷却を行っている。東西壁の外装に、保水レンガを積み上げ、上部から雨水を給水し、湿潤のレンガの隙間から入る空気を冷却する。夏に外気温35℃でも、内側は27℃となる。これを湿度調整しながら内部に導入する。上部に田頼理夫氏の五×緑(ゴバイミドリ)をのせ、外壁面のブロックにもツタが這い、緑の外壁を想定した設計を行った。

［アクティブ技術を少なく、上手に採用］

KEYWORD

高効率機器の上手な採用 #31/70

高効率機器は必須ではない。補助的に利用する

環境建築の本筋からいうと、パッシブ環境基本性能を高める設計手法を積み上げて、建築本体の性能を高めることが第一で、それを補完するものとして、高効率な設備の導入を考えるべきである。

また、高効率機器のメーカーが掲げている省エネルギー性は、同種従来機器との運用エネルギー効率の差であり、機器生産に必要なエネルギー源を含めたLCCO_2（生涯CO_2排出量）は計算上無視されていることに注意しなければならない。

照明に関しては、LEDの発光効率が急速に向上しており、高効率機器の代表的存在になりつつある。蛍光灯の器具効率は反射板の形状などにより50～80％程度、LEDの器具効率は80～90％（日本電気技術者協会資料より）。LED照明を事務室などに配置した場合の消費エネルギーは蛍光灯の5割程度、高効率蛍光灯の7割程度だ。通常の白色LEDは、紫外線や赤外線はほとんど含まず、低温でも性能が低下しないなど扱いやすい特性もある。

空調用設備機器は、気体が圧縮開放の繰り返しにより発熱する原理を応用したヒートポンプが代表である。電気のインバーター制御の導入以来、圧縮機、ファンモーター、熱交換器の大型化などにより、COP3～6＊という高効率となっている。

家庭用エネルギー消費の1/3を占める給湯機はさらなる高効率化が望まれている。

ガスによる潜熱回収型がCOP0・95（従来型0・8）であるが、よく利用されている。これは一度温められた湯がさらに排熱で温められる方式のもの。また、ガスエンジンで電力と熱を生産し供給するコージェネレーション方式のもの。そして最新の燃料電池式として、天然ガスから取り出した水素を空気中の酸素と結合させて水をつくる際に熱と電力を得る仕組みのものなどがある。

それぞれ熱と電気と同時に生産するので、電気のような遠距離で生産し、高圧で運搬するものと違い、利用者のそばで生産する分散型エネルギーとして重要な意味がある。しかし、CO_2排出やエンジン音の問題は残る。高音の排気音を周波数変換技術によって可聴域外にすることで、低周波被害なども発生しており、今後の課題も大きい。

伝統木造住宅であっても、近代的な生活をするには、照明機器はもちろん、ユニットバスやキッチンには給湯器が必要で、テレビや、冷蔵庫、パソコンなどの家電製品も欠かせない。自然材料を主とする伝統木造住宅であっても、設備機器を構成する化学物質は排除できない。

高効率機器も化学物質の欠点を少なくする工夫をしてほしい。揮発性の物質を使わず、火災時にダイオキシンなどの有害物質を出さない工夫などのほか、熱可塑性の物質を避け、陶器やガラス製品、熱硬化性の材料でつくってほしいと思う。

＊COP（成績係数）は、冷房機器などのエネルギー消費効率の目安となる係数で、機器の冷房・暖房能力（kw）を消費電力（kw）で除した値。COP3.0のエアコンであれば、消費電力の3倍の熱・冷熱量をつくり出す。

KEYWORD

#32/70 EMS／BEMS／HEMS

高度化する環境建築は自動制御システムで制御

［アクティブ技術を少なく、上手に採用］

環境建築を計画通りに運用するためには、その計画を補助する（人の知恵と感覚を記憶し、あるいはそれに代わる制御の仕組みを運用する）設備が必要だ。とくに大型建築となり、利用者が多人数になると、暑い、寒いの感覚にも差があり、また、外の気候の変化への瞬時の対応は、人間の能力を超えている。外部環境の変化に対応し、エネルギーを上手に利用するうえでEMS（エネルギーマネジメントシステム）が有効である。住宅を対象にしたHEMSやビルを対象にしたBEMSが知られている。

EMSによって建物で使うエネルギーを見える化し、さらに適正に制御・管理することで、省エネと快適性、経済性を向上させることができる。

東京都市大学名誉教授の坊垣和明氏によれば、エネルギーの見える化によって利用者の環境意識が高まるだけでも、10％程度の省エネ効果があるとする調査が多いが、1～2カ月で利用者の関心が薄れ、その効果は失われるという。環境省の資料によると、見える化の効果はビル・事務所で3～4％、家庭で1％の省エネであり、EMSが省エネ設備としての効果を発揮するには機器の制御まで行う必要があるのだ。

HEMSで制御されるべき住宅機器類は高度化が進んでおり、適正な制御を行うことで計画された省エネ効果の拡大が期待できる。

住宅などの個人利用の建物については、伝統的住宅のように、暑いときは窓を開けて空気を入れるなど、人の感覚によってある程度制御できる。そのうえで、住宅用の創エネを伴う給湯機などでは、利用者の習慣を学習してきめ細かな運用の最適化を行う機能が実用化されているが、このような機能と、太陽光発電と蓄電の最適化や太陽熱温水器などを連携して制御することで、いっそうの省エネ効果拡大も考えられる。ブラインドや換気窓などの建築化された可動部品の制御を行うなど、自然採光や自然通風を基本とする本格的な環境建築への応用が期待される。

環境建築の高性能化に伴い、EMSの重要性がますます大きくなるものと予想される。一方、生活と密着したHEMSは、健康、美容、教育、防犯、見守りなど、エネルギー使用の最適化に留まらない幅広い展開も期待される。

とはいえ、先進技術に慣れてしまい、それが当たり前になってしまうと、自然の中に放り出されたときに対応能力がなくなるおそれがあるので注意が必要だ。

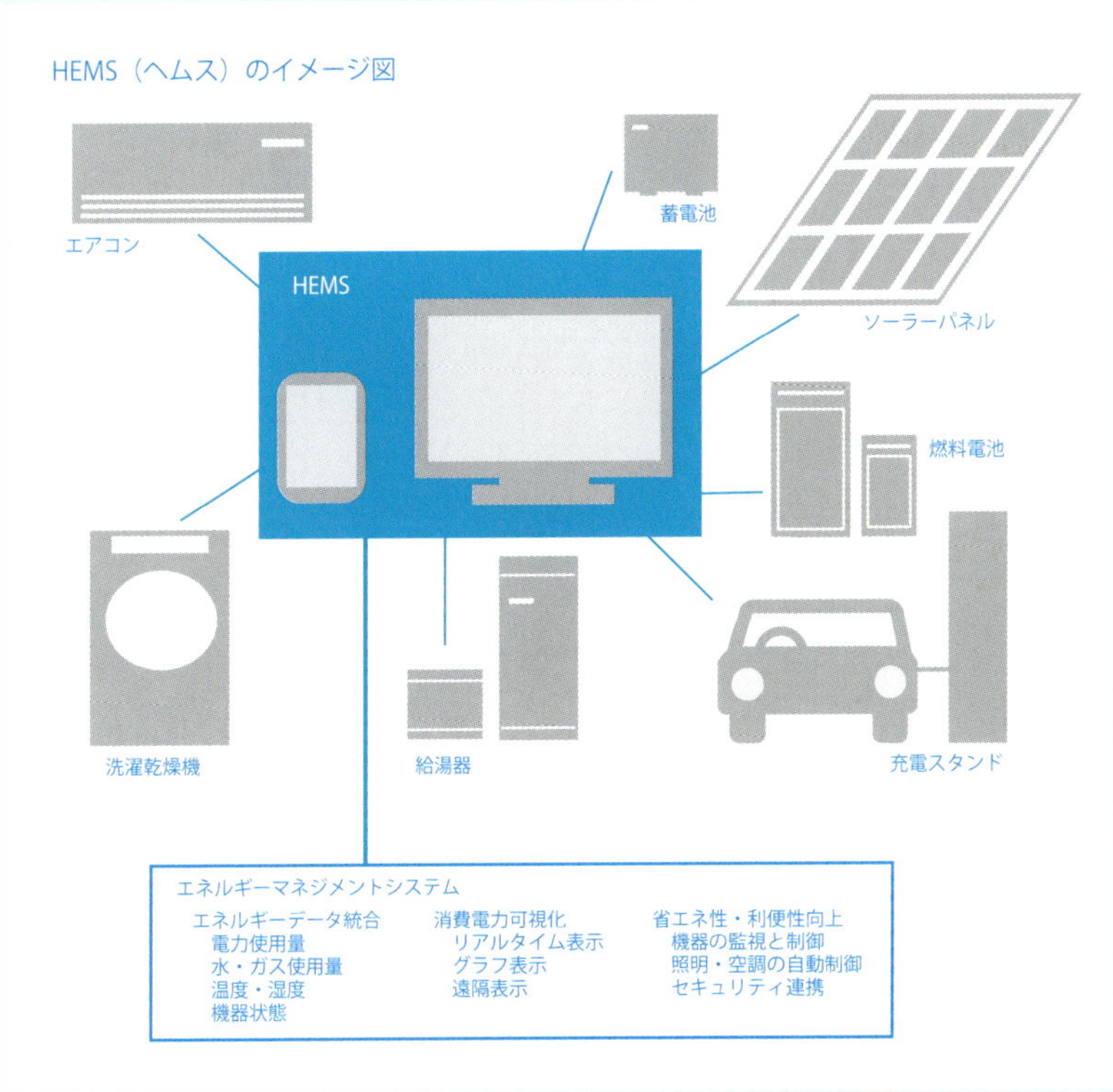
HEMS（ヘムス）のイメージ図
エアコン
蓄電池
ソーラーパネル
HEMS
燃料電池
洗濯乾燥機
給湯器
充電スタンド
エネルギーマネジメントシステム
エネルギーデータ統合
電力使用量
水・ガス使用量
温度・湿度
機器状態
消費電力可視化
リアルタイム表示
グラフ表示
遠隔表示
省エネ性・利便性向上
機器の監視と制御
照明・空調の自動制御
セキュリティ連携

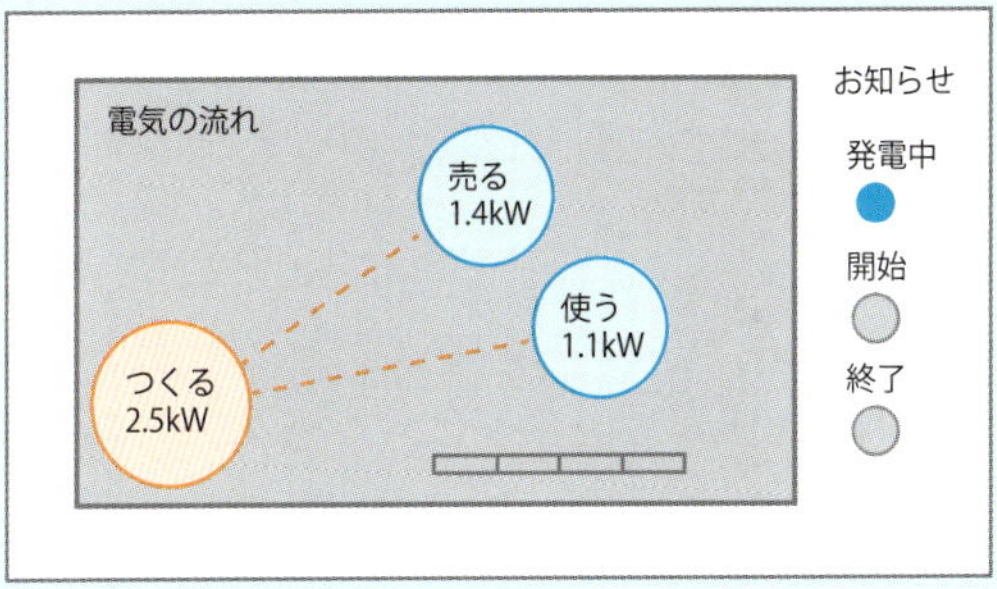
電気の流れ
売る
1.4kW
使う
1.1kW
つくる
2.5kW
お知らせ
発電中
開始
終了

第2章

省資源を「ストック」で考える

70 KEYWORDS OF ENVIRONMENTAL ARCHITECTURE

●ピークオイル論は油田の採掘量もその世界的総和もともにロジステイック曲線に乗ることを主張した英人M.Kハバートの説。2010年に国際エネルギー機関(IEA)は世界的に2006年にピークオイルを迎えた可能性が強いと発表した。
●エコロジカルフットプリントはWWF(世界自然保護基金)が毎年発表している「人間の消費資源と生物生産力」のバランス指標。世界の人々が2008年の日本人と同様の生活をすると2.3個分の地球が必要となる。
●計画的・科学的低炭素化政策と行動によって、エコロジカルフットプリントの増加を抑制し、地球温暖化を防止する努力をし続けなければならない。

エネルギーの取込・放出に関与する物質すべてを「資源」ととらえてみよう。この「資源」には、狭い意味のエネルギー資源だけでなく、エネルギー伝達ルートで関与する建築物も、外部環境も、すべてが「資源」に含まれる。

次に自然資源と人工資源という区分を考える。

自然資源は相互にエネルギーの授受があっても自然資源の状態のままである。しかし、自然資源に人の手が加わる(これもエネルギーである)と、人工資源に変換される。建築物は人工資源の代表だ。大自然のなかで生き残るために必要なエネルギー環境をつくり出すという、人間の根源的な営みといえる。

そして、有史以来人間がつくり出してきた人工環境を「ストック」と呼ぶ。人工資源には、建築物のほか、宅地、道路、農地、用水路、防風林などさまざまなものがあるが、これらを総称して「ストック」と呼ぶ。

ストックは、大自然の猛威から人間の生存を確保するために講ずる資源の改変である。自然はときとしてそれを粉々に打ち砕くことがある。東日本大震災の津波被害は自然の持つ破壊エネルギーの恐ろしさを見せつけた。逆に、人間がつくった1本の道路が広大な自然林を荒廃させてしまった例もある。このように、人間と自然との間には絶えざるせめぎ合いが繰り広げられてきている。

「省資源」という言葉は、狭い意味では「エネルギー源である資源を大切に使おう」ということだが、より広い意味では「自然資源を

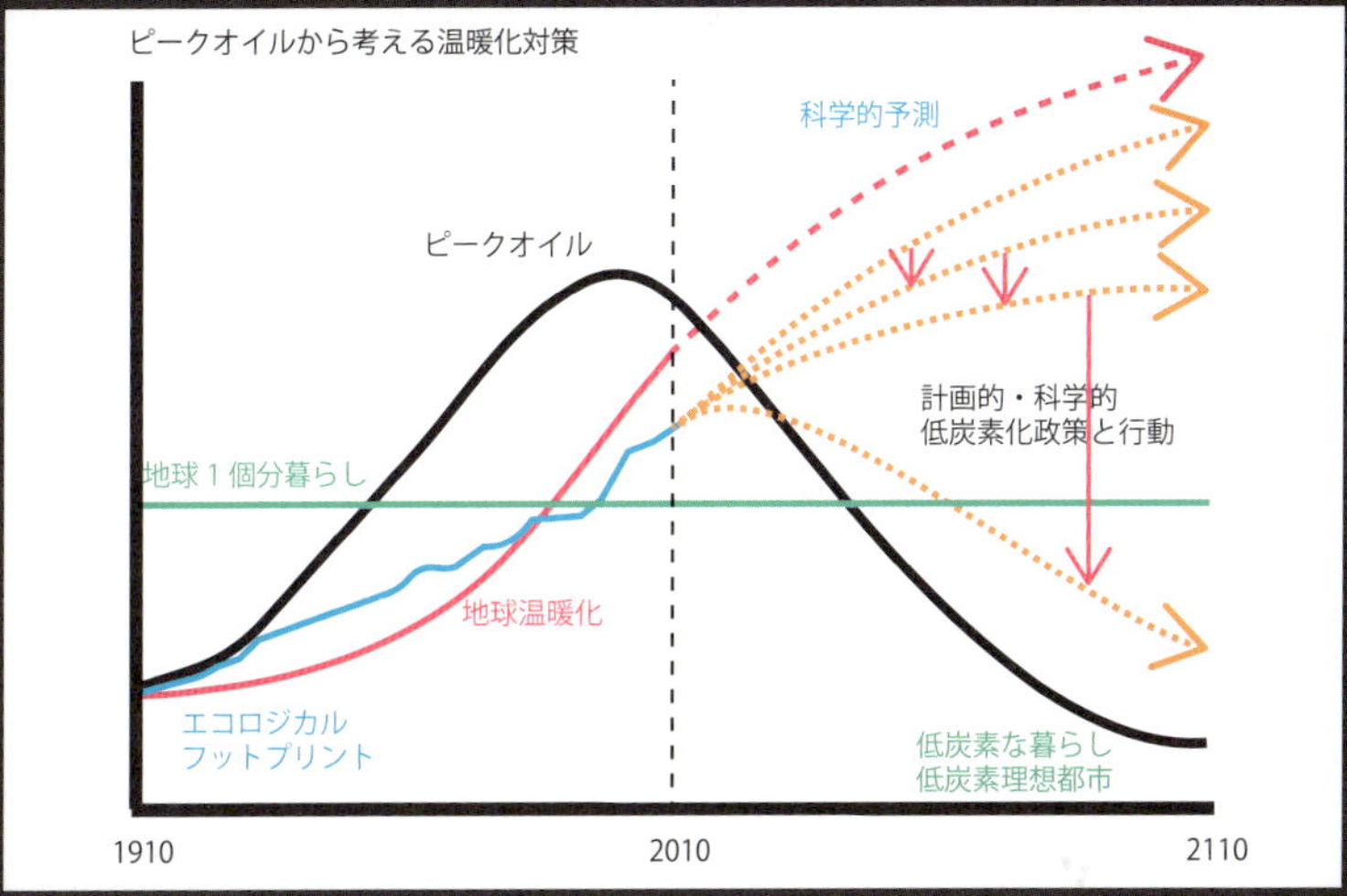

出典：低炭素社会の理想都市実現に向けた研究（平成20～22年度）日本建築学会

これ以上人間のために破壊するのはやめよう」というスローガンである。

地球上のすべての自然を資源として対象化して、人のために活用しようとする試み、つまり絶えざる人工資源化が地球の自然の存続を危うくしているからだ。

省資源をより根源的な意味で捉えるために「ストック」という言葉を使おう。「ストックの総量をこれ以上増やし続けることは止めよう」というスローガンを掲げたい。

環境建築はこれまで、建築物運用時の省エネルギーに大きく関心を払ってきたが、むしろ建築物の生産時に費やされる膨大なエネルギーや、建築の解体時に積み上げられるごみの山がもたらす環境破壊にこそ関心を注ぐべきだ。第２章ではそうした観点から環境建築を考えて行きたい。

そして、第１章の「省エネルギー」と第２章の「ストック」を包含する概念が「省CO_2」である。資源から得られるエネルギー量のみを見るのではなく、資源がエネルギーを放出した結果、生み出される排出物や残滓物質などすべてを視野に入れた結果、実現すべき全人類的な目標が「省CO_2」である。地球の温暖化は生命の滅亡へのカウントダウンである。CO_2排出量を抑制し、低炭素社会構築へ全地球規模で一丸となって道筋をつけなければならない。環境建築の目的はそこにある。

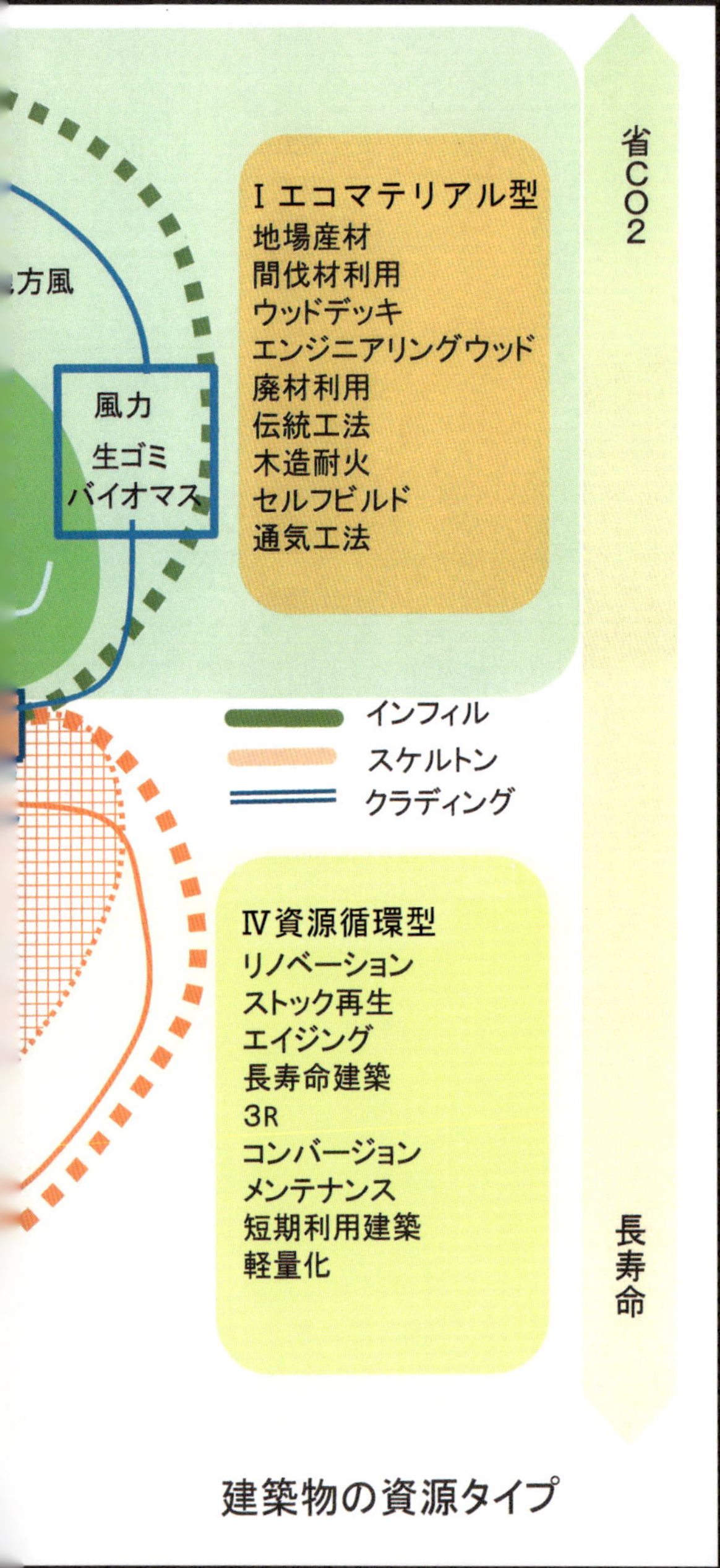

環境建築評価ダイアグラム

中央に描かれた円が環境建築である。環境建築は自然環境と人工環境の両方に立地している。自然環境と人工環境の双方からエネルギーを取込みまた放出して円の内部を快適空間とするための制御の原理が描かれている。

イラストの周辺には環境建築にまつわる4群のキーワードが並べられている。

Ⅰ　エコマテリアル型

Ⅱ　自然活用型

Ⅲ　町並ストック継承型

Ⅳ　資源循環型

ⅠとⅡは自然資源活用のキーワードで、ⅢとⅣは人工資源活用のキーワードとなっている。

ⅠとⅣは建築生産・解体時の省CO2でⅡとⅢは建築運用時の省CO2のキーワードである。

第1章で述べた環境建築は中央の円内の環境調整の原理・Ⅱ自然活用型・Ⅰエコマテリアル型のキーワードに関するものが中心であった。

第2章では中央の円を構成する物質構成に関するキーワードを手掛かりにⅣ資源循環型のキーワードについて解説する。Ⅲ町並みストック継承型についても第2章で総論的な解説を加えるが、具体実践例は第3章の中心課題となる。

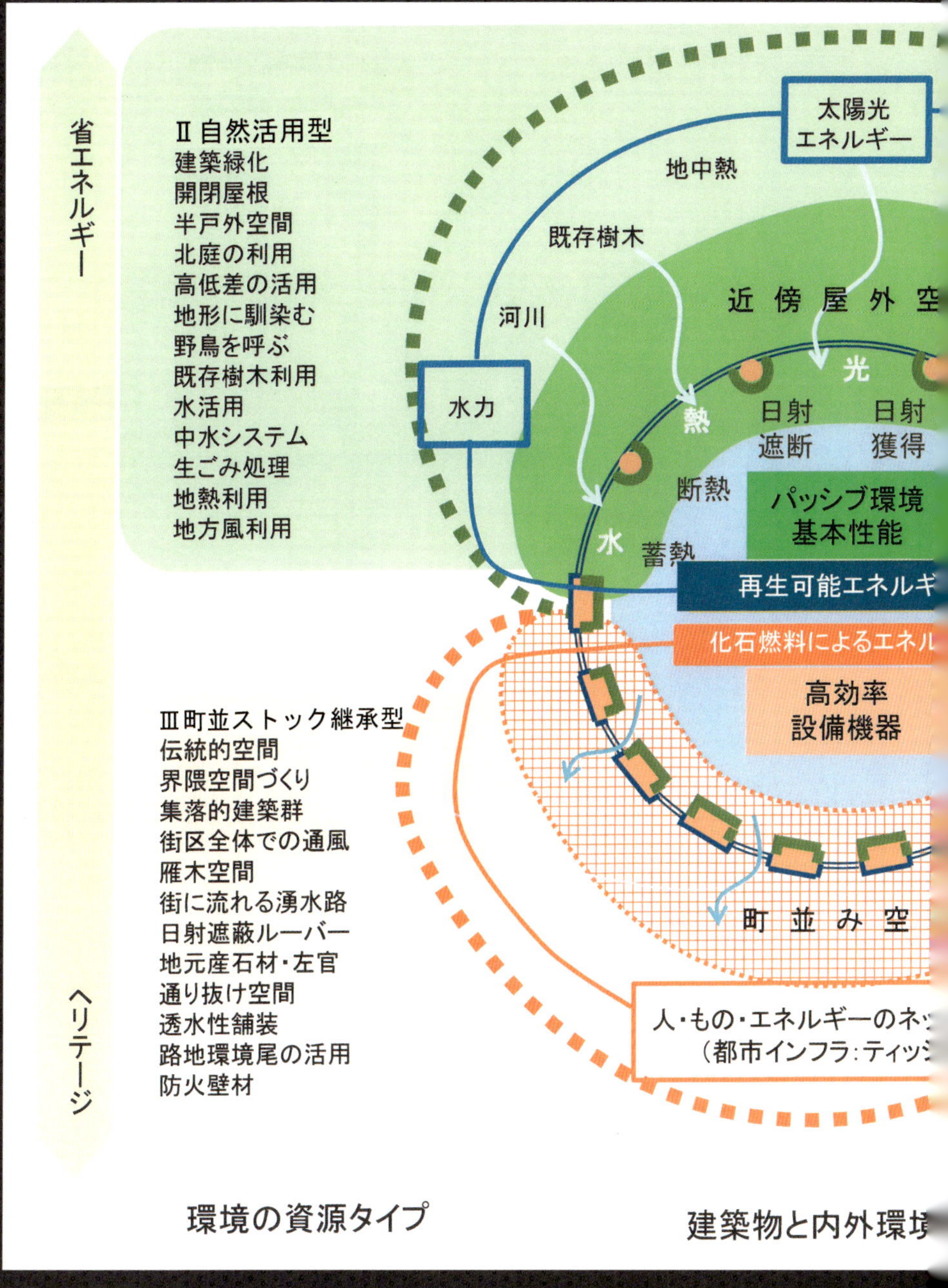
省エネルギー
ヘリテージ
Ⅱ自然活用型
建築緑化
開閉屋根
半戸外空間
北庭の利用
高低差の活用
地形に馴染む
野鳥を呼ぶ
既存樹木利用
水活用
中水システム
生ごみ処理
地熱利用
地方風利用
Ⅲ町並ストック継承型
伝統的空間
界隈空間づくり
集落的建築群
街区全体での通風
雁木空間
街に流れる湧水路
日射遮蔽ルーバー
地元産石材・左官
通り抜け空間
透水性舗装
路地環境尾の活用
防火壁材
太陽光
エネルギー
地中熱
既存樹木
河川
水力
近 傍 屋 外 空
光
熱
日射
遮断
日射
獲得
断熱
パッシブ環境
基本性能
水
蓄熱
再生可能エネルギ
化石燃料によるエネル
高効率
設備機器
町 並 み 空
人・もの・エネルギーのネッ
（都市インフラ：ティッシ
環境の資源タイプ
建築物と内外環境

［ストックを受け継ぐ］

KEYWORD

町並継承型環境建築

町並みの歴史的空間特性を受け継ぐために

#33/70

市街地で建築物を更新していく際に、既存の町並みの歴史的空間特性を受け継ぐ形で建築されるものを、町並み継承型環境建築と呼ぶ。

そのもっとも優れた実践例は「重要伝統的建造物群保存地区」に見られる。重要伝統的建造物群保存地区では、保存対象の伝統的建造物のために、外観の様式や材料・色彩など修理の基準を、伝統的建造物以外にも準用する規定を設けて、すべての建築を町並み継承型へと誘導する。

伝統的的建造物群保存地区の指定を受けるほどには歴史的様式や細部意匠は集積していない町並みであっても、町並みに表出している空間特性が歴史性なものと評価できるものであれば、町並み継承型環境建築の成立条件があるとみなすことができる。

その場合、新たに誕生する建築物が、既存の町並み景観を混乱させたり覆い隠したりすることがないような建築形態を選択することが大切である。

平入りの屋根が連続する町並みに、勾配が異なる屋根や、妻入りや陸屋根が混ざると、景観上の不調和が生じたり町並みの連続性が絶ち切られてしまう。

軒下空間を公衆用通路として使っている町並みで、新たな建築物で通路を遮断するような行為は決して許されるものではない。

町並みの空間秩序は道路沿いだけでなく、道路から少し奥へ入った部分にある中庭や通り庭、路地など、「建物をポジと見た場合のいわばネガに相当する部分が適正に配置されているかどうか」が、その町並みが良好な住空間といえるかどうかの死命を握っている。

江戸時代までは、表通りの町並みルールだけでなく、裏宅地の住空間のコントロールについても有効に機能していた。明治以降になって、近代的な法制度と建築手法が入ってきたことで、歴史的町並みは表通りと裏宅地の両面から蝕まれ、その多くは死に至ったのである。

町並継承型環境建築では、光、風、雨、雪、水、緑などの自然環境因子が、建築形態によって見事に仕分けられ、優れた町並みの表情と優れた内部の生活環境をつくり出している。こうして生まれたストックは、地域の人々が自然とのかかわり合いのなかで獲得してきた安心の拠り所であり、地域共同体の営為そのものだといえる。これは地域資産であり、歴史遺産であり、文化遺産である。

青森県黒石市中町に残る「こみせ」(小見世)。日本海側の豪雪地帯の都市で、大雪から歩行者を守る工夫で、新潟では雁木と呼ばれる。黒石市中町は江戸時代からの「こみせ」の町並みをもっともよく残していて、重要伝統的建造物群保存地区の指定を受けている。

［ストックを受け継ぐ］

KEYWORD

ストック再生型環境建築 #34/70

新しい建築物に既存ストックを組み込む手法

既存ストックである建築物（の一部）を、新たな建築物の一部に組み込んで再生させる環境建築の手法を、「ストック再生型環境建築」と呼ぶ。

ストック再生型環境建築の評価ポイントは「旧来の建築物から、どれだけの量の資材を、新たな建築物の一部として組み入れることができたか？」である。

もしストックの資材を使わずに新しい資材で建築したら発生したであろうCO_2排出量を、「削減量」とみなして、環境への貢献度として評価する。

町並継承型環境建築の場合は、建築のすべてを新築としてつくった場合も、既存の町並みを構成する他の建築の延命化に貢献するという点で、環境建築として評価できる。

もともとそこにあった建築の一部を、新たな建築の一部として再利用できれば、他の建築の延命だけでなく、みずからのストックの喪失を防いだという意味で、ストック再生型環境建築となる。町並継承型としては他の建築のストック再生に貢献、ストック再生型としてはみずからのストック再生に貢献する、環境建築として二重に評価できる建築となる。

街並みを構成する既存ストックの地域的・歴史的・文化的価値を、どのような視点から評価するかについては、環境建築とは別の分野の専門的な評価基準の導入が必要である。

東京工業大学名誉教授の藤岡洋保氏は、歴史的建造物を保存・活用する際は、その街や都市の住民に再評価される価値の発見と、その実現があって、はじめて本当の再活用が可能であると指摘。以下の4点を必要条件として掲げている。

・自律的な街づくりが成されている
・未来に向けた環境的価値が組み込まれている
・地域全体の活性化の仕組みが実施されている
・建築的な魅力を持っている

「既存ストックのすべてを元の状態のまま保存することに価値がある」と主張する人々は、ときとして建築物の所有者や地域の人々の思いと対立することになる。歴史的な評価に捉われすぎて、現に人々の再活用を妨げている障害要素の克服に思い至らないからだ。

藤岡氏のいう既存ストックの保存のための必要条件は、この両者の対立を乗り越え、地域のなかで真に役立つ建築物を保存する方向性を示唆するものである。

日本工業倶楽部会館

東京都千代田区丸の内にある。大正9年(1920)横河民輔設計の地上5階建の西側部分を保存、その他部分を再現して、2003年、30階建三菱信託銀行本店の高層ビルと一体整備された。歴史部分は免震層の上に載っている。

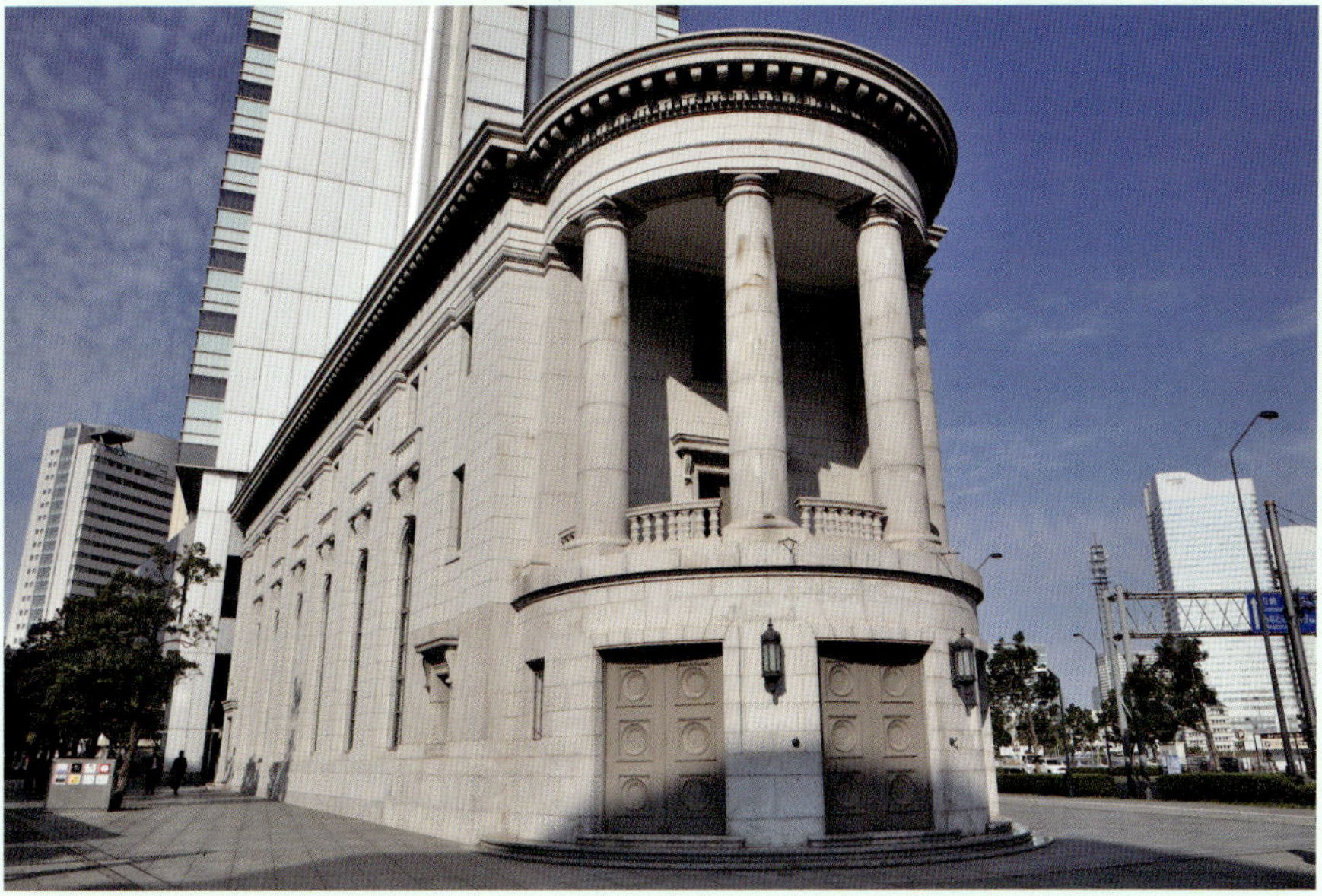

横浜アイランドタワー

1929年建設の関東大震災復興期の銀行建築の一部(円形部)を曳家で170m移動し、他の部分は外観内装を忠実に再現し、2003年、27階建の事務所ビルと一体整備された。

KEYWORD

省エネと省資源

#35/70

運用時と生産時のCO_2排出量を比較する

建築運用時のCO_2排出量と、建築生産時のCO_2排出量では、どちらがどれくらい大きいか見てみよう。

一軒の住宅で日常の光熱費（年間4tのCO_2排出量に匹敵するといわれる）を25％削減することができたとすると、年間約1tのCO_2排出量が削減されることになる。これが建築運用時の省エネ努力によるCO_2削減量である。

一方、RC造で一軒の住宅を新築する場合には60tのCO_2が排出されるといわれている。その量は、建築運用時の省エネ努力（光熱費年間25％削減で1tのCO_2削減）60年分と等しい。

この2つの削減量の比較は、省エネ努力（建築運用時のCO_2削減量）と省資源努力（建築生産時のCO_2削減量）とが、同じ土俵、つまり省CO_2という尺度で量的な比較ができるということを意味している。

これを、「省エネと省資源、どちらが大切か？」という命題として捉えてはいけない。RC造で住宅をつくると、その建設によって60tのCO_2を排出するので、今後60年間にわたって住みながら25％の省エネルギー努力をして、建設によって地球環境に与えた負荷を取り戻す義務がある、と考えるべきだ。

60年以降も、毎年25％の省エネ努力を続けるならば、毎年1tのCO_2削減量として環境に貢献し続ける建築として評価されることになる。

すなわち、RC造で住宅をつくるならば、省エネ努力を続けることのできる環境建築としてつくることと、60年以上長く住み続けることが重要である。

国全体のCO_2削減目標値を算出するときに、産業分野と民生分野と分けて、それぞれに目標値を設定している。そして、「産業分野は目標を達成したが、民生分野では遅れている」というような問題の立て方をしている。

産業分野でRC造の住宅を一つつくると60tのCO_2を排出するが、そのつけは民生分野に回ってきて、60年間の省エネ生活でようやく回収していると考えるべきなのである。

住宅生産に関する限り、産業分野での省CO_2は著しく遅れている。RC造の住宅を新築するよりも、既存のRC造の利活用を真剣に考えるべきである。

「RC造の寿命は60年」などと最初からあきらめるのではなく、長寿命な省エネ建築を目指すべきなのである。

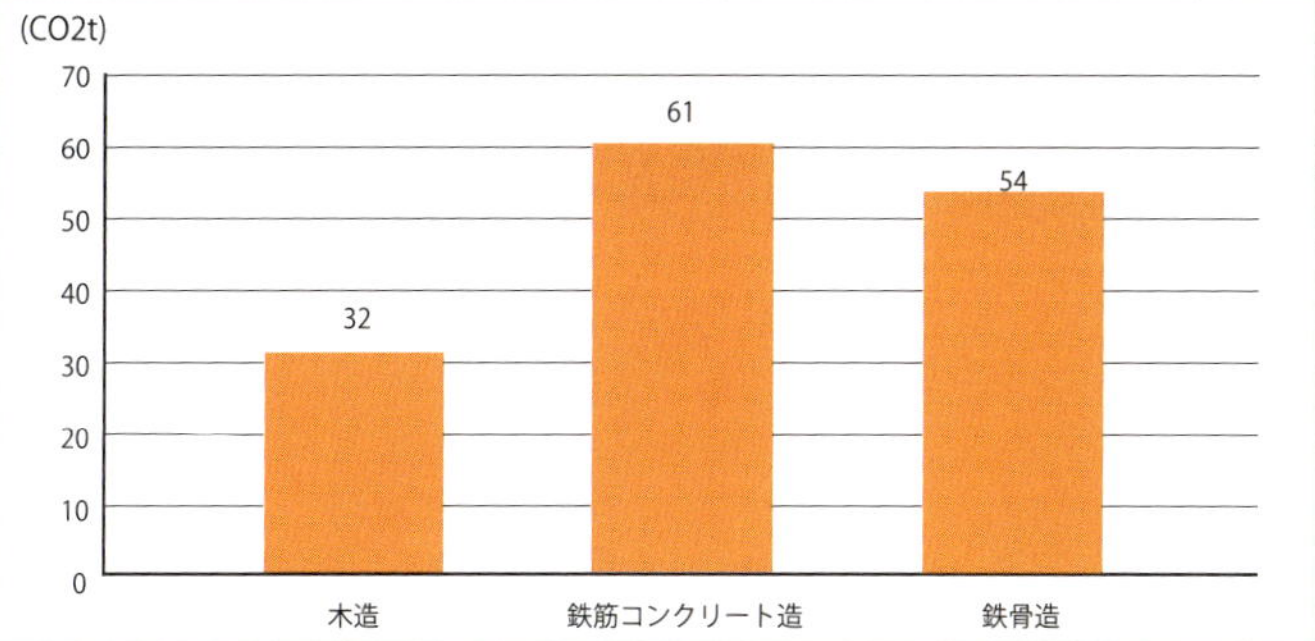

住宅1戸あたりの建設時の工法別二酸化炭素排出量

注：住宅1戸あたりの床面積を120㎡とした場合のCASBEEに基づく林野庁試算

出典：林野庁森林・林業白書H25年度

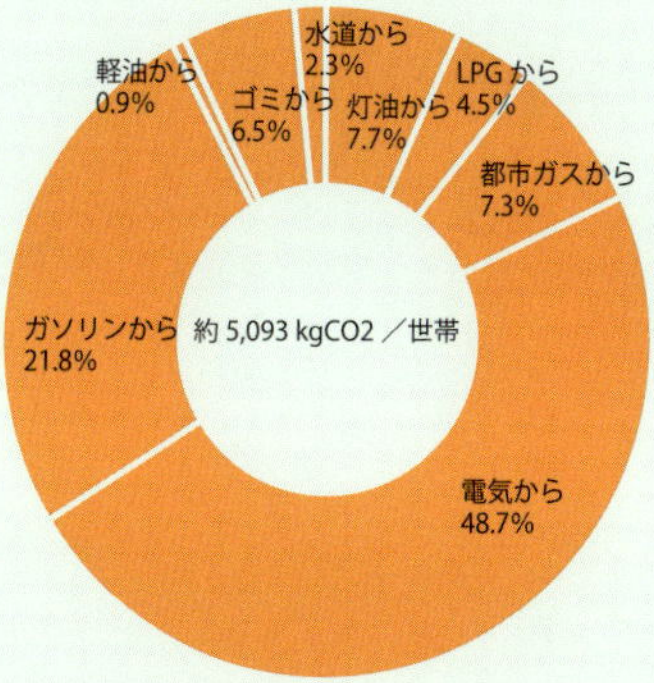

家庭からの二酸化炭素排出量（2014年度）

家庭からの燃料種別二酸化炭素排出量の内、ガソリン・軽油を除いたものを光熱費と仮定して算出している。

5,093 kgCO2×（100-21.8-0.9）%＝3,937 kgCO2

出典：温室効果ガスインベントリーオフィス

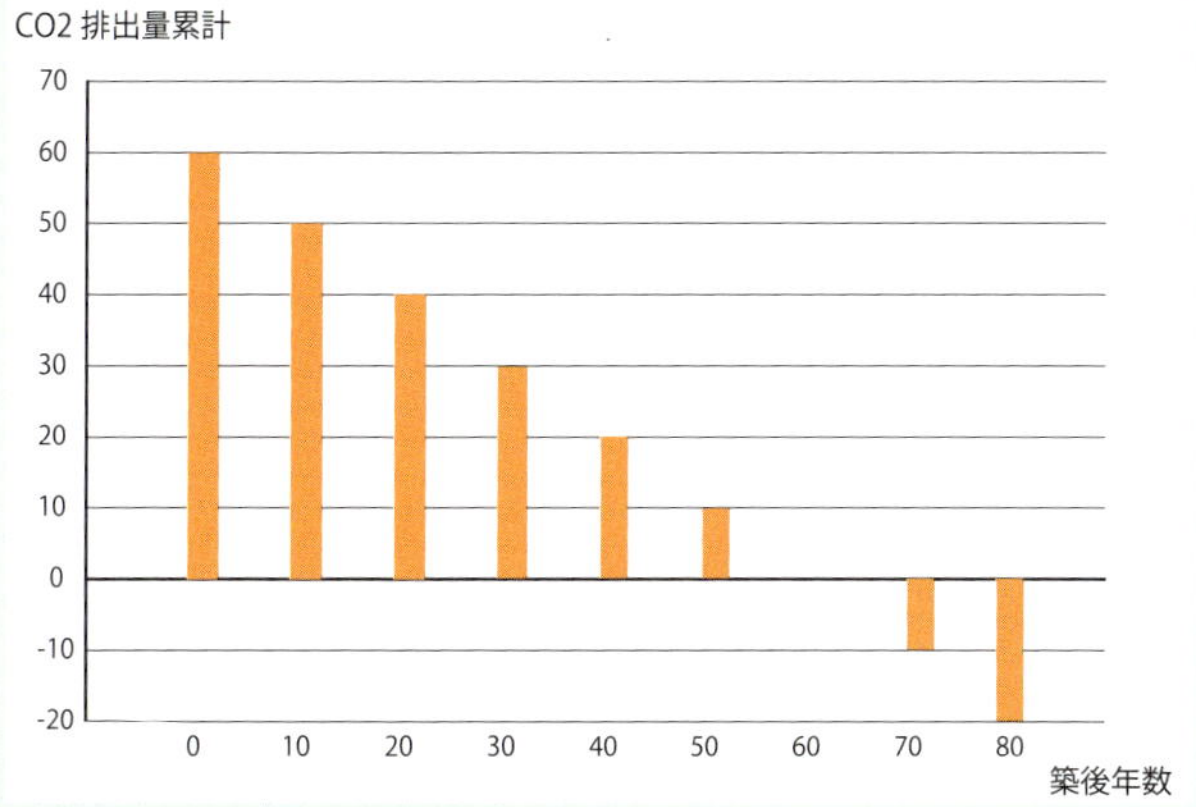

RC造住宅新築後、光熱費25％減の生活を続けた場合のCO2排出量削減努力の評価

[ライフサイクルで計画する]

KEYWORD

#36/70

建築の長寿命化

古い建物が残りやすい環境をつくる必要性

建築物がつくられたときを誕生、使われなくなって壊されたときを死亡というふうに、建築物を、人の一生(ライフサイクル)にたとえることができる。

建築物はもとより貴重品である。多くの資源と労力をつぎ込んでつくったものだ。だからこそ長持ちさせたい。「長く使い続けたいから多くの資源と労力をつぎ込むのだ」という言い方もできる。

地球環境へのダメージを軽減させるCO_2排出量抑制の観点からいえば、CO_2を大量に排出してつくったからには、省エネ努力をしながら長く使い続ける義務がある。

このように長寿命性は環境建築の重要な評価指標の一つとなっている。

近代以降の建築は、鉄とガラスとコンクリートでつくられるようになったが、この新しい工法は、必ずしも長寿命建築とはなっておらず、寿命の短さの克服が課題とされている。

木造や煉瓦造、石造は数百年、いや千年を超えるスパンで生きながらえて、しかも建設時のCO_2排出量が少ない、優れた環境建築である。

しかし現代においても、使い手の多様な要求を満たす建築物をつくろうとすると、鉄、ガラス、コンクリートに頼らざるをえない。それゆえ、これらの材料を使いつつ、耐久力を高めるための研究開発が必要とされている。

長寿命化を阻むものとしては、社会的寿命、つまり耐用性の問題である。建築が、耐久性に問題はないのに、使いにくさや経済性を理由に壊されていく現実を変えていかなければならない。

「階高が低くてダクトや配管のスペースが確保できない」「構造のスパンが狭いために部屋のレイアウトが自由に変えられない」などの理由で古い建物が取り壊され続けている現状を何とかしなければならない。

古い建物には歴史があり、育まれてきた文化や地域に欠かせない貴重な特性を備えている場合が少なくない。むしろこれらの利点(価値)を活用できるような社会経済条件(市場)を新たにつくり出す努力をして、古い建物が残りやすい環境をつくっていかなければならない。

左頁写真の求道学舎は、1926年に建てられた都内最古の鉄筋コンクリート造の集合住宅である。当初は寄宿舎だったが、築80年の時点で一般向け分譲住宅にコンバージョン(106頁参照)されている。

KEYWORD

頑強な基本構造

#37/70

建築の長寿命を実現するために必要なこと

建築に求められる用途は、時代によって変化する。各時代が求める建築用途は必ずしも一定ではないが、用途が変るたびに、建築をつくり変えていては、共同体の経済が持たない。

したがって、建築を構成する部分のうち、用途に関わらず必要となるものを基本構造とし、そこはとくに丈夫につくるというつくり方が継承されてきた。逆の言い方をすると、そのようなつくり方をした建築だけが、長寿命建築として生き残ってきたといえる。

ヨーロッパやアメリカの古い都市に残されている建築ストックを見てみると、建築の構造体（躯体）と開口部（窓やドア）などの基本構造を同じくする建築物が、街路に面して連続して立ち並び、それが町並みを形成しているところが多い。

個々の建物の意匠をよく見れば、様式的にはばらばらの場合も少なくない。数百年の年月をかけてつくり上げられた町もあるし、19世紀にできた新しい街で、ファッションとしてさまざまな時代の意匠を競い合っているところもある。

しかし、基本構造が同じであることによって、長い年月、入れ代わり立ち代わりさまざまなテナントを収容することができている。

つまり、「街というものはそういうものだ」という了解があって、基本構造が受け継がれてきているのである。

建築の生命を脅かすものは地震、暴風雨、津波などの自然災害や、それに伴う火災、故意または失火による火災、そして戦災などの人為的災害がある。

度重なる災害に耐えて生き残った建築は、強大な外力・火力に耐え得る丈夫な基本構造を持っている。木造は火に弱いため、多くの都市で、大規模な火災のあとは石造や煉瓦造になっている。

近代になって生まれたＲＣ造・鉄骨造はむしろ短命であると先に書いたが、歴史が浅いために欠点が目立っているだけで、今後さまざまな問題を克服していくことで、長寿命になっていくはずだ。

フランスの港湾都市ル・アーヴルは、第二次大戦で壊滅した中心街を再建する際、「コンクリートの父」とも呼ばれるオーギュスト・ペレに依頼した。ペレによってＲＣ造の建築物でつくりなおされたル・アーヴルの町並みは、現在、世界遺産となっている。

すでに深刻な劣化被害に見舞われている建築物もあるが、克服への取り組みがはじまっている。

ル・アーヴルの町並み

ドイツ軍に占領されていた港湾都市ル・アーヴルを解放するため、イギリス軍による爆撃で15,000棟の建物が破壊された。旧市街の多くが更地化したことで、街路から建物まで133haすべてを計画的につくり変える試みが実行された。2005年、都市計画と建築物群の優れた例として世界遺産に登録された。

KEYWORD

#38/70

改修前提設計

リノベーションやコンバージョンに備えておく

建築物の改修時に、使い手は変わるけれど用途は保持されるケースをリノベーション、使い手も用途もともに変化するケースをコンバージョンと呼ぶ。

建築が、社会や経済の変化を乗り越えて長寿命に生き残っていくためには、使い手や用途の変化を想定した設計をしなければならない。

ヨーロッパやアメリカの町並みストックでは、基本構造を維持したままのリノベーションやコンバージョンが当たり前に受け入れられている。

建築主の現時点の要求を満足する設計をすることは必要なことである。ただし長い年月の間には、売買や相続でオーナーシップが他の人の間を転々とし、ときにはまったく別の用途で利用されることも想定される。そのことを設計段階で織り込んでおくのは当然であろう。

様式主義の建築が、近年になって見直され、受け入れられはじめているのは、その建築の持つ寸法の冗長さやある種の無駄が、時代の新たなニーズを受け入れるうえで有効に作用することへの理解が進んできたからだろう。

とはいえ、用途の違いを乗り越えてコンバージョン可能な建築は、日本ではまだまだ珍しい。

2001年頃、研究者・実務家・企業等が集まってコンバージョンに取り組む組織が結成され、多くのプロジェクト提案がなされたが、先行モデル的な実施例を除いては、実現には至らなかった。

日本では法規的なバリアが大きすぎるのだ。

建築基準法は建物の用途別に体系化されており、オフィスと共同住宅とでは法規の求めるものが大きく異なる。かつて機能主義建築が機能と空間の一致を強く主張してきたことが、建築基準法の体系に残っているともいえるだろう。

用途は変化し続けるものであり、変化にフレキシブルに対応できる丈夫な器を用意することが、少なくとも都市部のストックには求められるはずだ。

しかし日本ではそのような要求条件を記述したものは、法体系にはもちろん、ケーススタディ研究にもめったに見られない。

基本構造は丈夫につくり長寿命化に対処する。その他の部分は、使い手や用途が変化した場合に撤去や変更ができるなどフレキシブルな対応が可能なように設計する。これをルール化したのがＳＩ（スケルトン・インフィル）建築である。

ルーアンのハーフティンバーの町並み

フランス、ノルマンジーの州都ルーアン中心部には、14世紀以来18世紀頃までにかけて建てられた木造建築が戦災・火災を生き延びて2,000棟以上集積している。そのうち半分が往時の姿に復元されている。古い時代のものは上階が道路上にオーバーハングしている。写真のように壁面線が垂直にそろっているのは、16世紀以降のもので、都市火災を防ぐための規制がはじまったため。

KEYWORD

SI（スケルトン・インフィル） #39/70

町並みストックの基本形としてのSI建築

建築の基本構造のうち長期間変らない部分をスケルトンと呼び、室内の用途に合わせて短期間に変わっていく部分をインフィルと呼ぶ。この両方を合わせてスケルトン・インフィル（SI）と呼ぶ。長寿命かつ可変性のある建築をつくる手法である。

SIは、2000年頃に日本でも脚光を浴びたが、もともとは1960年代に「オープンビルディング」という建築運動を率いたオランダの建築家N・J・ハブラーケンが提唱したものである。

氏の主張の根幹は、建築生産におけるユーザー主権の確立である。そして、そのモデルは、数百年にわたってサポート（氏はスケルトンではなくこの語を用いている）であり続けるヨーロッパの町並みストックにある。

日本ではこの思想が翻案されてS・I建築となった。スケルトンは百年以上の耐久性（耐震性・劣化対策）と、耐用性（長スパン・高階高）基準によりつくることで、数世代にわたって繰り返し居住者が入れ替わり、インフィルを自在に変化させることができる建築として規定されるようになった。

SI建築の代表例とされるのがNEXT21である。

NEXT21が工業化部品満載の建築であるために、SI建築は工業化建築であると誤解されることがあるが、決してそうではない。

SI建築はすでに述べたように、ヨーロッパの町並みを構成するストックにその原型があり、ごく一般的な建築構法でつくり上げることができる。

レンガ造でもRC造でも鉄骨造でも、そして木造でも、基本構造を丈夫で長寿命に、後々のインフィルの変更の自由度を奪わないように大まかにつくりさえすればよい。

省資源性の観点から見ればSI建築は優れた環境建築である。基本構造（スケルトン）を一度つくってしまえば、そこはつくり変える必要がないからだ。

繰り返しつくり変える内部構造（インフィル）は、基本構造に比べて物量はわずかで、スクラップアンドビルドをしても、CO_2排出量は桁違いに小さい。

しかも最近のSI建築では、インフィルの変化に応じて変わる部分を工業化部品として、繰り返しリサイクルして使うことを戦略としている。

このことによって、資源廃棄率を極限まで減らすことができる建築となる。

大阪ガスNEXT21実験総合住宅

スケルトンは3階から6階までは住居用途対応の7.2m等方向スパン。地階、1階は付帯施設対応の10.8m等方向スパンで、2階部分の斜め柱でスパン幅を調整する。スラブは積層地盤と呼ばれ、インフィルが設置される場所以外は道・庭となり、豊かな緑が植えられている。

KEYWORD

クラディング

外皮の「着せ替え」による建築の延命化

#40/70

ＳＩ建築では、基本構造のうち、屋根・外壁・開口部等をまとめて「クラディング」という。これは環境建築で外皮という部分にほぼ対応する。

このクラディング部分に、高い断熱性や、日射制御や通風、換気などのパッシブ環境基本性能を装備し、さらに自然要素を建築物の一部に取り込む設計をすれば、ＳＩ建築は環境建築としても高い評価を得られるはずだ。

また、クラディングは、建築を長寿命にするために重要な役割を果たす。

丈夫な基本構造を持った建築物を詳細に見ると、その基本構造の表面に、1枚の被膜があることが多い。

日射や風雨にさらされることで劣化するその被膜を、絶えず（短期間で）更新することによって、内側の基本構造を長寿命に保っているのである。

たとえばＲＣ造の場合、古くは、モルタル塗りで被覆していた。

ＲＣ造は熱収縮や外力によってコンクリート部分がヒビ割れ、そこから空気や雨水が内部に入り、鉄筋を錆びさせてしまう。ヒビがない部分も、コンクリートは空気中からCO_2を吸収して中性化し、その結果、鉄筋は錆びやすくなる。

このような劣化を防ぐ役割をモルタル塗りが担った。しかし、モルタル塗りの割れ・剥離による落下事故が危険視され、この工法は用いられなくなった。

その後ＲＣ造はコンクリート打ち放し工法が主流となったが、フッ素樹脂の被膜を1枚被せることで、耐久性は格段に向上する。これもクラディングだ。

躯体部分ではなく、インフィル部分を外側から覆う、構造的に自立して、単独で外壁となるクラディングもある。

乾式外壁と呼ばれるものである。

この外壁は、上下階のスラブを固定端として、柱や梁に直接触ることなく外壁をつくることができるので、インフィルを更新するたびに、新しいインフィルにあわせて、その位置を変化させることができる。

乾式外壁や屋根などのクラディングの寿命は、インフィルの更新頻度に合わせて設定されるが、インフィルの更新がないままだと、クラディングの寿命がきてしまう。それを避けるには、複層板構成のクラディングにするとよい。複層板構成の最外皮にあたる部分の塗装の更新、あるいは外皮自身の更新によって、必要なだけ延命化を図ることができる。

左頁の写真はＮＥＸＴ21。

［ライフサイクルで計画する］

KEYWORD

#41/70

期間限定建築

短期利用の建築ニーズに対応する環境建築

環境建築の仲間には、短期間の建築ニーズに対して、一定の期間だけ限定的に存在するものがある。

環境建築は長寿命を目指すという今まで述べてきたことと相反するようだがそうではない。

優れた短期利用の建築は、建設時に投じられるエネルギーも排出するCO_2も少なく、撤収時に投じられるものもほぼ同じくらい少ない。廃棄物も同様で、建設時にも撤収時にも一切出ない。その秘密は部材のジョイント部分にあり、そこには念の入った細工が施されている。

短期利用の建築は、組立・解体を繰り返すたびに点検ができ、劣化は見落とされずに修繕される。

精密さを備えた部材は、製造時に投入するエネルギーやCO_2排出量は多くなるが、繰り返し使われることで、長寿命で、投資効率のよい建築物となる。

先に言及したNEXT21に採用された乾式外壁は、実はこのような思想でつくられている。実験的な意図があって、NEXT21では約6年単位で外壁が移動している。

もし仮に移動のたびに外壁を廃棄したとしたら、省資源建築にはならない。したがって、簡単に組み立て、簡単に分解できるようにジョイント部分を工夫し、かつ、部材は可能な限り繰り返し使うことを原則としている。

こうした実験がもう20年も続いているが、その間、たびたび変更されている省エネ基準に合致させる必要もある。

NEXT21では省エネ基準が求める水準よりも2ランク上の断熱性を目指していて、基準変更のタイミングに合わせて断熱性能をランクアップさせている。

こうしたことが可能なのは短期利用の環境建築の思想があるからだ。

公園や神社の境内で祭りの賑わいを一時的につくり出す仮設建築。祭りが終わって撤収されれば、何事もなかったかのように平生の静けさに戻る。オリンピック関連施設などは本来、このような仮設建築であるべきだ。

ただし、仮設を理由に部材そのものやジョイント部などを短命につくっているケースもあるので注意が必要だ。また、仮設でスタートしたが常態化しているとか、移動できるようにしてあるが実際は固定されているケースもあり、仮設を装っているが性能の悪い安普請建築でしかない。見分ける眼が必要である。

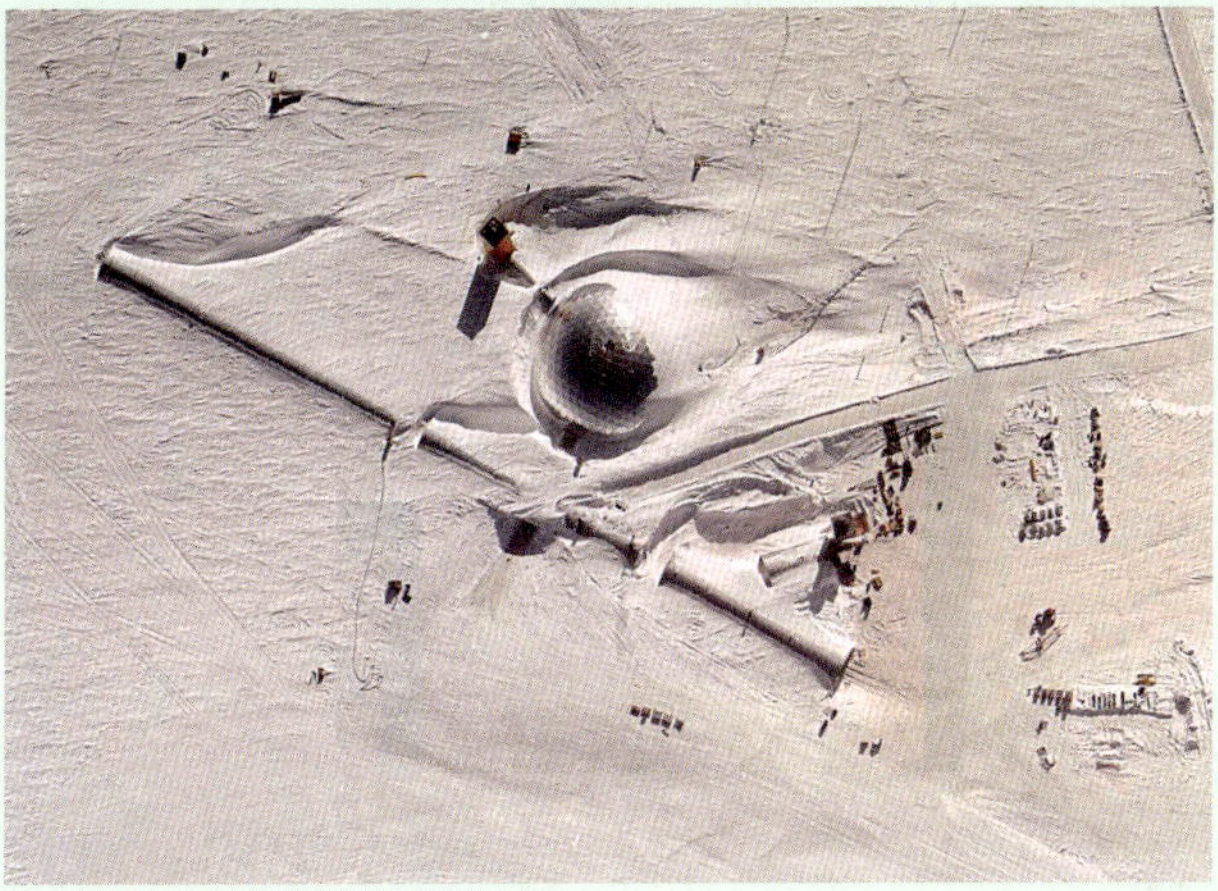

南極のアムンゼン・スコット基地
この地点での氷の厚さは3kmに近く、毎年10mのスピードで漂流している。最初に極点に基地をつくったのは1956年、米海軍の20人ほど収容の仮設建築で、20年使用され、放置された。今では雪と氷の重みで破壊され埋もれたままになっている。この写真は2代目の基地。直径50m、高さ15mの防護ドームの中に2階建の木造建築がつくられた。1974～2010年の間、30人ほどの収容力を維持していたが、解体撤去されている。

この写真は3代目の基地の建設中の姿である。2008年に完成し、150人ほどの収容力でホテル並みの付帯設備を備えた研究施設である。ジャッキの付いた鋼鉄脚の上に載る鉄骨造の本格建築で、パーティクルボードの断熱パネルの上にメタルシートを被せるところの写真である。3mほど浮いていて、ブリザードは建物の下を通り抜けるため、埋もれる心配はない。長期的には2階分のジャッキアップ余力を有しており、もはや仮設建築とはいえない。付近にジェット機の滑走路があり、定期便も運行している。極地の観測施設が極地の環境汚染を牽引している姿は、暗い未来を暗示している。

［工法・構法を選択する］

KEYWORD

材料のCO2排出

構造材料別のCO2排出量を把握しておく

#42/70

環境に与えるダメージを最小限にした建築をつくるために、その建築の工事段階（建設段階）だけでなく、用いられる建築資材が製造段階でどれだけCO2を排出したか把握する必要がある。

木材・セメント・鉄・アルミについて製造時の単位重量あたりのCO2排出量を比較した資料では、木材を1とすると、セメント2、鉄が22、アルミが270となっている。

アルミのCO2排出量がけた違いに多いことに驚く。木造住宅などではアルミサッシの対総重量比は僅かなので、それほどでもないが、オフィスビル等では、アルミ外装材を使った場合、CO2排出量は膨大なものとなる。

アルミは建材としては軽く、強く、錆びず、加工精度が高いなど、他の材料に代えがたい優れた特性を有しているが、環境への影響を考慮すると、なるべく避けたい材料だ。アルミサッシから木製サッシにする、面材などはメッキ鋼板にする、金具等はステンレスにする、などの対策によってCO2排出量の削減に努めることが望ましい。たとえば鉄に変えると、CO2排出量は重量ベースでアルミの12分の1、体積ベースでは4分の1となり、削減効果は高いといえる。

しかし、実のところ、木材・セメント・鉄・アルミを重量ベース・体積ベースのCO2排出量で比較しても、実際の建築物の有意な比較とはならない。

建築物で比較する場合は、木材・セメント・鉄・アルミについて、同じ床面積（あるいは体積）を収容する構造体をモデルとして設計したものから、それぞれの使用材料比率を勘案し、それを比較することにより、はじめて意味がある数値が得られる。

木造、RC造、S造について、それぞれの材料使用比率を勘案してCO2排出量を比較した資料によれば、木造を1とした場合のCO2排出量は、RC造は4・24、S造は2・87である。

この資料は構造体だけの比較となっているので、木造・RC造・鉄骨造の建築物全体を比較するには、内外装の仕上げ材も加えた比較としなければならない。モデル的に積み上げた別資料からは、木造の1に対し、RC造は1・9、S造は1・7という比率が算出されている。

以上のデータから、温室効果ガスの抑制効果は、他の構法と比較して、木造がもっとも優れていることがわかる。

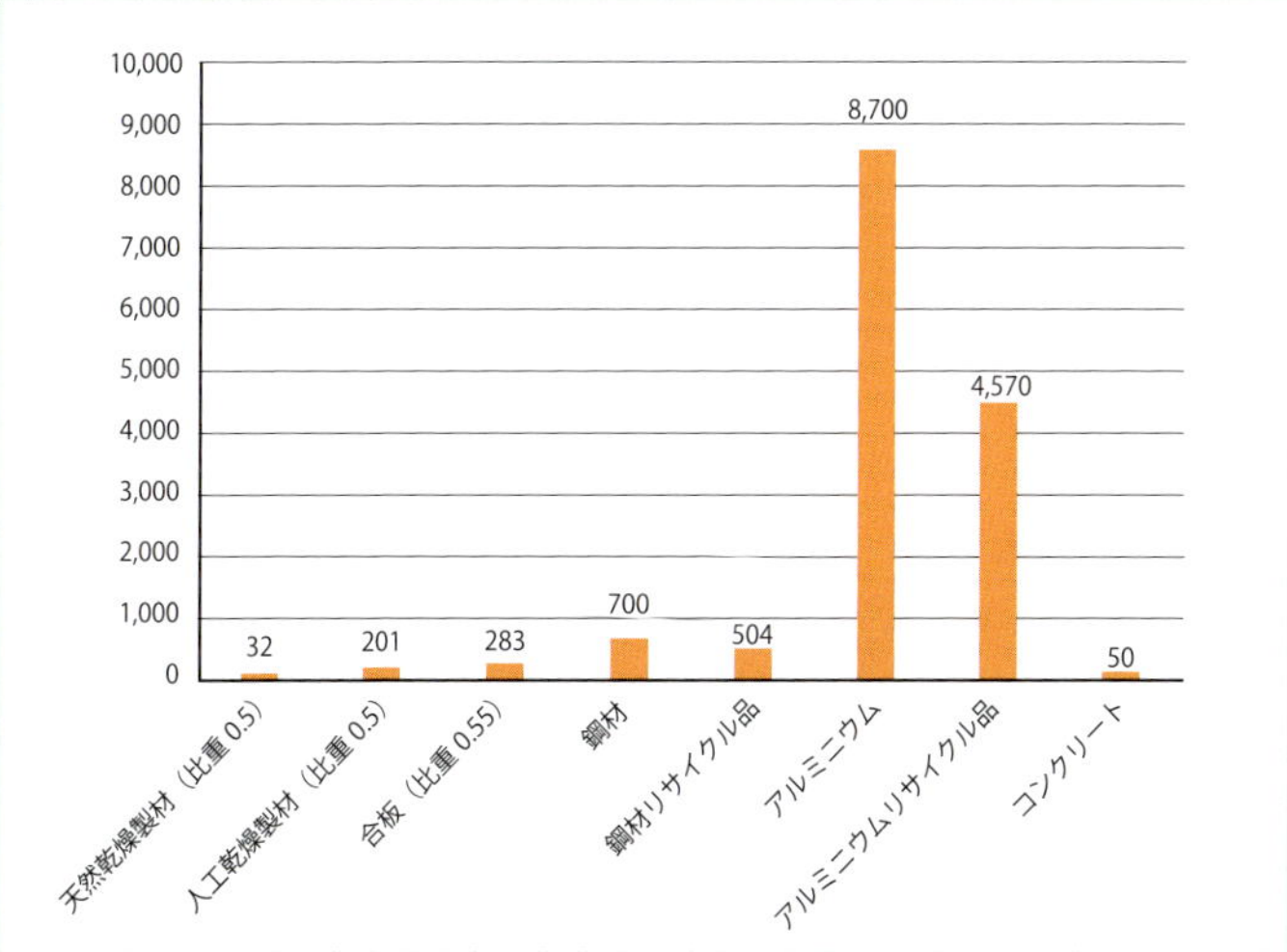

木材データ：A.H.Buchanan　ITEC1990
他材料データ：中島史郎、大熊幹章　木材工業1991
いずれも材料1tあたり
出典：(一財)日本木材総合情報センター
https://www.jawic.or.jp

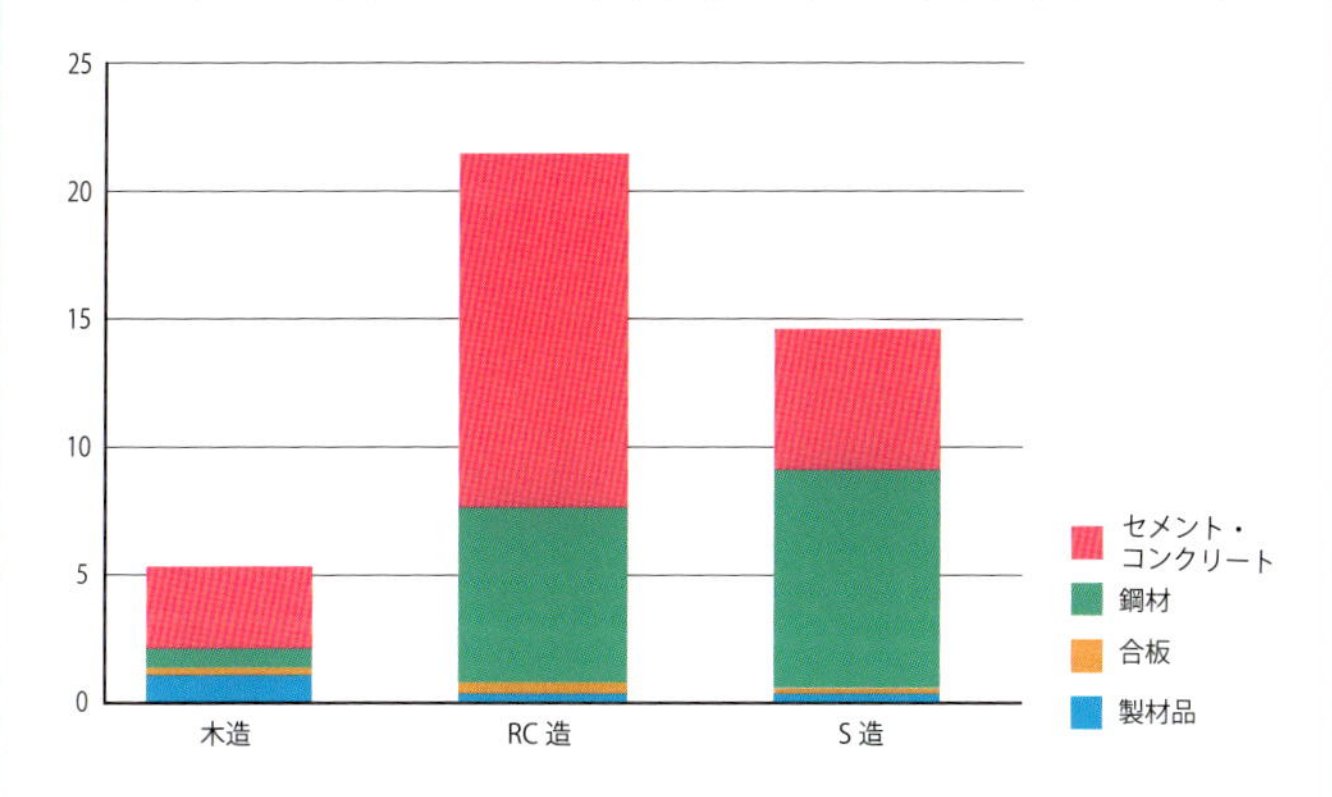

床面積136㎡あたり
構造躯体のみの比較（仕上設備を含まない）
木質系資材等地球環境影響調査報告書1995
出典：(一財)日本木材総合情報センター
https://www.jawic.or.jp

KEYWORD

［工法・構法を選択する］

設備のCO_2排出

CO_2排出量を減らす工業製品の使い方

#43/70

人工資源は人間の手が加わって加工されたものなので、その過程で当然、CO_2を排出してきた結果のものである。

手工業製品と工業製品を比較すると工業製品のCO_2排出量は圧倒的に多い。つまり加工が高度になればなるほどCO_2の排出量は増えるのである。このことは、アルミ製造時のCO_2排出量がけた違いに多いことに通じている。

セメント業界、鉄鋼業界ではCO_2の排出量の少ない製造方法へのシフトを検討している。

セメント業界は、高炉スラグ微粉末を混入させた高炉セメントの普及拡大に努めている。普通セメントの20％の量を高炉セメントに変えて使用したRC造マンションは、1戸あたり1.26tのCO_2削減ができるという。

鉄鋼業界は、製造業全体のCO_2排出量の40％を占めていることから、その省CO_2努力の影響は大きい。しかし世界一の生産効率を誇る日本の鉄鋼業においては、製造過程でこれ以上の省エネ化は難しいため、鉄のリサイクルに力を入れている。鉄スクラップのリサイクルに用いる電気炉は、高炉製鋼（鉄鉱石を高炉で鉄にする）と比較して、CO_2排出量を4分の1にできるからだ。電気炉によるリサイクルを繰り返すことにより、CO_2排出を削減するという考え方だ。

金属が多用され、重量も大きい設備機器は、その製造過程でCO_2を大量に排出している。

建築物の設備機器については、ランニング過程だけを見た場合に、省エネ性が高く評価できるものであっても、本体製造時とメンテナンス時の交換部品のCO_2排出量の合計は、供用期間内に削減できたCO_2の数倍の量に達するというデータもある。つまり、CO_2排出の少ない高性能な機器であっても、その機器を導入するより、パッシブ型環境基本性能を重視した設計によって、機器を導入しないで済む建築物をつくったほうが、よほど環境にやさしい。求める環境性能が高度化すればするほど、工業製品への依存度は高まる傾向にあるが、この傾向は好ましいとはいえない。

人工資源をストック（建材）として使う場合には、できるだけ長く使う（長寿命）、耐久力のある物を使う（高耐久）、繰り返し使う（リサイクル）など、パッシブ型環境建築が獲得した省エネ性能を損なわないよう工夫することが大切だ。

LCA（ライフサイクルアナリシス）と資源循環（ライフサイクルリソース）
日本建築学会のLCAツールはCO2排出のみならず、SOX排出、NOX排出そしてエネルギー消費の4つのインベントリーを分析することで、オゾン層破壊、地球温暖化、酸性雨、健康障害（大気汚染）、エネルギー枯渇という環境影響評価が可能である。
省エネルギーの推進には、LCCO2を評価するだけでなく、資源循環性を評価すること、すなわち建物のライフサイクルの入口側の投入資源の減少と、出口側の廃材の最終処分量の減量の両方が必要であることが指針化されている。

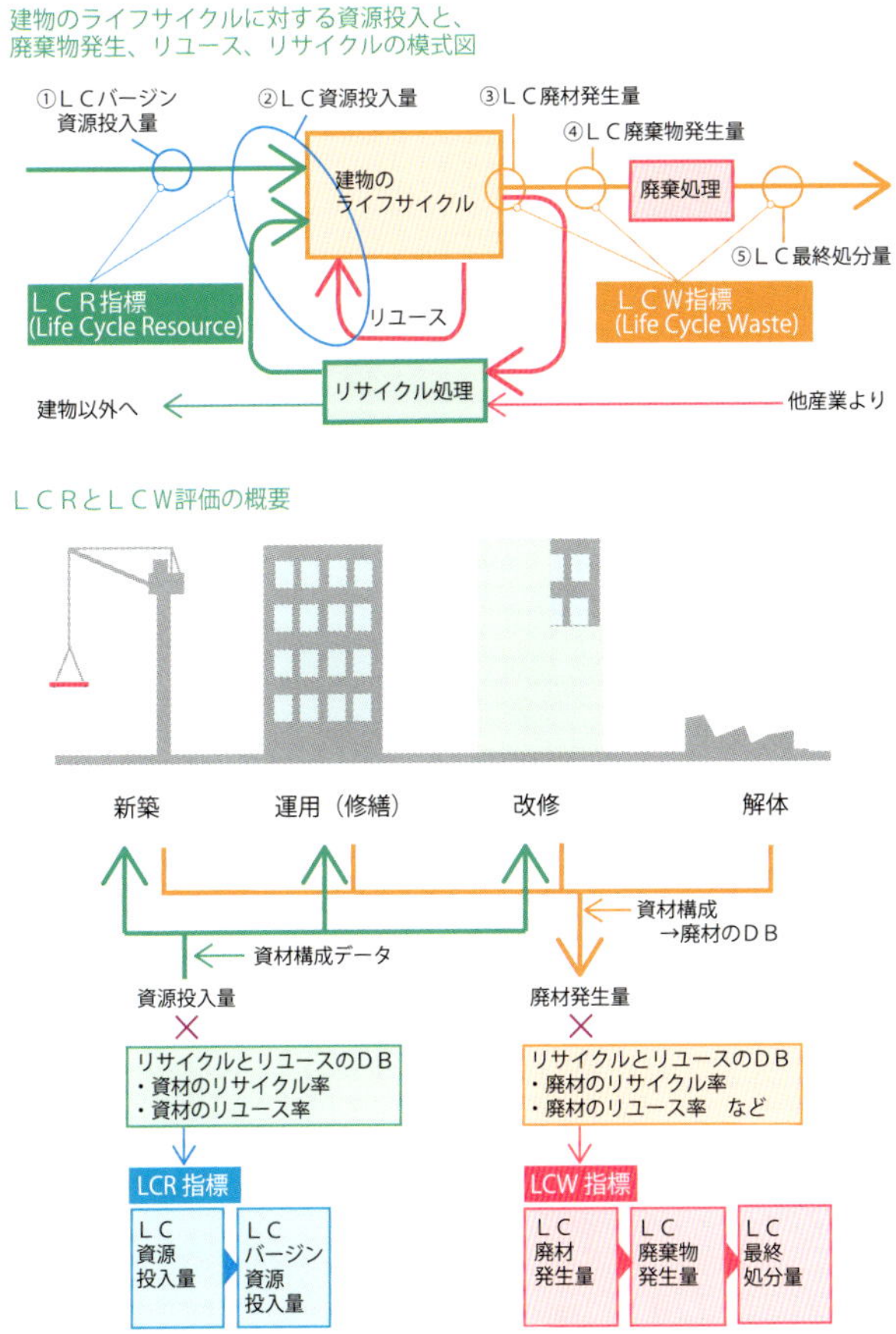

日本建築学会のLCA指針では、LCR指標とLCW指標の2つに分けて資源循環性を評価している。
LCRでは、リサイクルやリユースによって投入されるバージン資源量の減少を評価する。
LCWでは、最終処分量の減少を評価する。
出典：日本建築学会LCA指針（2006年）

［工法・構法を選択する］

KEYWORD

木材の優位性

#44/70

木材の活用はCO2排出量削減の切り札

CO2排出量削減の点で、木材を活用した建築物は優れた環境建築である。木材は樹木の幹にあたり、CO2を吸収しながら成長して大きくなった部分にCO2を大量に固定化している。

工業製品と同じように、木材製造時のCO2排出量を算出すると、木材を山から切り出して、運搬して、製材してという過程のプラス分を差引いてもマイナス評価となる。仮に大きくならないうちに切り出した場合、差し引きでプラス評価となってしまうが、ほかの建材とくらべて木材が圧倒的優位なのは変らない。

建築を解体したあと、使われていた木材が腐朽したり、燃やされると、木材が成長期に貯めこんだCO2が大気中に排出され、プラスマイナスゼロに戻る。つまり、材木を建築の一部として使い続けてゴミにしなければ、その間CO2は建築内に閉じ込められたままになるので、極めて望ましい環境建築となる。

木造建築のリノベーションは、構造躯体内のCO2貯蔵量が固定化したままなので、省CO2的に高い価値をもつ。

古い民家などに使われている木材は太く長いので、CO2貯蔵量も莫大だ。骨組みを解体して、別の場所で再利用する場合も、CO2貯蔵量は変らないので、省CO2の意味で高い価値をもつ。

伝統工法の家は、骨組、塗壁、建具、屋根、庇、土間、縁側、上床などにより、少ないエネルギー消費で快適に暮らすことができる。その土地の木材を使った場合は、輸送に必要なエネルギーも削減できている。伝統工法の家は、総じて長寿命であることも省エネルギーにつながっている。地域の歴史文化の遺産となっている点でも、環境建築として評価できるだろう。

断熱性など省エネ基準の一部を満たさないことがあるからといって伝統工法を環境建築の仲間に含めないのはおかしな判断である。

断熱性の確保は、ベーシックな省エネルギー性能を確保するうえで重要であるが、それのみを絶対視するのは間違いである。また、通風は現行の省エネ法の計算基準ではとらえきれていない快適性の一つだ。縁側のような二重の開口部に囲まれた空間の快適性も、現行法では捉えきれていない。

木造のメリットを享受できる社会の実現に向け、さまざまな働きかけを続けていきたいと考えている。

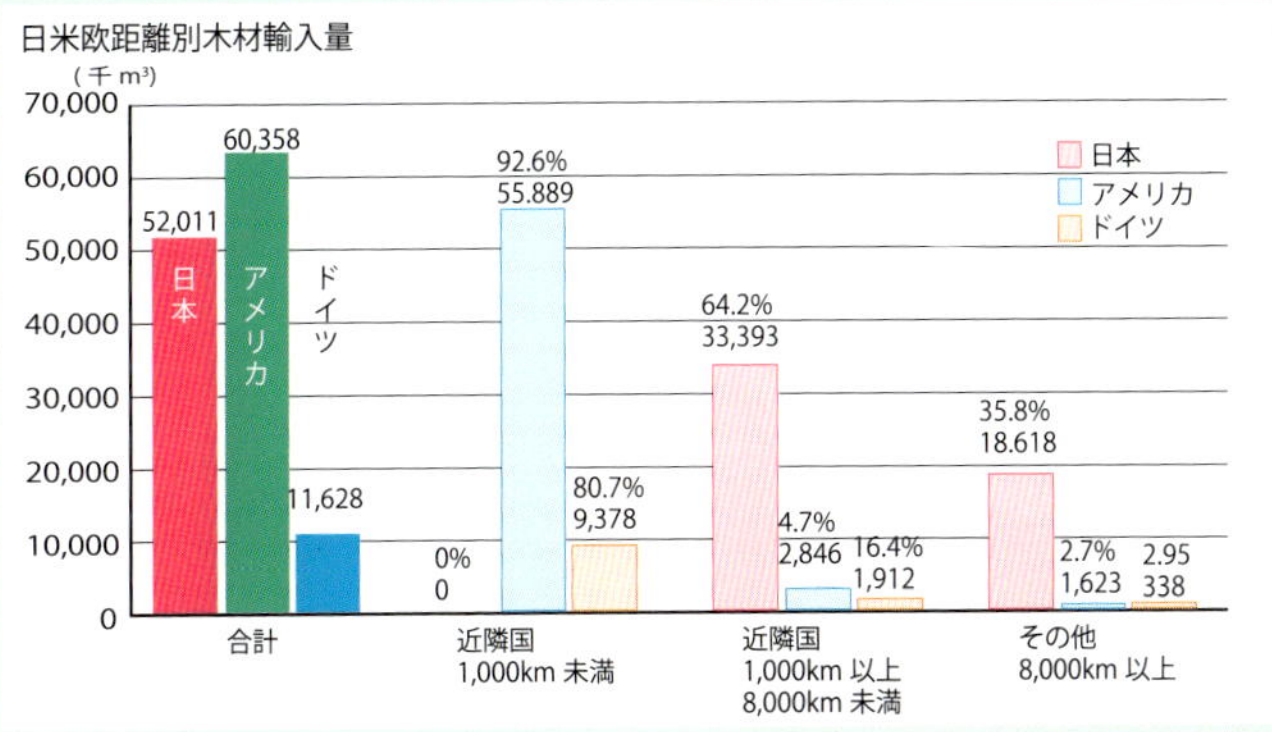

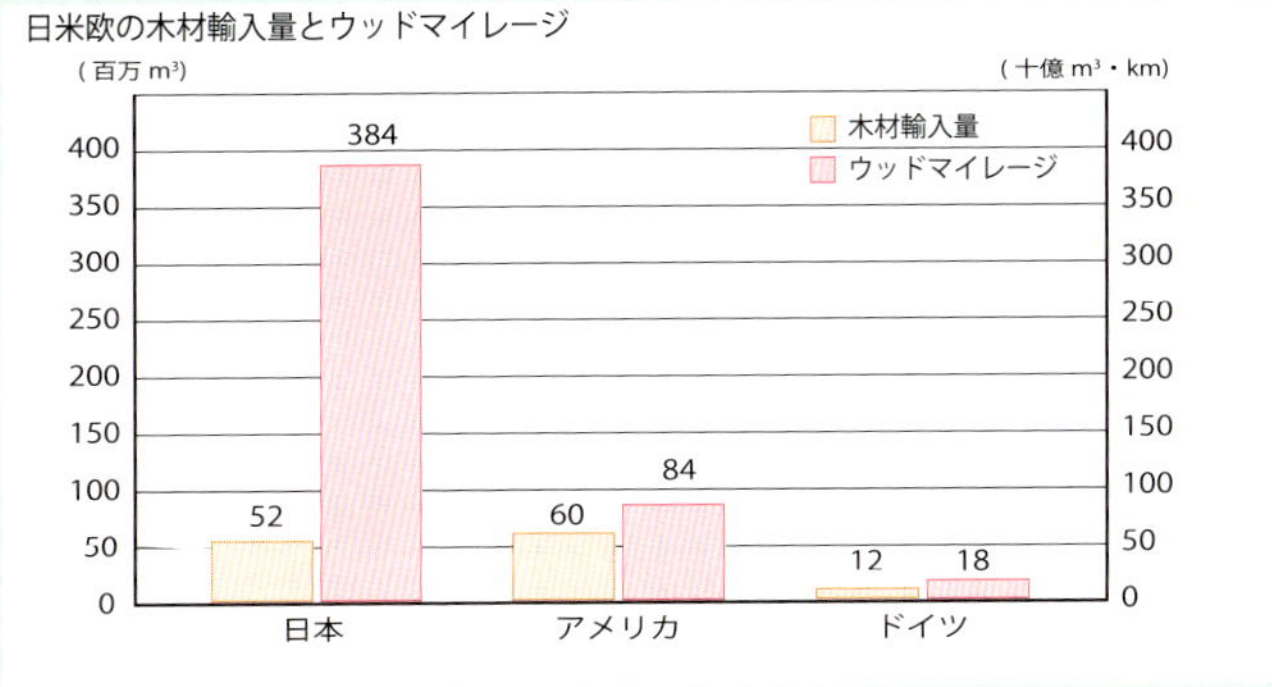

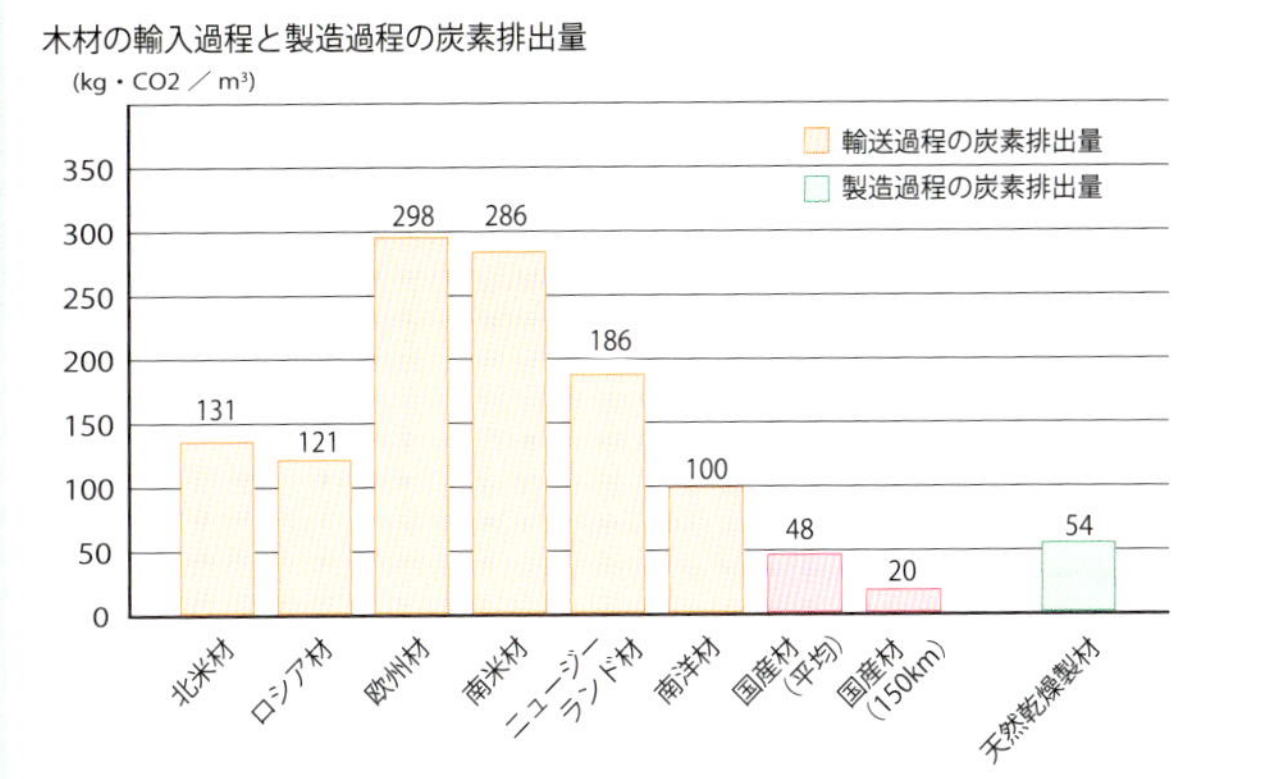

ウッドマイルズは木材の輸送距離で、ウッドマイレージは、産地から工事現場までの輸送距離(km)と材積(m^3)を掛けた数値。木材を使用する場合、輸入材ではなく、国産材を使わなければ真のCO2削減効果は得られないことが、ウッドマイレージの概念を用いるとよくわかる。

輸入材が輸送時に排出するCO2を比較したもの。天然乾燥製材とあるのは、現地で製造時に排出するCO2量。

出典：一般社団法人ウッドマイルズフォーラムホームページより

［工法・構法を選択する］

KEYWORD

軽さで減らすCO_2排出 #45/70

軽量化による省CO_2実現について考える

建築物のCO_2排出量は、建材（非木造の場合）使用量に比例して増加するので、使用量を少なくすると、当然それだけ省CO_2になる。

新築時に屋根葺き材を軽量化すると、小屋梁の部材の寸法を小さくできるように、仕上げ材の軽さは架構体の軽さにつながり、基礎の軽量化にもつながる。軽量化の努力は連鎖的に波及する。

リノベーション・コンバージョンを行う際に、屋根瓦の葺き土をやめて桟木方式に変えたり、屋上の押さえコンクリートをやめて露出防水に変えたりすることも、省CO_2に貢献する。

以上の例では、軽量化は省CO_2を意味し、性能レベルをそれほど落とさずにローコスト化も図ることができる。

一方で、次のような例もある。

新築時にRCラーメン構造で、RCの耐震壁を、軽量鉄骨の乾式間仕切壁に設計変更しようとする。すると、純ラーメンに近づく方向なので、コンクリート量は減るが、鉄筋量は逆に増加する。結果として、躯体費用は確実に上昇する。

省CO_2の観点からは、コンクリート重量が減るのはよいことであるし、将来の改修時に制約となるRC壁がなくなるのは大きなメリットだ。しかしコストは上昇するので、判断に迷う。とはいえ、軽量化で省CO_2を実現しても、その結果として性能が落ちて欠陥建築となってしまうのは避けなければならない。

鉄骨造の場合、床まで乾式パネルで設計することは軽量化の行きすぎで、振動や音の伝搬など、性能の低下が気になる不快な建築となる。

建物の熱性能の一つである蓄熱性は、建物重量と相関があるので、軽量化すると蓄熱性が損なわれ、熱容量の小さな建築の弱点が出てしまう。

このように、行き過ぎた軽量化は、建築物にとってよいことではない。重要なことは、建築物に必要な性能指標を横に並べて、すべての指標において「適正値のレンジに納まっていること」を確認しながら、試行錯誤をしていくことだ。

軽量化を極限まで推し進めている工業化住宅（プレハブ住宅）についても、その工法開発の歴史は、クレームとの戦いだったといわれている。よかれと思って世に出した商品がクレームの集中砲火を浴びて撤退した例や、数十年にわたり地道な改良を積み重ね、ようやくクレームのない商品に到達した例などがある。

建築物の各部の固定荷重（建築基準法施行令第84条より）

部分	種別	単位面積当たり荷重 (N/㎡)		備考
屋根	瓦ぶき　ふき土がない場合	屋根面につき	640	下地及びたるきを含み、もやを含まない
	ふき土がある場合		980	下地及びたるきを含み、もやを含まない
	波形鉄板ぶき　もやに直接ふく場合		50	もやを含まない
	薄鉄板ぶき		200	下地及びたるきを含み、もやを含まない
	ガラス屋根		290	鉄製枠を含み、もやを含まない
	厚形スレートぶき		440	下地及びたるきを含み、もやを含まない
木造のもや	もやの支点間の距離が 2m 以下の場合	屋根面につき	50	
	もやの支点間の距離が 4m 以下の場合		100	
天井	さお縁	天井面につき	100	つり木、受木及びその他の下地を含む
	繊維板張、打上げ板張、合板張又は金属板張		150	つり木、受木及びその他の下地を含む
	木毛セメント板張		200	つり木、受木及びその他の下地を含む
	格縁		290	つり木、受木及びその他の下地を含む
	しつくい塗		390	つり木、受木及びその他の下地を含む
	モルタル塗		590	つり木、受木及びその他の下地を含む
床	木造の床　板張	床面につき	150	根太を含む
	畳敷		340	床板及び根太を含む
	床ばり　張り間 4m 以下の場合		100	
	張り間 6m 以下の場合		170	
	張り間 8m 以下の場合		250	
	コンクリート造の床の仕上げ			
	板張		200	根太及び大引を含む
	フロアリングブロック張		150	仕上げ厚さ 1cm ごとに、その cm の数値を乗ずる
	モルタル塗、人造石塗及びタイル張		200	仕上げ厚さ 1cm ごとに、その cm の数値を乗ずる
	アスファルト防水層		150	厚さ 1cm ごとに、その cm の数値を乗ずる
壁	木造の建築物の壁の軸組	壁面につき	150	柱、間柱及び筋かいを含む
	木造の建築物の壁の仕上げ			
	下見板張、羽目板張又は繊維板張		100	下地を含み、軸組を含まない
	木ずりしつくい塗		340	下地を含み、軸組を含まない
	鉄網モルタル塗		640	下地を含み、軸組を含まない
	木造の建築物の小舞壁		830	軸組を含む
	コンクリート造の壁の仕上げ			
	しつくい塗		170	仕上げ厚さ 1cm ごとに、その cm の数値を乗ずる
	モルタル塗及び人造石塗		200	仕上げ厚さ 1cm ごとに、その cm の数値を乗ずる
	タイル張		200	仕上げ厚さ 1cm ごとに、その cm の数値を乗ずる

［建築解体後の資源の行方を考える］

KEYWORD

リサイクル

廃材リサイクルの現状と課題

#46/70

環境建築では、建築としての生涯を終えたあとの資源の行方にも大いに関心を持っている。

建設業界で進められている3R（リデュース・リユース・リサイクル）の努力のうち、リデュース（減量）とリサイクル（循環）が結びついて、ずいぶん効果を上げてきた。

建設廃材に関しては、不法投棄によって自然環境が破壊されるケースが相次ぐなど、長い間、社会問題となっていた。それがやがて、廃棄物を減量することにより、埋め立てによる環境破壊を根絶しようという動きに変っていった。

建築解体時に排出された廃棄物は、現場で分別し、種別ごとにリサイクルに回せば、廃棄物は減量できる。

建設リサイクル法*による、コンクリート、鉄筋コンクリート、木材、アスファルト・コンクリートのリサイクルの義務付けは目覚ましい効果を上げていて、再資源化率は90％以上の高水準で、不法投棄量も劇的に減っている。

木材については、再資源化に回らず単純焼却されるものが相当量あって、課題とされていた。しかし最近ではサーマルリサイクル（燃料にして燃やす）の量が急激に増え、平成24年度再資源化率（目標）は90％となっている。

リサイクル建材は、建材としては二級品であるかのように扱われてきたが、建築製造時のCO_2発生量を意識するようになってからは見直され、使用量がどんどん増えてきている。

ただし、以上のような目覚ましい廃材リサイクルの成果をもって、廃棄物問題がなくなったと思ってはいけない。

たしかに建築廃棄物が自然破壊につながるような形で投棄されることはなくなった。しかしながら、「需要以上にリサイクル資材が滞留する問題」が発生するなど、根本矛盾が浮上している。

リサイクル資材は次の建築行為のために待機している資材であり、新規生産品と同じ市場での競争力が求められる。

つまり、市場は常に供給過剰状態に陥る危険があるため、その捌け口として「新規建設需要が常に渇望される」という矛盾である。リサイクル材が安定的に新築需要を喚起するようになれば、廃棄したストックが再生産されるようになる。すなわち、リサイクルはCO_2の一定量の削減にはつながるが、ストックそのものを減らすことにはならない。

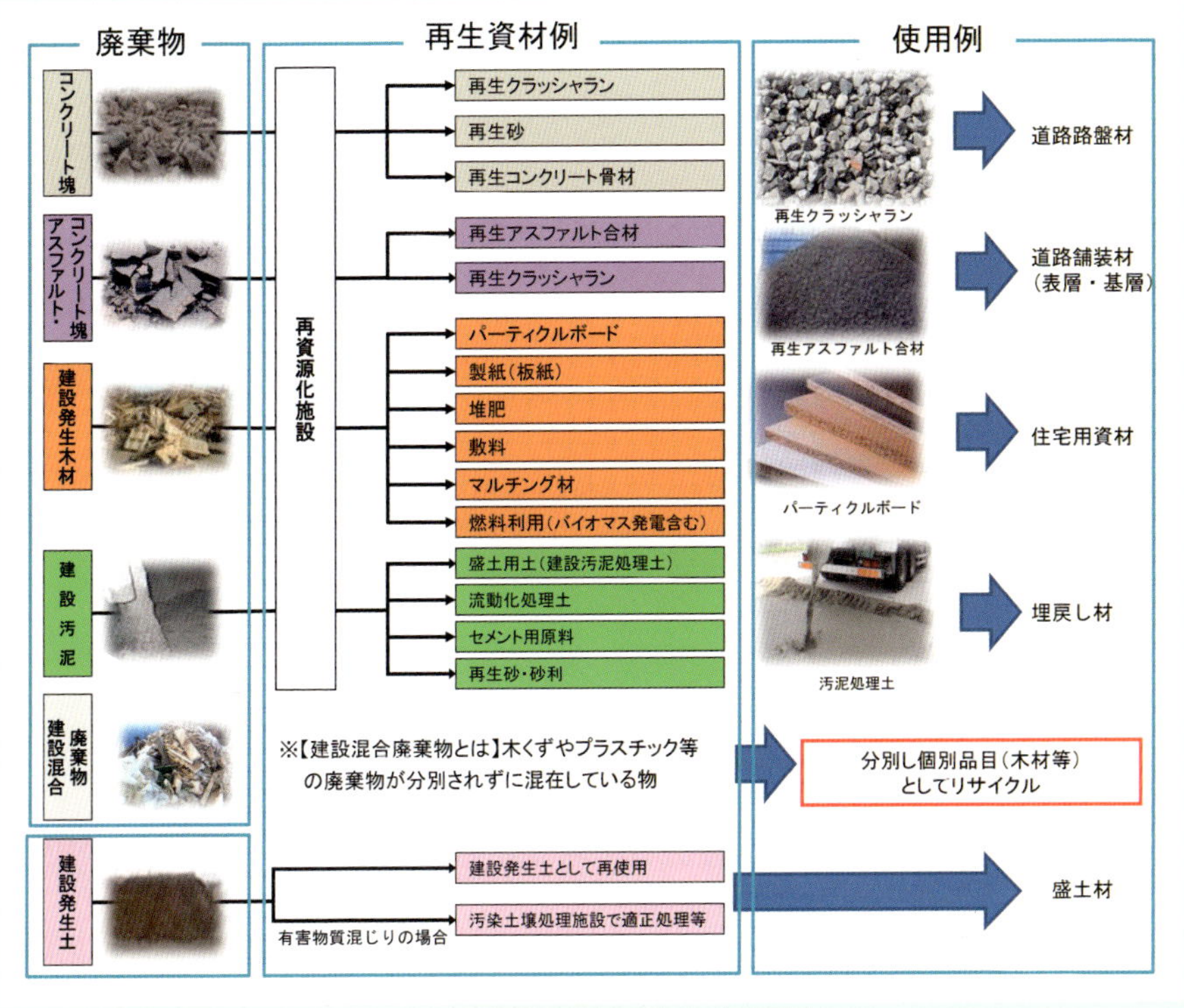

出典:建築副産物リサイクル広報推進会議ホームページより

*建設工事に係る資材の再資源化等に関する法律(平成14年施行)。建設リサイクル法が施行後5年を経過した時点で、施行状況について評価・検討したレポートがある。社会資本整備審議会と中央環境審議会のそれぞれの担当委員会の合同会合の取りまとめ記録である。再資源化率の劇的な改善を評価する一方で、建設発生木材の再資源化が低い。廃石膏ボードの再資源化の取り組みの遅れ、依然として不法投棄・不適正処理が多いことが指摘されている。

［建築解体後の資源の行方を考える］

KEYWORD

解体と再利用

#47/70

建築物のリユースの仕組みについて

資源の3R、リサイクル（再資源化）、リユース（再利用）、リデュース（減らす）のうち、リサイクルは、省CO2には一定の貢献をするものの、根本解決にはならないことは、すでに述べた。ここではリユースについて掘り下げてみよう。

リユース分野はまったく進展がみられない。リユースには、解体、保管、再利用という3つの過程が必要で、リサイクルと違い運用がとても難しいからだ。

木造建築では、古材の再使用は一定の市場を形成しているが、「生け捕り」と呼ばれる手仕事で解体が行われるので高価であり一般化には至っていない。

「生け捕る」時点で、次の現場の納まる場所が想定されているわけではなく、次の現場で、材の長さを調整し、仕口の刻み直しをしたうえで建て方に臨む。

昔の民家や社寺などでは、古材を使うのはごく当たり前で、数百年にわたって資材は循環していた。

数寄屋建築などでは、解体後、そのまま移築先で再構成されることがある。極めて稀にしか行われない仕事だが、成功した場合の効果は絶大である。CO2は固定化されたまま。新たな資材の投入はゼロ。労働力の投入だけで、ストック再生型環境建築ができあがる。

鉄骨造については、リサイクル率が90%を超えており、ジョイント部は溶接され、解体時には、運搬しやすい大きさにバラバラに切断される。鉄骨をボルトとナットで固定するのは、建て方時に都合のよい大きさにして現場に搬入するためで、主要部の溶接はすべて工場で行い、不確実な現場溶接を回避している。

鉄骨造についても、ジョイント部を規格化して、部材はすべて線材により組み立て、解体時には線材に戻すという試みがないわけではない。メロー社のボールジョイントシステムの立体トラスは仮設建築ではよく使われている。

溶接によらず柱梁結合を実現するメカニカルジョイントの試みもあるが、これはまだ実験段階に留まっている。

リユースの成功例としては、セキスイハイムが鉄骨製のスペースユニットを住宅から取り出し、別の場所に運搬して、新しいオーナーの家の一部にする事業がある。ボックスフレームは全溶接だが、フレーム同士はボルト接合なので、解体は容易だ。外装材も内装材も住設機器もボックスフレームに固定されており、そのまま移動され、リユースされる。

古材を使用した木造建築

第3章

人口縮減時代の豊かな低炭素社会をつくる

●2005年の衝撃

イギリスの南極観測研究隊が「2100年に地球上の生物が滅びる」というシナリオを発表。それ以前にもサンゴの白化などの現象は報告されていたが、空気中の二酸化炭素が海水に溶けていき、海水中の二酸化炭素濃度が高まると、アルカリ性から酸性に移行する。ここまま推移すると2100年ごろには、およそ800ppmという濃度に達し、海の生物が死滅していく。さらに食物連鎖で地上の生物も死滅していくという。

●2006年の衝撃

2006年の映画「不都合な真実」は、世界に地球温暖化の危険性を知らしめた。主演のアル・ゴア元副大統領は、環境問題を直視しないアメリカ政府を批判した。

建築物は、長く利用され続けてこそ、価値がある。だからこそ建築は、長く利用されるであろう、将来の社会のことついても真剣に考えるべきである。いまだに高度成長期の意識、価値観のままで進めば環境の問題が大きなレガシーコストとなり、将来の人々にとって重荷になるだろう。

将来の人々のために必要なのは、ゆったりとした、自然と共生する社会の実現だ。過去に戻るのではなく、低成長時代にも豊かで快適に暮らせる社会をつくらねばならない。

ＩＰＣＣ（気候変動に関する政府間パネル）の第五次報告では、２１００年には４・８℃の上昇と予測、２０５０年までに世界で50％以上のCO_2排出量削減を呼びかけている。

２０５０年に向けて、低炭素建築、低炭素都市、低炭素生活を実現するために、そこに至る道程を考え、現在は何をすべきか考えてみよう。これがバックキャスティングという方法だ。

都市の目標として「２０５０年の低炭素社会構築」を掲げたら、「温暖化対策という環境問題」と、「人口縮減による都市政策の問題」は、同時に解決しなければならない課題であることが分かってくる。この同時に解決しなければならない問題について、第3章で、多角的に掘り下げていく。

地球温暖化への対策として、日本建築学会はカーボンニュートラル化を提案している。ここまで述べてきたように、建築に断熱、気密などのパッシブ型環境基本性能を十分備えさせることや、建築

●2009年の衝撃

2009年正月に、NHKの番組で、アメリカの環境学者レスター・ブラウンが、ショッキングな予測をもとに、情熱的に提案した。2020年までに地球上の二酸化炭素排出量を80%以下にしないと、ヒマラヤの氷河が溶け、大洪水や旱魃などを引き起こす。アジアにおける環境的ダメージは非常に大きく、また、それが原因となって、民族大移動がはじまる。それを食い止めるために、全世界の人々が、すべての日常的活動を低炭素政策につぎ込む戒厳令のような政策が必要である、と。

計画や設計の手法によって、CO2排出量は削減できる。外部空間や都市空間を冷涼化することなど、地域ぐるみの取り組みもCO2削減に貢献する。再生可能エネルギーを利用することもCO2排出量の削減につながる。これらの手法を複合的に利用して「小さな環境世界で自立する建築・都市」を実現すべきだ。実現に向けた多彩な取り組みを紹介する。

もう一つの課題「人口縮減社会」は、日本においてとくに深刻である。人口問題研究所の予測では、日本の人口は2008年の1億2808万人をピークに減少に転じ、2050年には9708万人になるという。人口は75%に減少し、少子高齢化の進行により、生産人口は50%にまで減少する。逆に高齢者は40%に増大する。

政策研究大学院大学教授の松谷明彦氏は、人口減少は日本の将来を左右する巨大な環境変化であり、どんなリスクがあるのか、どんな対応策を考えるべきか、できるだけ早く検証しなくてはならないと主張する。

人口減少は都市を衰退させる。日本創成会議は2014年、全国で896の自治体が消滅する可能性があると試算した。

人口減少する都市をどうするかという問題に、「コンパクトシティ」のアイデアがある。しかしコンパクトシティが唯一の解決策だとは思えない。コンパクトシティ論の矛盾と、推進すべき都市政策アイデアについて解説していく。

9つの理念

1

山から海までの水系を軸とし、都市の廃棄物も資源とする、循環型社会を構築すること

2

頭上の太陽、宇宙、風、地上の樹木、水、廃棄物、足元の地中熱、地熱など、身近にある自然エネルギーや再生可能エネルギーを利用すること

3

新築建築の低炭素化を促進するために、パッシブ型環境基本性能の普及促進を図ること

4

ストック社会への移行を前提とした改修による建築・都市のルールづくりを構築すること

5

近代的社会の右肩上がりの価値観から、環境調和低炭素社会型の価値観への転換を急ぐこと

6

地域性、歴史性、人間性を重視し、スローライフで農のある豊かなエコライフスタイルを普及すること

7

地域地区制（宅地と農地、市街化区域と調整区域）を見直す混在型ミックスゾーニングを進めること

8

多世帯・多世代型コミュニティで分かち合い、与えあう社会を構築すること

9

縦割り社会から水平思考型の低炭素型成熟社会への移行を早めること

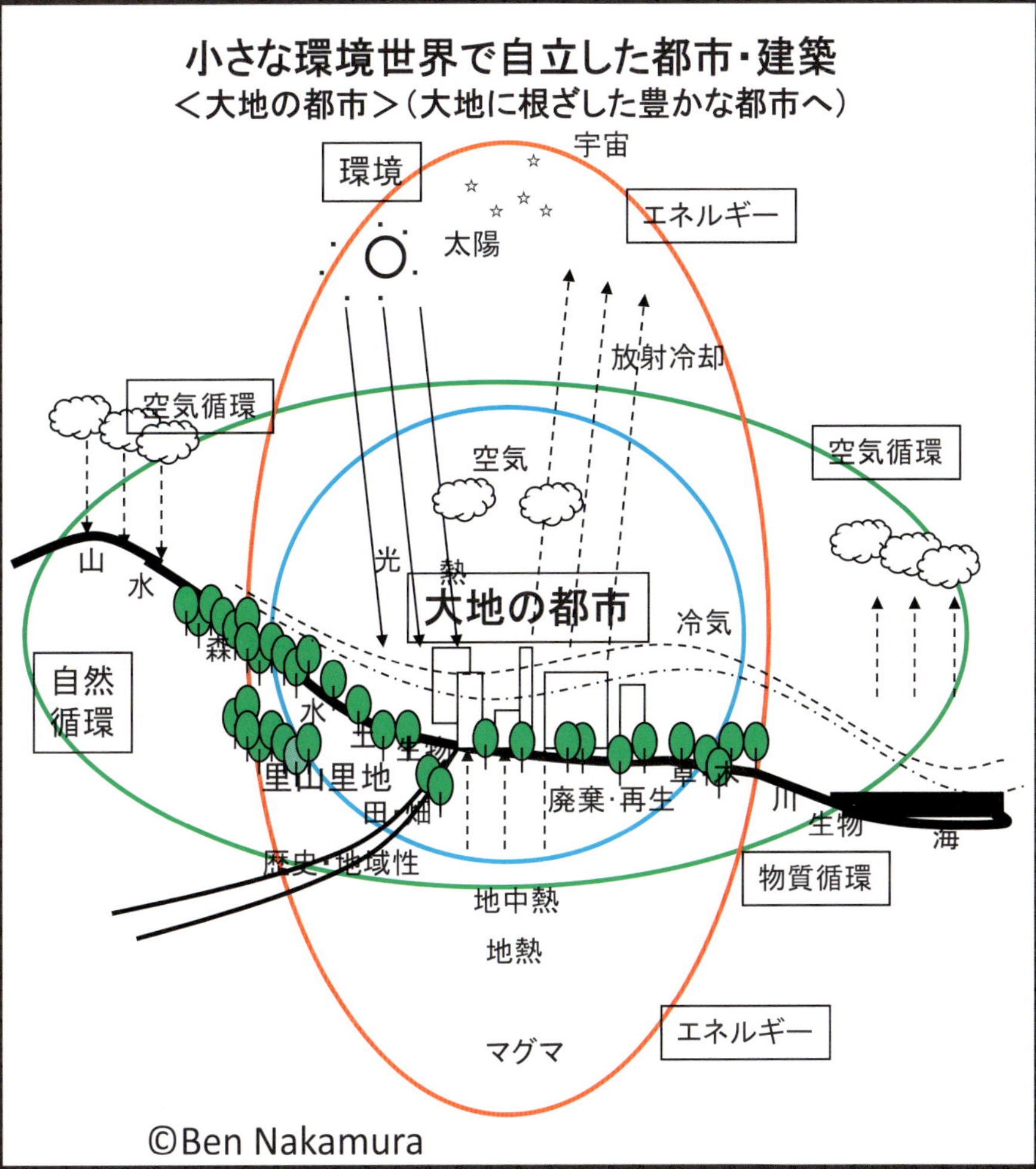

小さな環境世界で自立した都市・建築
<大地の都市>（大地に根ざした豊かな都市へ）
宇宙
環境
エネルギー
太陽
放射冷却
空気循環
空気循環
空気
光
熱
大地の都市
冷気
山
水
森
水
土
生物
自然循環
里山里地
田・畑
廃棄・再生
草・木
川
生物
海
歴史・地域性
物質循環
地中熱
地熱
エネルギー
マグマ
©Ben Nakamura

［2050年への低炭素社会を支える自立循環型の都市づくり］

KEYWORD

持続可能性（サステナビリティ）#48/70

低炭素・循環型・生物多様性が持続可能性を支える

持続可能性社会はもっともスケールの大きな概念である。

・地球温暖化をくいとめる低炭素社会

・資源枯渇から、地産地消、廃棄物も資源とする循環型社会

・バクテリアなど微生物の活動や新しい生物の誕生を保障する生物多様性社会

これら3つの輪が、それぞれ健全に機能していることにより、はじめて持続可能性社会が成立するといわれる。

気候変動に立ち向かう低炭素社会は、CO2などの温室効果ガスを削減して、2100年には2℃以下の温度上昇に抑えることが世界共通の目標となっている。

先進国は2050年までに2010年頃の排出量より80％削減すべき（発展途上国も含めた世界全体では50％削減）というシナリオが最重要視されている。日本政府は具体的に2030年までに2013年度比で約26％の削減を目標としている。さらにその後2050年までに既築も含めたすべての建築を省エネ改修によってゼロカーボン化する計画だ。

循環型社会は、都市としては、都市のすべてを資源として3R（リサイクル、リユース、リデュース）の方法で利用しつくすことを目標とし、最終的にはサーマルユース（熱供給利用）する。

循環型社会を実現するには、建材などを再利用できるものにすることのほか、土や水、植物、空気といった自然素材による都市づくりを行うことが基本となる。

生物多様性社会は、動植物の種類が多様であることに限らず、地球に育まれてきた生きものすべてにとってよりよい環境であることが保障される社会を意味している。

人間がきれいな空気を呼吸するためには、光合成をする植物が必要だ。

人間の体の中には、大腸菌などがいてくれないと、生きていけない。

海や森の恵み、清浄な水、土の力、安定した気候、すべてが「生物多様性」の恩恵としてもたらされている。

生命の多くは、人間の利害とは関係なく、この世界に生まれ、生存している。さらにこの生物多様性は、地球温暖化、循環型社会と絡んでおり、複雑な因果関係を示している。地球温暖化によって生態系の様相が変化し、温暖地域の細菌が北に移動し、新しい病気が流行することも予想されている。生態系の種は新陳代謝を繰り返し、かつ、新しい種も生み出すのだ。

それらが保障される社会、それを持続可能性社会という。

持続可能性社会の成立要件

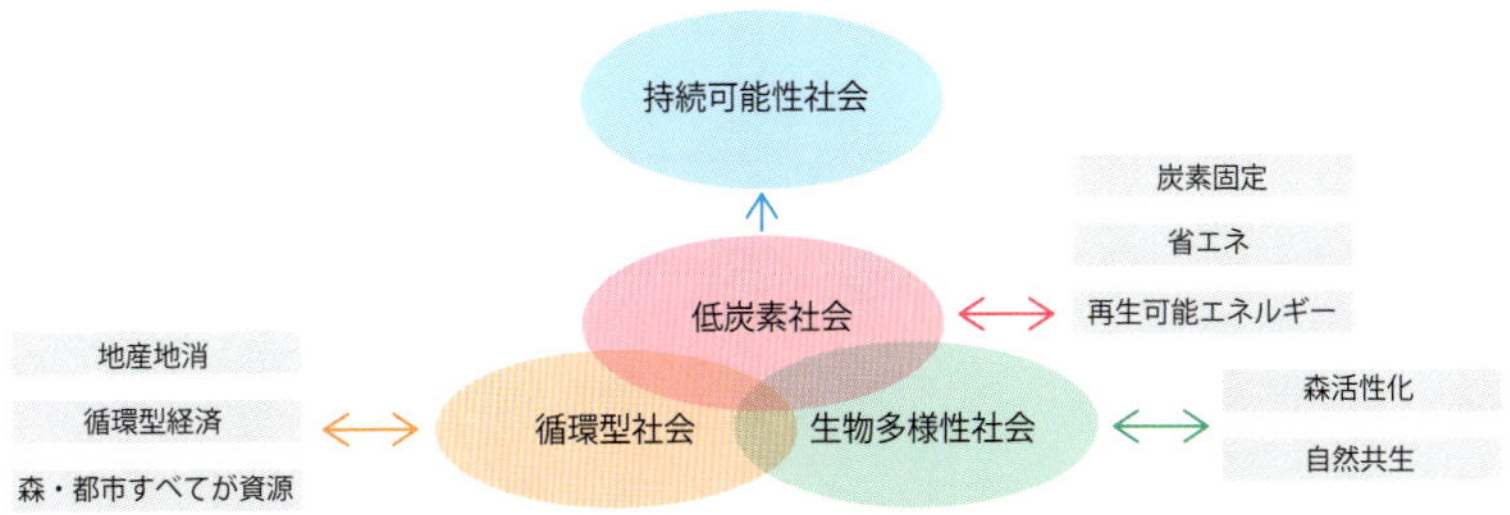

バイオマス利用のイメージ図

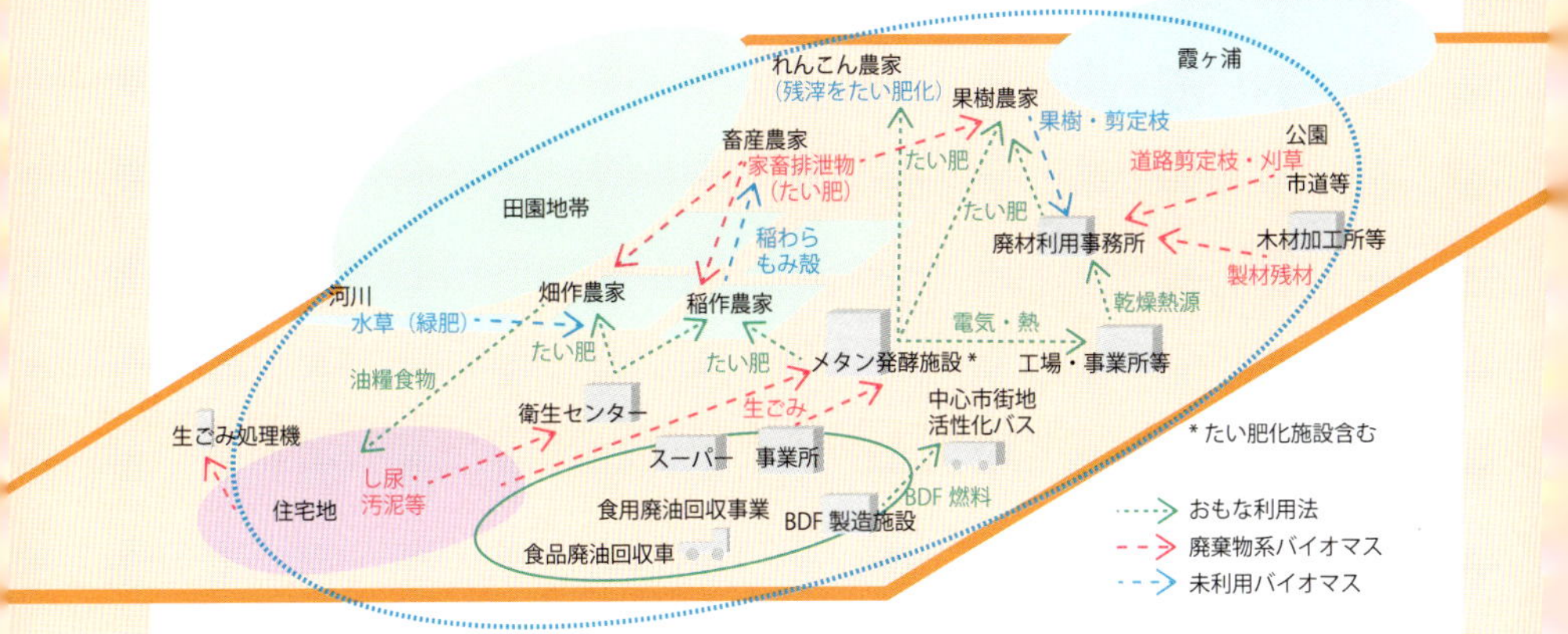

出典：土浦市バイオマスタウン構想

土浦市のバイオマスタウン構想

土浦市では、ヒマワリのバイオ燃料を福祉バスに利用したり、日立セメント株式会社による廃棄物のリサイクルに取り組んでいる。その事業を中心に、市はどんな廃棄物がどこで、何にリサイクルされ、どう有用な資源になるかという構想を2010年に発表した。日立セメント自身はゴミの焼却灰をフライアッシュセメントの原料として利用するという。

KEYWORD

都市構造① 低炭素社会型都市政策 #49/70

コンパクトシティとCO_2排出量の関係

国土交通省は２００６年に都市計画法を改正した。市街化調整区域に大型ショッピングセンター等を設置できないようにするためといわれているが、この改正は、コンパクトシティ化の方向性を打ち出したものといってよい。

その後同省は２００９年にコンパクトシティのガイドラインを発表した。

このガイドラインにはコンパクトシティのメリットが書かれているが、「どのようにすればコンパクトシティを実現できるか」は描かれていない。

すでに拡がってしまった都市を、小さくするということは、現実にできるのだろうか。

日本の都市は駅前を中心に市街化が進んだ。１９７０年代の急速な近代化により、計画的に形成されたニュータウン、農地や林地の区画整理事業など、同時期に大量の都市流入者の住宅を供給するために行われたため、都市は拡大し、車社会が進展し、本来持っている歴史的、社会的特徴は隅に追いやられてしまった。

地方都市で中心市街地が空洞化により衰退しつつあるなか、広がった都市をもう一度中心に移動させるコンパクトシティについては、どうやったら実現できるか、そのためにどのようなコストがかかるか、どのような施策が必要かなどについて、検証しなくてはならない。

東京大学教授の大野秀敏氏は、ファイバーシティ*としてこの問題を研究してきた。新潟県長岡市のケースでは、周辺の土地から建築を除去し、高層住宅を建設した中心部に移動する「単心型」は、小さなエリアをいくつも設ける「多心型」に比べて、CO_2量排出は約７０００千t多くなる。これを運用時のCO_2排出量削減、１６０千t/年で回収しようとすると、約45年かかるという試算となった。これでは意味がないことになる。国交省もその後、多心型を採用するようになったようだ。

もう一度、基本に戻って考えてみる。今後日本各地で、人口の減少、とくに生産人口が減ることにより、都市の経済は収縮し、自治体の税収入が少なくなることが予想される。そうなると、道路や下水、上水、公共施設の維持管理費が削減されるという可能性が高い。そうなってからも、まともな都市機能を維持させていくにはどうするか？　この課題を考えるにはバックキャスティングの方法が有効だ。打開策は市民が自分たちで考え、自分たちで解決しなければならない。

長岡市のコンパクトシティ化へのケーススタディ

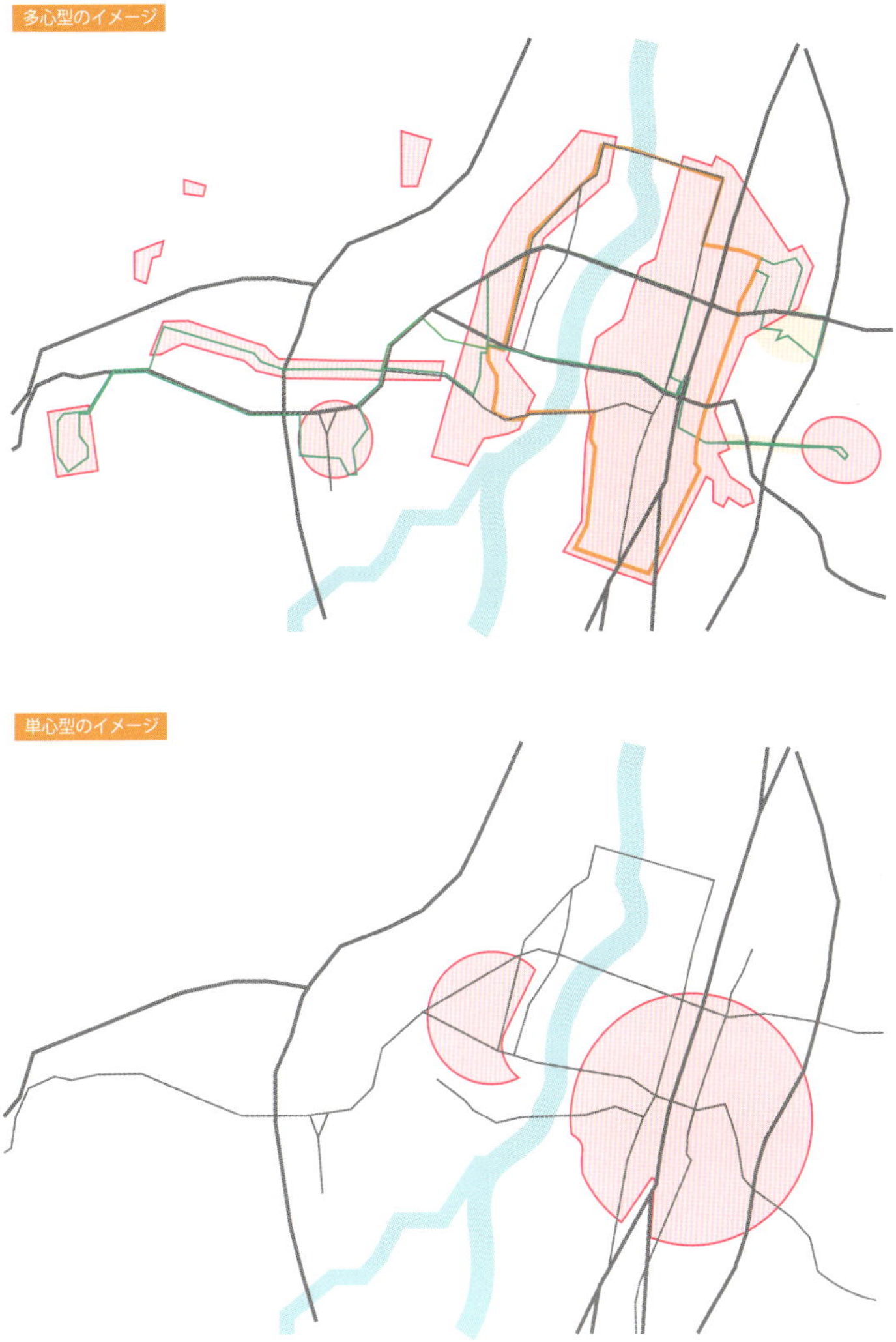

出典：東京大学大野研究室「Fibercity2009」の図をイラスト化

*ファイバーシティは「線」の性質をもつ都市要素を操作することによる都市空間の制御を目指している。都市空間におけるファイバーは、線状の構造物や空間のこと。緑の指（鉄道路線）、緑の間仕切り（連結された空き地・緑地）、緑の網（首都高速道路）、青の首飾り（舟運航路）、暖かい網（バス路線）、暖かい巡回（公共的サービスの巡回）、都市の皺（小さな線、線の結び目）、暖かい食卓（線の結び目）などの戦略で、都市のポテンシャルを引き出す。

KEYWORD

都市構造② 地域交通の拡充

#50/70

住民の交通手段はどのような仕組みがよいか

ＬＲＴ（次世代路面電車）、コミュニティバス、福祉タクシーなど、地域の交通を考えるとき、道路そのものを考えることと同時に、交通方式、体制などを考えることが必要である。

道路は人口縮減によって大きく変わる必要がある。車所有率が少なくなることが最近の統計で明らかになりつつあり、若者の車所有意欲の減退、カーシェアリングの普及などにより、将来の道路利用が少なくなることが予想される。

そうすると、駅周辺の中心市街地には鉄道を利用する高齢者、若者が多く住み、車に依存しない、歩行者、自転車中心の町となるだろう。

大きな道路は不要となり、ヒートアイランドへの対策も含めて緑や水の多い、自然型の都市空間が基本となる。

一般道は利用車両の減少から、車線数は少なくてよくなり、その余地に自転車専用道や緑地の整備が可能となる。

ＬＲＴ新交通システムの整備は、かつての市電の復活にすぎない。軌道敷きの固定化による道路利用効率の悪さは否めず、むしろバス移動の仕組みについて再検討して、もっと充実させるべきだと大野秀敏氏は主張する。

地方都市におけるバスシステムは、ほとんどが中心駅から放射状に往復している。しかし、駅は高校生の通学か通勤のための手段となっており、一般の市民の生活は市内を巡る形で成立している。

自宅から、子どもの保育園、小学校、両親の福祉施設、生産のための農園や作用場、そして買い物のスーパーマーケット、文化的活動のための図書館、サークル活動の公民館、などへ行こうとしたとき、そのルートは必ずしも駅とはかかわらないネットワークである。実際の公共交通機関にこれらの具体的社会行動に沿ったサービスがないため、結果的に各家は3台もの自動車を保有せざるを得ないのだ。

また、高齢者の事故が社会問題化しているが、独居老人が増えるにつれ、想定以上の課題が生まれてくるだろう。どのようにすればこのような状況に公共交通システムが対応できるのだろうか。

大野秀敏氏の提案する、要所を回る8の字ルートやデマンドバス、エコマネーでコミュニティが高齢者を病院やスーパーに運んでくれる共助福祉支援の方法、地域商店街での宅配サービスや小さな交通など、なおいっそうこの方面の実践的研究を進めていく必要があるだろう。

バスネットワークのアイデア（長岡市）　　出典：東京大学大野研究室「Fibercity2009」の図をイラスト化

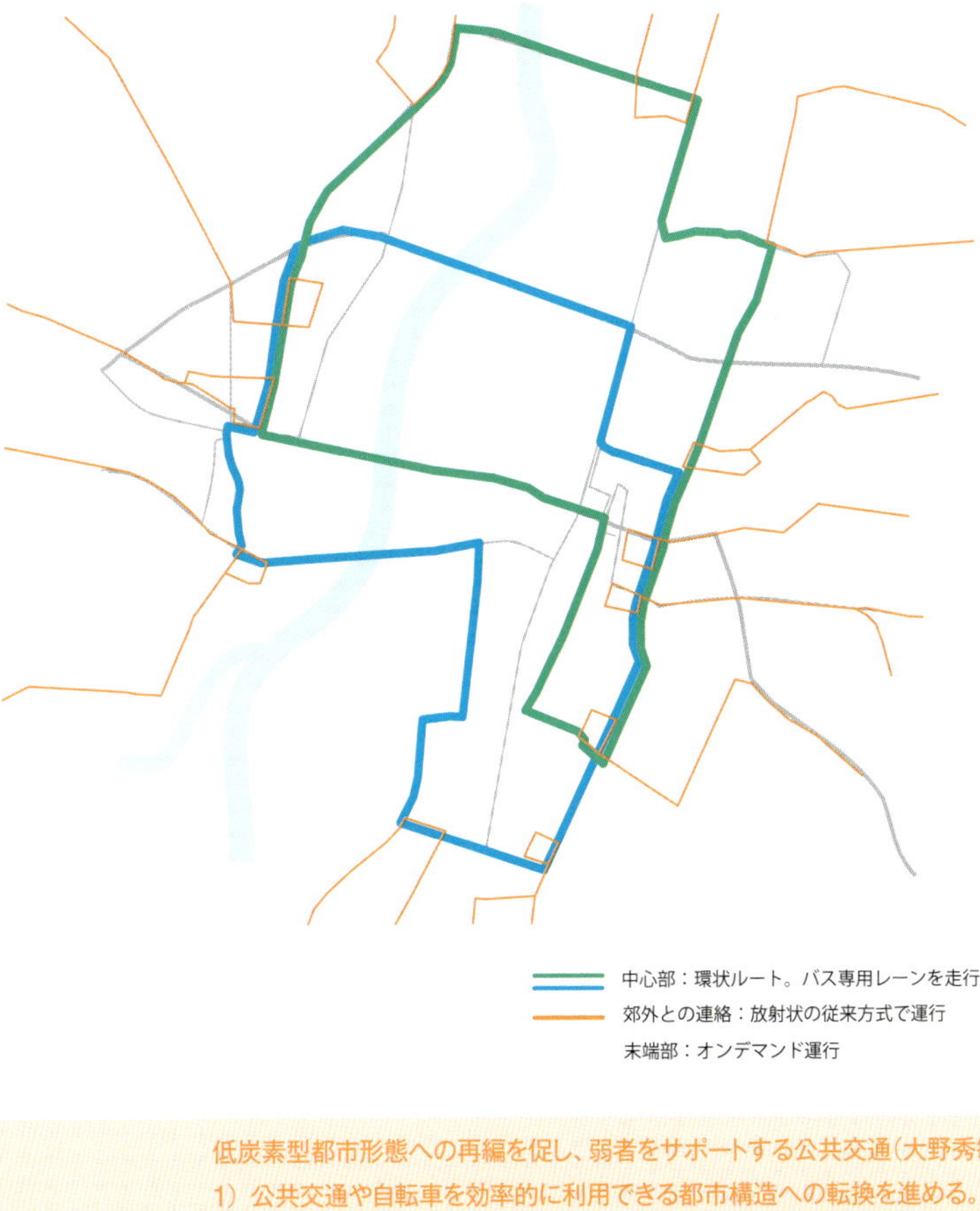

低炭素型都市形態への再編を促し、弱者をサポートする公共交通（大野秀敏）

1）公共交通や自転車を効率的に利用できる都市構造への転換を進める。

2）BRT（中央走行のバス専用レーン）を推進し、公共交通分担率を高める。

3）鉄道とバスなどの異種の公共交通ネットワークの連携をはかり、連続的かつ一体的利用を可能にする。

4）ネットワークとして利用できる（乗りかえしやすい）バスシステムをつくる。

5）オンデマンドバスなど都市縁辺部の公共交通サービスを充実させる。

（出典：「2011低炭素社会の理想都市実現に向けた研究」日本建築学会特別研究委員会より）

KEYWORD

都市構造③ インフラストラクチャー #51/70

インフラの維持費用が削減される事態に備えよ

都市のコンパクト化における基本的な課題は、削減される予算の振り分けに関して、市民のシビルミニマムの何を大事にし、何を削減してもよいかという問題である。

日本の人口は2050年に約75％になると予測され、一人当たりのGDPが同じと想定すると、税金も予算も同じ比率になることが予想される。

しかし高齢者率は50％になり、就業者数は40％になるので、年金や施設介護、訪問介護などの公的ケアの予算も少なくなり、十分な福祉、医療ができなくなることが予想される。

減ってしまう自治体の予算を、どのように分けるのが適切な政策だろうか。

人々の生活に結びつく医療費、福祉関連費用、教育の一人当たり経費は維持すべきと考え、すでにつくってしまった施設の維持費も守られなければならないとすれば、土木費が75％より少なくなることが考えられる。仮に土木費が75％になると想定して、既築の設備をどう維持するかは利害関係の発生する住民の間で議論しなければならない。

75％の土木費の仕分けについては、いくつかの議論がありうる。橋やトンネルなどの地区外との連絡インフラはまず優先されるべきだ。

地区内の道路舗装は、砂利道でも雨天時には多少水たまりができても我慢できる。あるいはコミュニティの人たちが自分で労働奉仕をして舗装をすることも可能だ。

上水道も、生存のために井戸が利用できるところではサービス範囲を小さくしてもよいだろう。下水道はできるだけ小さい範囲の維持管理を公的に行い、その外側は個別の浄化槽などの設備で処理し、うわ水は蒸発か浸透する方法をとる。雨水は浸透を基本とするが、ゲリラ豪雨対策が問題だ。

ゴミは各自でコンポストなどでたい肥化し、コミュニティごとに焼却炉を整備し、発電もするのがよいだろう。

自分が住んでいる環境でどこまで維持管理費を少なくできるかを考えること。これがこれからの人口減少社会で市民相互に議論するべきことなのだ。

また外国からの移住についても、「そんな生活と関係のない課題は、その時点で考えればよいことだ」と思っている人が一般的であるようだが、移住・移転の可能性についても、いまから市民の間で議論をはじめることが必要だと考えている。そして自然の里山で生活しつづけられることは保障したいと思う。

土浦市の75%土木費によるインフラ整備（イメージ図）

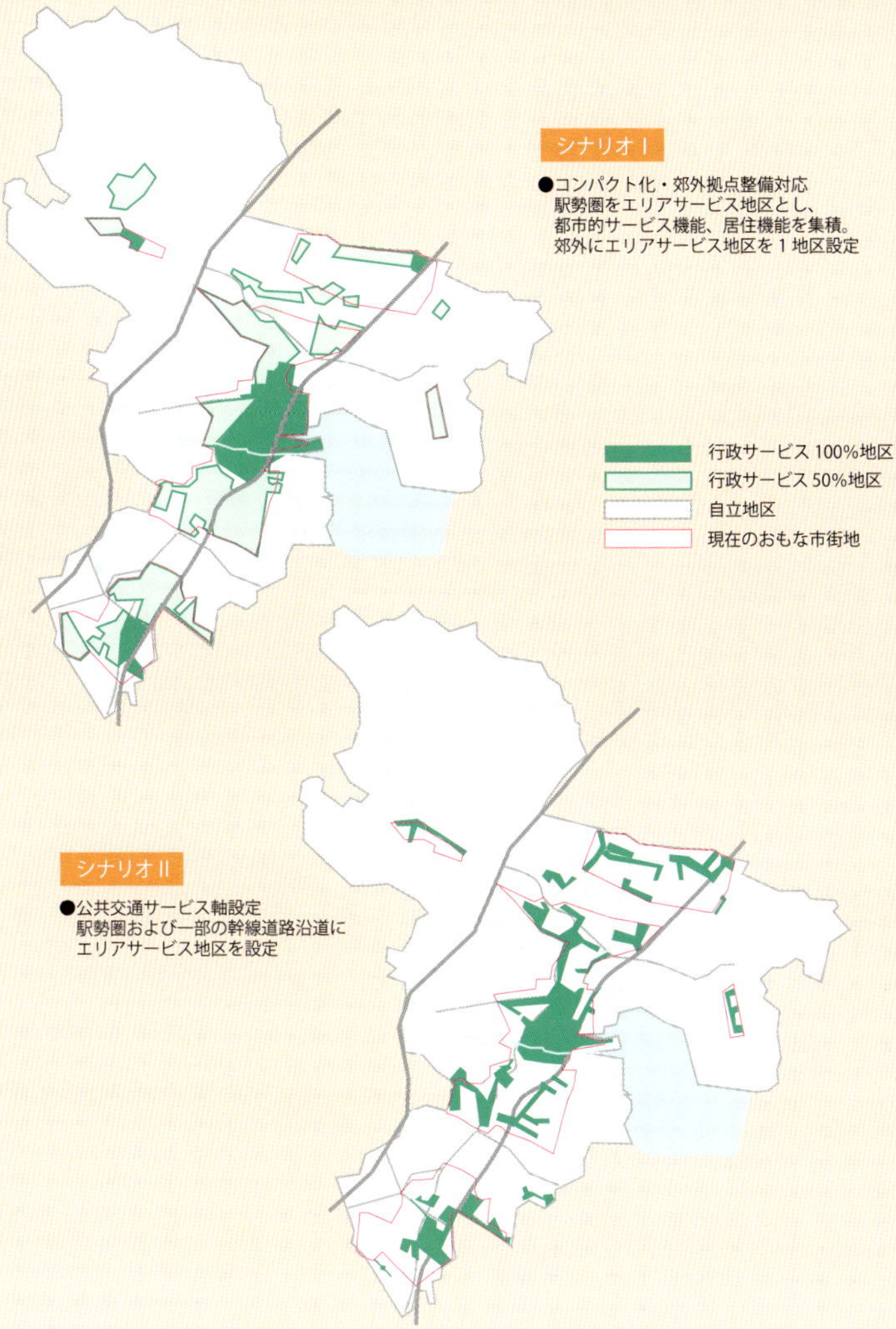
シナリオ I
●コンパクト化・郊外拠点整備対応
駅勢圏をエリアサービス地区とし、
都市的サービス機能、居住機能を集積。
郊外にエリアサービス地区を１地区設定
行政サービス 100%地区
行政サービス 50%地区
自立地区
現在のおもな市街地
シナリオ II
●公共交通サービス軸設定
駅勢圏および一部の幹線道路沿道に
エリアサービス地区を設定

土浦市2050年二つの政策シナリオ

前述した低炭素社会の理想都市実現に向けた研究の中で、筆者らは人口が75％に減少することは、税金収入も市の財政も同様に75％になることであり、そうなった場合の市の財政政策を考えてみると、単純な推論ではインフラの維持費が75％に削減されると想定し、その場合のありうる政策シナリオを数種類検討した。100％維持費があった場合に比べ、どの地域が優先されるのか、50％に維持費が削減されるということは何を意味するのかなど、考えてみると住民に対して厳しい覚悟をせまる政策となることがわかる。

KEYWORD

自助・共助

里山の自然のなかで公共インフラに頼らず自給自足するエコ・コミュニティ

#52/70

地方都市の中心市街地空洞化、都市のスプロール化に対して、国交省はコンパクトシティ政策が有効であると考えている。

1998年の都市計画法の改正で、大店法規制とあわせて中心市街地活性化などが打ち出された。

2000年以降CO_2排出量の削減が大きなテーマとなっていくにつれ、建築施設の単体や、ライフスタイルのCO_2排出量削減に関して、「スプロール化した都市構造が基本的な問題だ」という考え方が基調になってきた。

2006年の都市計画法改正では、郊外の都市計画調整区域における開発制限を厳しくする一方、中心市街地の容積率や高さ制限などを緩和する政策を打ち出し、コンパクトシティへの移行が国の基本政策であることが明白となった。

しかし、この政策には異論が続出している。東大の大野秀敏氏はファイバーシティ論で、郊外に拡がった施設を除去するエネルギー、中心市街地へ高層住宅を建設するエネルギーなど、コンパクト化を進めるためのエネルギーは莫大、これでは環境的であるとはいえないと批判している。

国交省も2009年にガイドラインを作成したが、定性的な指針になっており、プロセスにおける定量的予測をしていない。問題の発生するメカニズムの理解に乏しいことも批判の一つである。

もっとも大きな課題は2つある。

・長年住み慣れた自然豊かな郊外から、中心市街地の高層住宅へ移転する動機が乏しい

・都市の予算が人口縮減によって縮小していくときに、膨れ上がったインフラストックの修繕維持費を抑えながら維持することは難しい

このような長期的な課題が地方自治体に伝わらず、中央省庁がもがいているのには2つの理由があると思う。

・国土が農村地域の農水省管轄と都市地域の国交省管轄に分かれていること

・地方自治法により、自治体に国が直接の指導ができないこと

縮減する都市のインフラ維持費をどう公平に分配し、かつ、シビルミニマムが低下しても、自助・共助で補える町づくりを現実的にどう実現するか？　さまざまな議論と実験に、できるだけ早くとりかかることが必要となっている。

筆者は、里山の小学校で自然のなかで公共インフラに頼らない自給自足の試みを行っている（左頁参照）。

小さな環境世界で自立する建築としての七沢希望の丘初等学校

自立できる小さな環境世界とはどのくらいの範囲なのか？　どこまですれば自立するといえるのか？　七沢の小学校(047頁下図参照)の計画をはじめてすぐ、都市計画法の改正とその内容に愕然とした。「市街化調整区域では私立学校は建設不可。道路の排水溝に雨水も汚水も接続してはならない」とのこと。10月末の改正施行直前の申請に間に合い、私立学校の建設は可能となったが、排水は不可。こうなったら自立する建築を実践するしかない。学校も了解し、木造で、敷地内や地元の資材を利用、雨水・汚水を敷地内処理、空気は森から地中を経由して導入、地元のチップで暖房する、自給自足の学校が完成した。この建築は、2010年に欧州先進建築家フォーラムのサステナブル建築賞(LEAF賞)を受賞した。

column

福島からはじめる持続可能性社会①

原発事故後の村づくりを「モヤイ直し」に学ぶ

2011年3月11日に起きた東日本大震災により、福島第一原発事故が発生、メルトダウンにより、30㎞以上の広範囲に放射能汚染を起こした。

4年半後の2015年、福島県公表では、県内に約6万5千人、県外に約4万5千人、計約11万人が避難している状況である。

◆福島の現在

政府と福島県は、2017年度中に帰還困難区域を除く避難指示をすべて解除する方針を打ち出し、自主避難者に対する住宅無償保証を打ち切る方針を示した。

筆者は2016年8月に浪江町、南相馬市小高地区を視察したが、宮城、岩手と違い、復興事業は一切行われておらず、人気のないゴーストタウンとなった2011年のままで、大熊町、双葉町などは国道からの入口がすべて閉鎖されている。

浪江町民が帰還するには、除染の徹底と、原発事故で奪われた生活を支える経済環境が整うことが必要だが、除染は部分的で、具体的な資産・生活状況の調査もなく、ライフステージの計画をつくる支援もできていない。

復興再生特措法では、産業の再開支援、インフラの整備、除染、税制上の優遇、公営住宅への特例措置などがあげられている。生活困窮者は増加しているというが、個人情報を理由に、生活の根源に迫る支援は見えてこない。

2014年の意向調査では、帰還しない意思は40.3%、帰還希望は25.5%。大熊、双葉、富岡、浪江4町では、戻らない意思が半数前後で、戻りたいは1割台だったという。行政は帰還支援策を打ち出すが、避難継続者に対する支援は無策で、避難解除によって賠償金も打ち切る方針としている。

◆までいの村

飯舘村には「までいの村づくり」の歴史がある。20年にわたる日本大学の糸長浩司教授のパーマカルチャーの指導で、補助金や援助に頼らず、周囲にある自然の力を利用して、農のある生活を基本とし、村民一人ひとりが互いに存在を認め合い、支え合える土壌の上に、までい（正直）な村をつくってきた。

菅野典雄村長は、なんとか村を存続させようと国、県の解除方針と村民の放射線に対する懸念との間で悩んでいる。

村民の、とくに若い子どもにとって、とても帰れない気持ちと、友人たちと一緒に村の学校に通いたい気持ち、帰還賠償金をもらう人と、拒否する人など、人の気持ちがバラバラになる恐れがある。

までいな生活を破壊されてしまった村がその精神をどうつなぎとめていくのか。二つの村を行き来する生活や、完全に村を移転する案なども含めて、崖っぷちの状態が続いている。

◆水俣で起きたこと

筆者は事故当初から、水俣の教訓をよく勉強するように話してきた。

水俣の公害の歴史は、近代社会とその経済発展の構造的結果として必然的に起こった現象であるということができる。

右肩上がりの市場原理経済社会はその背後に格差社会を発生させる。強者が経済のエンジンであり、中間層はそれに続き、最下層もその恩恵をこうむるという、トリクルダウンの経済思想だが、これが弱者切り捨てにつながる。

1932年から日本窒素により汚染水が水俣湾に排出され、1940年から水俣湾の魚が白い腹をみせて浮きはじめ、ネコが痙攣し、水鳥、カラス、イヌ、ブタも苦しんで死んだ。そしてメチル水銀中毒症（水俣病）の患者が出はじめた。

1956年に、原田正純医師により、工場排水が水俣病の原因であることが公式に確認されたが、その後も、メチル水銀を含む排水は1968年まで流され続けた。

日本窒素の企業城下町であった水俣市では、患者は、漁民以外に、窒素の社員や関係者などの市民も多かったが、会社への忠誠心から口をつぐんだり、患者であることを告白した隣人を「賠償金欲しさに患者と偽っている」と疑い、罵りあうようになる。

◆モヤイ直し

人々が本心を告白するようになるのは、1994年、吉井正澄市長（当時）が、崩壊したコミュニティを「モヤイ直し」といって、もう一度やり直すことを提唱してからといわれる。

モヤイとは、2艘の船がつなぎあって漁をすること。こじれた隣人関係や懐疑的精神を、素直な気持ちで整えなおすことを提案したのだ。

モヤイ直しは「加害者―被害者」という枠組みを越えて、地域の再生や振興という共通の目的を持って、地域住民が集った取り組みである。対立を対話へと変え、市民の水俣病や環境に対する意識変革をもたらす原動力となっていった。

水俣病をタブーとしたままでは地域再生は成功しない。現実を受け止め、分断されてきた「人と人」との関係をつなぎなおし、二項対立を乗り越えたところから、水俣は真の回復へと向かいはじめたのだ。

吉井元市長は現在もお元気で、2016年夏にお会いしたときは、自治体行政の同士として、海士町の山内道雄町長や、長久手市の吉田一平市長のことをよく話し、これらの心底からの行動をする人との波長が合うことを喜んでいるようだった。

水俣市キャンドル追悼式

［2050年への低炭素社会を支える自立循環型の都市づくり］

KEYWORD

バイオマス都市

#53/70

ギッシングと下川町の試み

ギッシング市は、オーストリア東部のブルゲンランド州にある、人口4000人の小さな町だった。

この町は、1990年代に、ペーター・バダシュ町長の情熱と、ウイーン工科大学のヘルマン・ホフバウア教授の開発した木質ガス化装置によってBTL（バイオマスから液体燃料をつくる）を実現し、温暖化ガスを95％削減した。このことにより、貧しい寒村は、世界的な注目を浴びるようになった。

ギッシングの中心にある熱源供給プラントは、一時間に2.2tの木材チップを燃料とし、2000kWの発電と、4500kWの熱供給を行っている。

これにより、それまで年間約8億円を費やして外部から購入していた電気や暖房用の灯油は不要になった。

また、熱源供給プラントがつくる電気は、他地域よりも料金が安く、これを売りにして企業誘致を行い、2005年までに、50社以上が誘致され、1500人以上の新しい雇用が生まれ、所得は12.6億円増加したという。

北海道下川町は、バイオマスシティというより、森林都市といったほうがよいかもしれない。1948年に開山した三菱鉱業の銅鉱山は、1983年にに閉山した。鉱山の宿舎跡地を町が買い取り、森を再生した。

同町では、森林環境保全に配慮し、地域社会の利益にかなう、継続可能な形で管理された木材と、その流通に認証が与えられる。

1953年より法正林＊思想にもとづき町有林経営を開始し、2003年には4300haの町有林を有し、年間50haずつ伐採し、栽植する「循環型林業経営」に取り組んでいる。

2004年には小規模分散型地域熱供給より、温泉、幼児センター、育苗施設に熱電供給を行う仕組みは、地域成長戦略の柱となり、地域活性化のモデルケースに選ばれている。

炭を焼き、廃油や林地残材まで、すべてを使い尽くす形だ。公共施設への熱供給は60％が再生可能エネルギーに転換されている。

香りのよい杉の葉を枕に使って販売するなど、町にあるものすべてを資源とみなし、製品化し、市場に出していく手法は、他の森林地帯の市町村も大いに参考になる手法であり、低炭素社会の森林版の見本といえる。

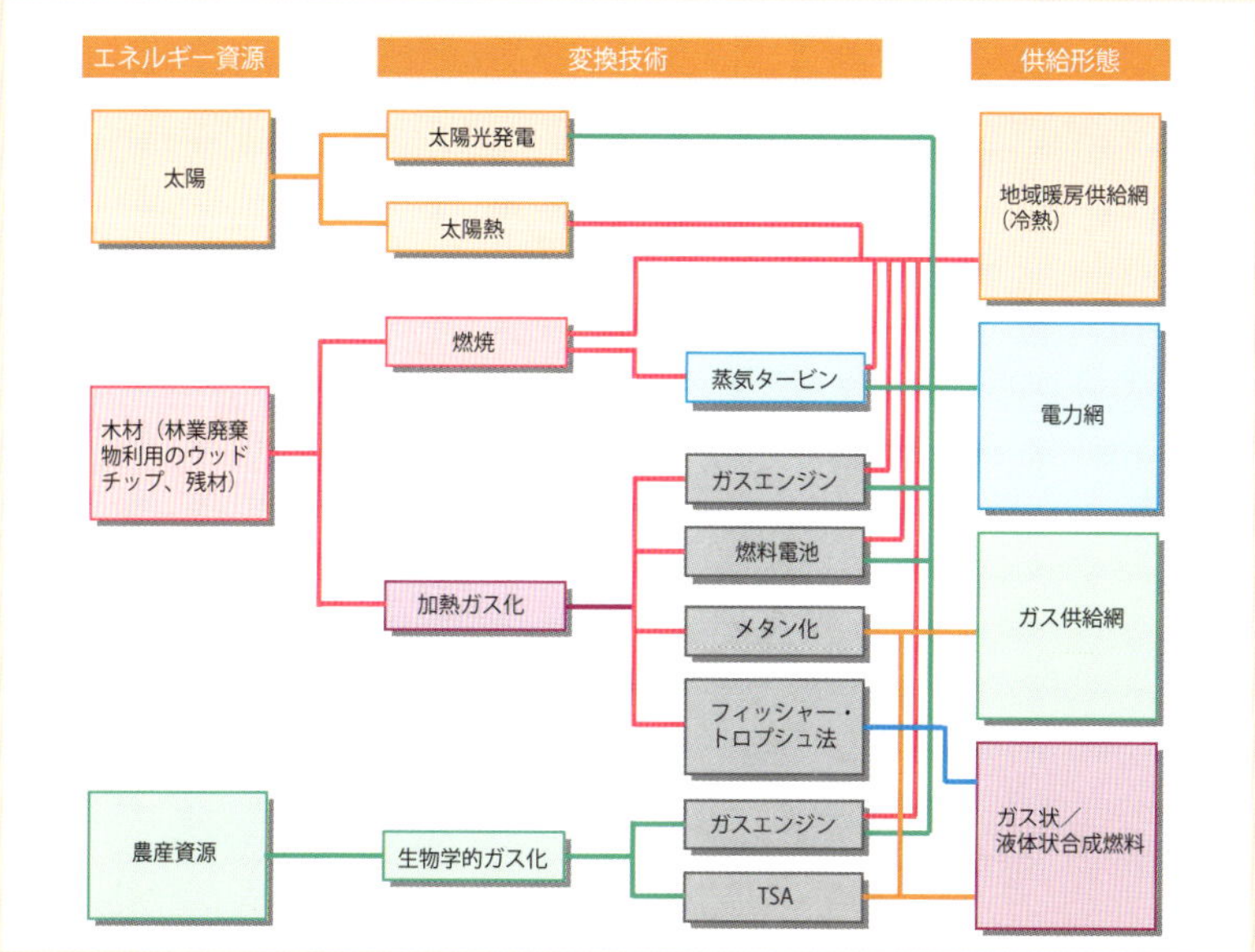

ギッシング市エネルギー資源と供給形態（岸本直彦氏の調査報告より）
太陽エネルギー、木質系バイオマス、農産資源を利用したエネルギーミックスとして再生可能エネルギーを展開し、地域暖房、電力網（40.4GWh）、ガス供給網、ガス状／液体状合成燃料（熱73GWh）に供給。循環型流動化ガス化炉（8MW）燃料：チップ53t/日。床材、端材など40t/日。ガスエンジン2MW発電、4.5MW熱供給。合成天然ガス（SNG）プラント140㎥/時。FT合成プラント：軽油、ガソリン各200万ℓ/年

ギッシング循環流動床ガス化施設写真（写真：中村勉）
ギッシング市のペーター・パダシュ市長と面会し、説明を聞いたとき、どう市民を説得できたのかを質問した。普通の都市が電気や石油を町外の大企業や中近東から毎年8億円も買っているという。ガスもパイプラインでロシアから買っている。今のヨーロッパの都市はみな同じ状況なのに、なぜという疑問だった。ペーター市長は市民に自分たちが支払う光熱費の80％以上が他国に支払われていることに愕然としたという。それを自分たちの生産に取り戻すことによって、自分たちの産業となり、就業の機会が増大し、売る電気料金も他より安くできるという、単純な計算だった。どうして他の町ではこんな単純な計算ができないのだろうと感激した。

*法正林（ほうせいりん）は、毎年の成長量に見合う量の立木を伐採して、栽植することにより、持続可能な森林経営を実現する森林のこと。

KEYWORD #54/70

エコライフスタイル① エコビレッジ

シェアリングの思想を継承する環境運動

オランダ、デンマーク、スウェーデンなどのエコビレッジを見てみると、土地や建物、設備、そして運営体制はシェアリングされ、毎日の行動などは、イスラエルのキブツのような共産主義的コミュニティに似ている。コペンハーゲンのビレッジはヒッピー運動を原型としていることも特徴的である。

エコビレッジによくある施設は、コモンダイニングや、暖炉や卓球台のある図書室、舗装されていない水たまりのあるアプローチ道、そしてチップサイロとボイラー、ストローベイルハウスなどがあげられる。街中にあるタウンハウスのエコビレッジと、郊外の田園地帯にあるエコビレッジでは、人の構成や規模、自然との連携などに、おのずと違いが出てくる。

イギリスのベッドゼッドではコミュニティのつながりはゆるく、自由度が高いが、底に流れている思想は強い自助共助の考え方だ。

日本ではどうか？　日本女子大の小矢部育子氏が20年以上前からタウン型のコレクティブハウスに取り組み、着実に成果をあげている。

三河島の「かんかん森」は集合住宅だが、食堂、作業場、野菜の菜園テラスなど、共同で利用できる分かち合い空間をもち、役割分担して食事や修理などを行う、ゆるやかな共同生活をしている。

このようなコレクティブハウスは、関東地方で現在20を超えている。

郊外型ではイギリスのウエールズにあるエコロジーの総合施設「ＣＡＴ（代替技術センター）」がすばらしい。ピーター・ハーパーはさまざま自然利用のアイデアで、世界の自然共生型の技術を牽引している。２０１３年には専門学校も建設し、環境問題の教育拠点として、大きく飛躍をしようとしている。

一方、日本の里山や田園地帯の歴史的集落では、人の構成や数が少なくなったことをあえて看過すれば、桃源郷のようなエコビレッジであると言ってよいだろう。そこに住む住民たちはエコビレッジであることを意識していないし、近代化から取り残されているように錯覚しているケースもある。そうではなく、住民が「自分たちが主人公であること」を意識し、外部から浸食され続ける地域経済から、暮らしと共生するような仕組みへの変革を考えれば、将来のエコビレッジのモデルともなることと信じている。

BEDZED(Beddington Zero Energy Development)

2002年、建築家のビル・ダンスターはピボディ・トラスト社の開発するロンドン南部ウォーリントンに100戸の集合住宅(分譲・賃貸・オフィス)を完成させた。バイオ燃料電池による発電システム、高気密・高断熱のパッシブ型躯体性能、自然換気による熱交換、雨水や排水の再利用を実現。南面の外壁や屋根に建材一体型のソーラー・パネルを設置し、電気自動車を導入。コミュニティで助け合う保育園や家庭菜園、電気自動車のシェアリングなども実践している。

CAT(Center for Alternative Technology(代替技術センター))

ピーター・ハーパーは1974年、持続可能な新しいテクノロジーとライフスタイルを展開する自給自足をめざした共同体としてCATをはじめた。その後一般向けの教育センターとして多数の訪問者を受け入れ情報提供を行った。現在は、調査・研究、出版、高等教育、初等教育に力を入れている。写真はCATの入口にある水力ケーブルカー。周辺から約30m高い敷地には、いくつもの村があり、汚水もバイオマスシステムで処理されている。

KEYWORD

エコライフスタイル② 農のある生活

#55/70

現代に受け継がれるパーマカルチャー思想

低炭素社会におけるライフスタイルとして、農のある生活が提案されている。エベネザー・ハワードは、1902年に「明日の田園都市」を提案した。都市と田園の一体化により、職住近接や農のある住宅地でコミュニティを運営する自立型の理想都市をつくること提案したのである。この理念によってレッチワースやウェルウィンというロンドン郊外の都市は開発され、そこにイギリス人の都市に対する理想を見ることができる。

都市の人口増と過密化によって、都市の理想的な密度は失われていった。効率化を求めて、機能によるゾーニングを都市計画として行われるようになると、この自立型都市は成立できなくなった。

しかし、これからの人口減少と都市の空洞化、農村の耕作放棄地の拡大などを考えると、都市と農村を一体化することを考えることが必要であり、それが可能となる時代が来ると思われる。

都市の空地が多くなるという「骨粗鬆化」した中心市街地の問題は、空地から宅地並み課税を外し、コミュニティの市民農園とすることで、自立型の都市に一歩近づくのではないかと考えている。

エディブルランドスケープという考え方も大事だ。

緑のカーテンなどをバルコニーにつくり、夏の太陽光を遮光する方法は、ゴーヤやトマト、キューリなどの農作物をつくることにつながり、これを建築の屋上から外壁へと拡げていくことによって、農作物を生産する建物に展開することも可能だ。

都市の街路樹も農業生産の場とすることも考えられる。建物内でつくられる、食物工場も生産の場の一つといえる。

郊外の団地も人口減少に悩んでいる。高度経済成長期につくられた大規模団地では、住民の高齢化が進行し、施設の老朽化により空き家化してきた。

これに対し、団地再生のさまざまな手法が考えられている。減築や二戸一という手法で棟数を減らしたり、二つの小さなユニットを合体させてゆとりのある住戸に改修しようというものだ。特定の階を高齢者のグループホームにする方法も考えられるだろう。

広くなった空き地を農地化すれば、農のある住宅地に変身できるだろう。農のある生活空間については1970年代のパーマカルチャー思想*を今後の低炭素社会に応用するイメージを持っている。

パーマカルチャーガーデン

藤沢市にある日本大学生物資源科学部の糸長浩司研究室では研究棟（生物環境科学研究センター）本体から周辺の農園を利用してエコビレッジやパーマカルチャーの技術と実践を主体とした研究を進めている。汚水を植物で浄化処理するバイオテクノロジーや、ストローベイルの自然建物を実際に学生たちの手で建設。研究も世界各地へフィールド調査と幅広くエネルギッシュで、世界中の自然エネルギー、エコビレッジの研究者たちと交流を深めている。1994年以来、福島県飯館村のまでいな村づくりを指導・実践してきたが、2011年福島原発事故以後、放射能の調査を行い、早期帰還の危険性を強く発信、外にエコビレッジ的避難村の建設を提言してきた。

---

*パーマカルチャーは、オーストラリアのビル・モリソンとデビット・ホルムグレンがつくった言葉。地球の人々に配慮する、分かち合う、節度のある消費と再生産――といった原理にもとづく、永続可能な農的暮らしのこと。

KEYWORD

#56/70 エコライフスタイル③ トランジッションタウン

市民が主体となった低炭素ライフスタイル運動

英国では、コミュニティの仕組みとして、パブリック、コモン、プライベートの区別がしっかりできている。とくにコモンに関する意識、共助による管理方式には見習うべきことが多い。

1970年代以降、今まで潤沢にあると思っていた石油がやがて枯渇するという予測にショックを受けた市民たちが、脱石油を目指すピークオイル運動をはじめた。

2000年以降、低炭素社会への道筋が示されるようになると、その社会の実現に向けて、コミュニティは活動を続けた。

イングランド西部にあるトットネス市では、市民が主体となった低炭素ライフスタイルの運動が、「トランジッション（移行）運動」として実施されている。

このトランジッション運動の創始者は、ロブ・ホプキンスである。

2004年、ロブ・ホプキンスはキンセール町でパーマカルチャーの原理をピークオイル運動と結びつけようと考え、省エネルギー・アクションプランをはじめた。これは創エネルギー、健康、教育、経済そして農業などによる持続性のある町づくりに向けたロードマップの第一歩であった。

2006年にホプキンスは故郷トットネスに移転し、トランジッションモデルをつくりあげていく。トットネスに住んだホプキンスは、地域マネーという、コミュニティ内の効率的な取り引きや、ボランティアが利用される経済を生み出している。トランジッション運動は、コミュニティの草の根運動であり、地域コミュニティのグループを育てて、それらのネットワークの価値を高めていく。

トットネスが最初のトランジッションタウンとなってからも、ロブ・ホプキンスによってトランジッションネットワークは発展し、世界の人々が、トランジッション原理を理解し、サポートするように動きはじめた。こうしてトランジッションタウンは広がっていき、2013年までにイギリス、アイルランド、カナダ、オーストラリア、ニュージーランド、アメリカ、イタリア、チリなど43の国、約1130のコミュニティに広がった。

すでに存在する行政の都市計画や、市民の町づくりの運動のなかに、どのようにすれば低炭素型ライフスタイルの構築に向けた取り組みを入れ込むことができるかが課題となっている。そうした意味で、このようなトランジッションタウンのライフスタイルや地域経済の試みにはこれからも注目していきたい。

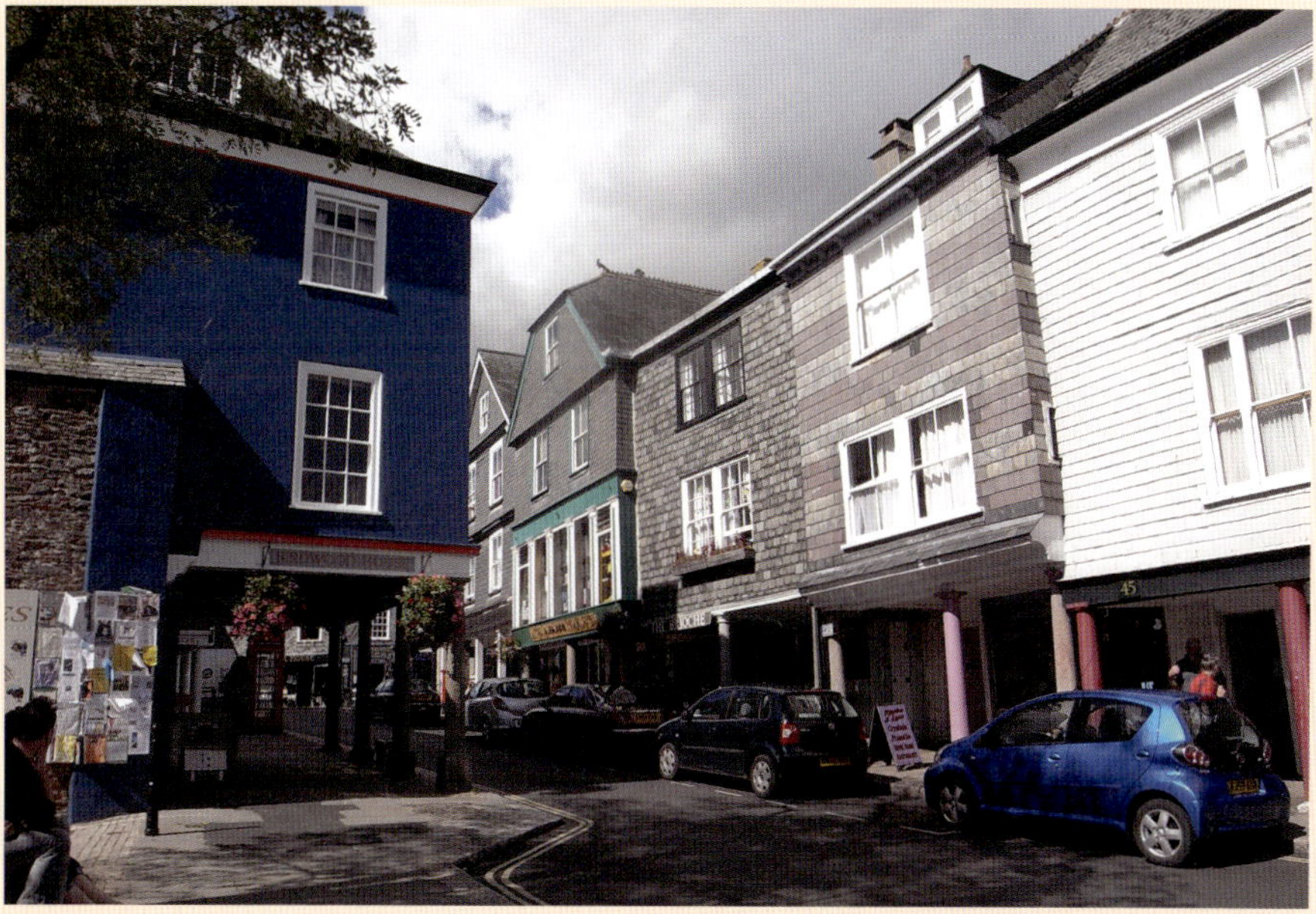

トランジッションタウン、トットネス

トランジッションタウンのトットネスは城址公園が上に広がる丘の町である。商店街がその中心で、トランジッション運動を推進しているいくつかのグループの会議室も商店街の2階にある。家の断熱や気密を修理するグループ、食べ物をいたるところに植えようとするグループ、精神的安定や健康の指導をするグループ、地域経済と通貨を考えるグループなど、常に活動と議論が絶えず行われ、次の展開が話し合われている。

トランジッションタウン、トットネスのスーパーマーケットの壁には、次のような言葉が貼られていた。

「あなたのボイラーを断熱ジャケットで覆えば、年間150kgのCO2削減ができます」

「毎年82㎢の包み紙がゴミ箱に捨てられています」

「欲望を少なくすれば幸せになれます」

ほかにも、屋根へのソーラーパネルの設置など、さまざまな省エネライフスタイルの呼びかけがコミュニティの手で行われている。

KEYWORD

エコライフスタイル④ 高齢者ケア

#57/70

2050年、人口の4割を高齢者が占める

公助としての高齢者ケア施設や保育園などの社会的インフラが、人口縮減による自治体の予算不足から、十分な施設経営に対する補助金支援が少なくなる時代がまもなくやってくるだろう。

高齢者に対し、厚生労働省は、施設ケアから在宅ケアへと2005年ごろ方針を変更したが、この政策も施設ケアを求める待機者の増加で破たんしそうだ。

ショートステイだけは施設増加を承認するところから、ショートのロング利用といって、ショートの期間が切れると1日外部に出て、次の日からまたショートというロング利用が常套化している。施設ケアはまだまだ必要なのだ。

また、高齢者単身世帯も増加しており、孤独死なども社会問題化するようになってきた。

高齢単身者は個人としてのプライドも高く、自立志向も強いため、認知症を自覚することも少なく、単身での生活を守ろうとすることが多い。

2005年と比較し、2050年には生産人口が60％から50％に減少し、65才以上の高齢者は20％から40％にも増加することが予測されている。

人口縮減と高齢化比率の課題は「ケアー被ケア」の関係によってより深く理解できる。

土浦市の場合、2005年には6万人いる就業者が、2050年には4万人に減り、その一方でケアされる人口は6万人となり、高齢者がその半分を占めると予測される。

そうなった場合、労働人口の負担を2倍に増加させることができない限り、公的な（税金での）市民サービスが現在と同様にできるとは思えない。

対策としては、たとえば、年金などの高齢者ケアを開始する年齢を65歳から70、75歳へと引き上げたり、あるいは、労働人口を増やすため、欧州のように移民に頼る政策を導入するなどの方法が考えられる。

また、女性の就業環境の改善も必要であり、保育施設等へのインセンティブ政策による改善が期待される。

どんな方法を選ぶにしても、社会福祉政策のコンセンサスを国民から得ることができるかが、大きなカギとなる。

いずれにしても、人口減少とGDPの縮減は覚悟せねばならない。すべてを公助という、シビルミニマム政策に頼ることは難しくなってくるだろう。

そのタイムリミットが近づいている。

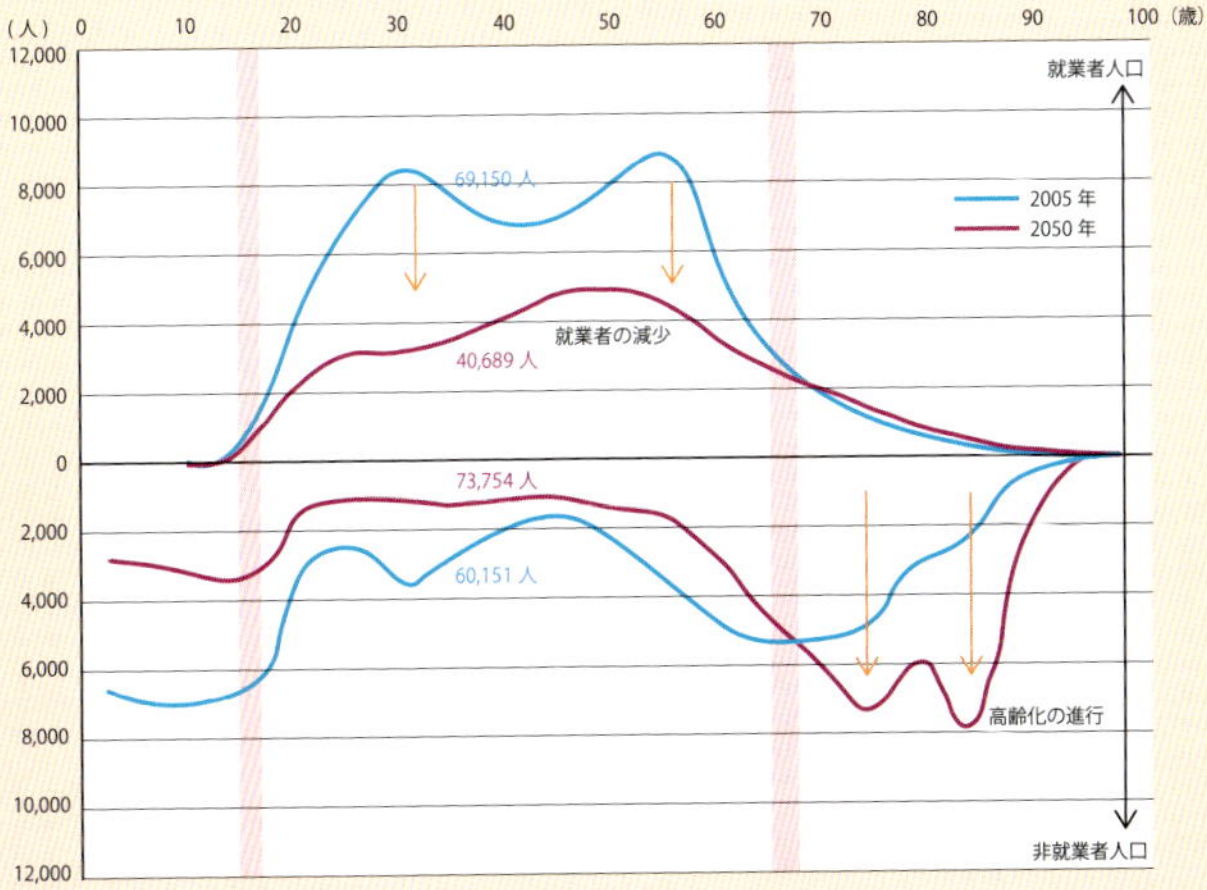

ケアー被ケアの構図により、人口構造を分析する。中心をゼロとして、上側は公的にケアするグループすなわち税金や年金を払うグループ（主に労働就業者）で、下側は公的にケアされるグループ（左から子どもたち、社会的弱者、主婦、産休などで一時休暇をとる女性、病弱者、高齢者等）を示している。ケアされるグループに対しては、公的なシビルミニマムの原則に従って支援していかなければならない。

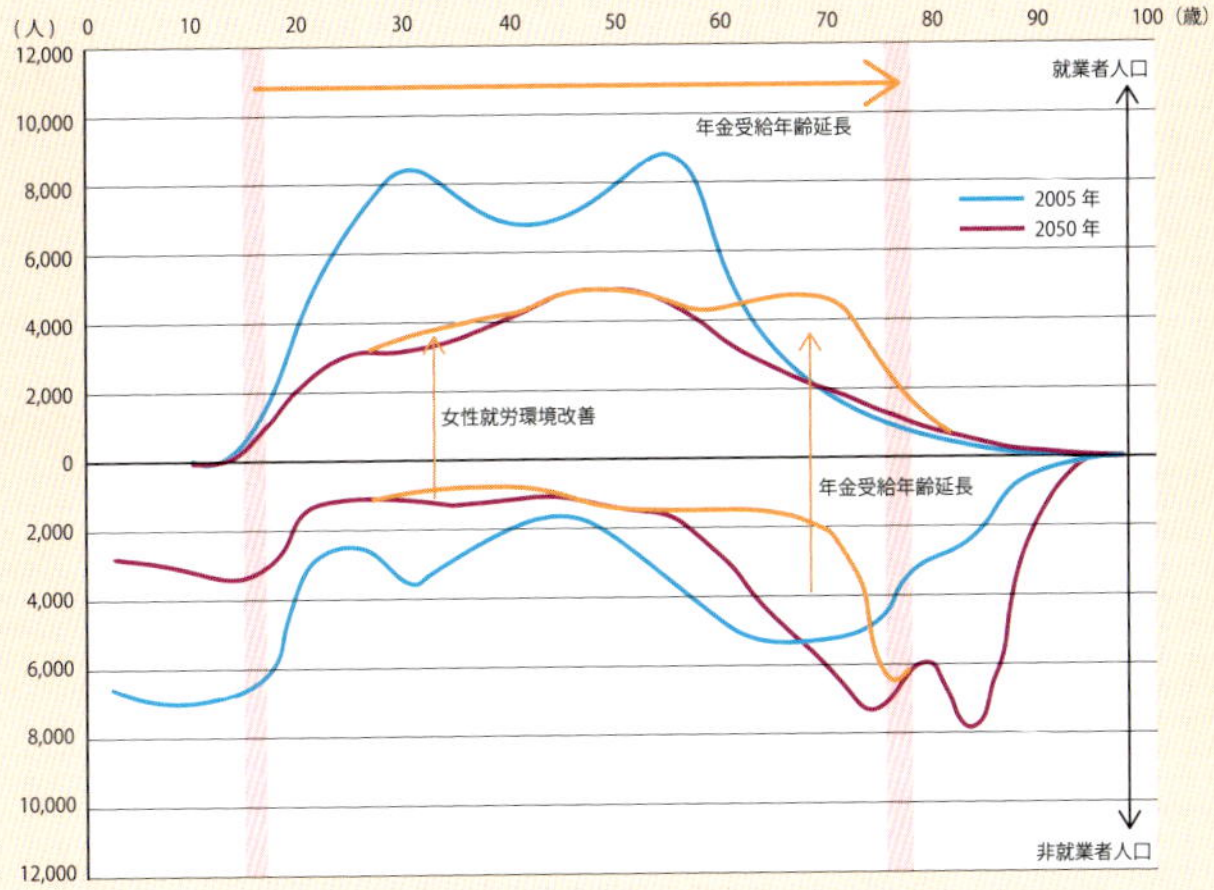

出典：「低炭素社会の理想都市実現に向けた研究」日本建築学会

2050年には、2005年と比べて、労働人口が60％から50％に減少し、高齢者が20％から40％に増加する。公助の危機に対する対策としては、年金受給年齢を高める、年金支払い年数を多くする、労働人口を移民で補う、女性の就労環境を改善し、出産後も復帰しやすくする、保育園その他の乳幼児の受け入れ環境をよくする、などが考えられる。あるいは共助のコミュニティで分かち合いする環境をつくるか、いずれにしてもコミュニティレベルでの議論が欠かせない。

KEYWORD

#58/70 エコライフスタイル⑤ 分かち合い団地

人々が公共に頼らずとも生活できるように

公助としての公共の予算が少なくなる時代には、共助・自助の方法がおのずと必要になってくる。

共助としてのコミュニティで、お互いを見守り、分かち合う社会になると考えておくべきだ。

京都大学教授の広井良典氏は、「定常化社会＝持続可能な福祉社会」を提唱し、分かち合いの社会がこれからの持続可能な社会にとって必要だという。

個人は単身住宅に住んでいて自立していてもよい。

女性が社会に復帰しても子供をみんなで育てることができるコミュニティがこれからの社会では必要となるのだ。

そこではエコビレッジのように、道路や下水の整備もみんなが力を提供して共助で行うことが必要となる。

長野県下條村のように税金を安く、子どもたちの医療費や教育費を多くして住みやすい村をつくりながら、インフラのメンテナンスは村民がみずから労働力を提供する仕組みが必要となるだろう。

それではどんなイメージの社会が考えられるだろうか。そのためには前述（#54）した、小矢部育子氏のコレクティブハウスの実践経験が役に立つ。

コレクティブハウス「かんかん森」（東京都荒川区）は集合住宅タイプだが、筆者は戸建て、タウンハウスなど、もう少し地方の自然と共生できる分かち合い団地を想定している。

2010年代のはじめ、豊田市で地場工務店と議論をした。一人暮らしの高齢者が多くなり、それまでの大きな家を手放して小さな家に住み、その差益を老後の生活にあてたいという人たちが多くなっていると聞いた。

そういう人たちが、公共に頼らなくても生活を維持できる方法として、分かち合い団地が意味を持ってくる。

コミュニティの中心にはみんなの家があり、そこで食事することができる。気持ちよい露天風呂があり、図書室でゆっくりくつろげる。母子家庭の子供を高齢者が預かる託児室もある。作業室ではものづくりが可能だ。庭で食べる野菜をつくり、エネルギーもできる限り自給自足をするのが原則だ。

助け合いを強要するようなことにならないよう、地域通貨のような、トランジッションタウンで行われているような自立型経済の仕組みも必要になってくるかもしれない。

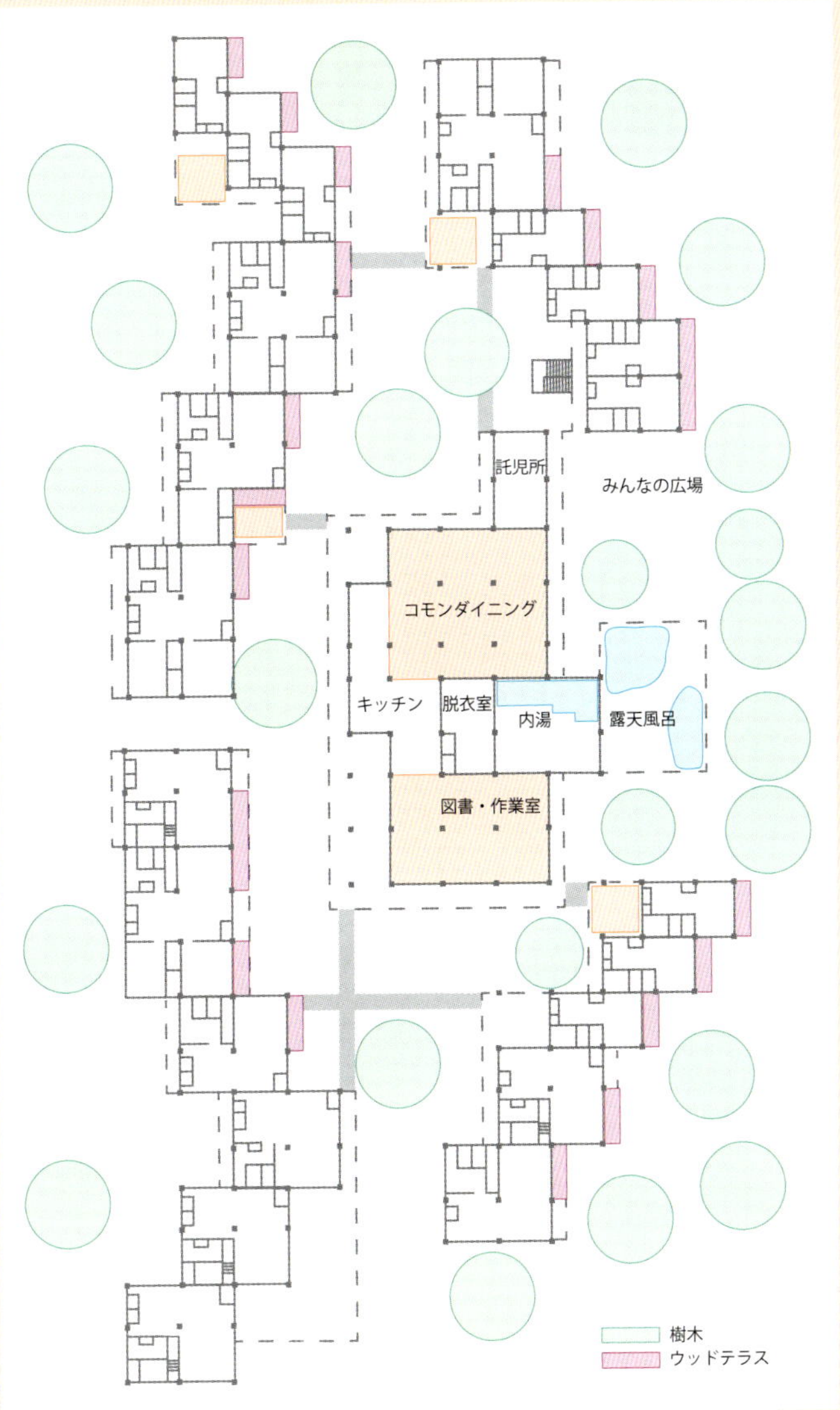

分かち合い団地モデル図

人口縮減社会で公共の高齢者や女性支援が難しくなる社会において、コミュニティで分かち合う社会を考えよう。20～30戸の集合を1単位とし、土地は共有で区分法に基づく財産区分である。道路率は小さくして公共負担部分を少なくし、内部は露地の歩行者空間で、インフラの維持管理は住民が共同で行う。家は戸建ても集合も可能。独居高齢者などは長屋形式のタウンハウスが接地性高く望ましい。高齢者も分かち合い、助け合いの暮らしをし、孤独死などを生み出さない住民相互が信頼し意識しあう団地計画である。農園もあり、農地並み課税で固定資産税は安くなる。中央のみんなの家には、コモンダイニング、共同浴場(露天風呂付)、図書・作業室、託児所などが必要で、コミュニティの議論で設定する。

［2050年への低炭素社会を支える自立循環型の都市づくり］

KEYWORD

木造都市① 第五世代の木造建築 #59/70

自然共生型の空間づくりに適した第五世代木造

1960年代、安価なアメリカ産米松などが大量に輸入されたことにより日本の木造建築は大きく変化した。

当時のアメリカでは、サンフランシスコ湾北側のシーランチ別荘地で、ローレンス・ハルプリンにより自然な造成設計が行われ、ウイリアム・ターンブル、チャールズ・ムーア、ドンリン・リンドンなどが、米松の厚板を使って、海からの風を避ける斜め屋根など、スーパーグラフィックのある自由な空間をつくっていた。

このアメリカ由来のバーンスタイルを日本に紹介したのは納賀雄嗣氏で、ツーバイフォー工法の導入に伴う形であった。これを木造の第一世代とする。

その後米松は、住宅より大きなスケールで、商店、ホールなどにも利用されるようになる。大きな幹回りの米松で、「那須友愛の森」(中村勉設計)など、中大スパンの空間がつくられた。これを第二世代とする。

第三世代になると、無垢の木造から、集成材というエンジニアリングウッドの時代になる。30㎜程度のラミナという板を乾燥させて、強度を測って重ね、必要な厚さと長さに成型した集成材は、6m以上の長さの梁、柱を必要とする中大スパンの構造に利用される。

この工法は、乾燥設備とヤング係数を確認しながらカット、集成していく工程が分かりやすいため、各地で集成材メーカーが生まれていった。現在でも多くの中大スパンの建築がこの工法でつくられており、木造建築の代表といえる。

第四世代は、LVL(ラミネイテッド・ベニア・ランバー)やPSL(パラレル・シュトランド・ランバー)のような歩留まりのよい、強い集成材の時代である。

第五世代は、東京大学教授の稲山正弘氏がはじめた。それまでの木構造が鉄骨と同じ考え方で接合部を金物のプレートとボルトで締めていたのに対し、木本来の性質を利用した、めり込みによる力を伝えるジョイントを採用した木造建築である。

木のめり込みによる構造形式は、卍固め構造、支点桁構造などのジョイント形式を利用し、それらをスリーヒンジや天秤梁形式で中大スパンの構造をつくるものである。学校や事務所などの施設に適した構造として研究が進んでいる。

第五世代は、無垢材を利用し、歩留まりもよく、スパンを4m以内にすれば集成材を利用しなくてもすみ、コストも安くできる。自然共生型の空間づくりにはたいへん適している。

第五世代木造の諫早市立森山保健センター（中村勉事務所提供）

元森山町田中克史町長は田園都市を理想とし、江戸時代の諫早干拓地に美しい伝統を重んじる町並みを構想した。ここに公園と町役場を含む情報・保健複合施設を構想。コンペで中村事務所が選出され、多良岳を北に望む軸線の東に保健センターを第一期として建設。地域に伝わる小断面の木材で大空間をつくる「錣屋根（しころやね）」の考え方を取り入れた。県産材の補助金のため、長崎の材木調達可能性を調べた結果、住宅部材しかなく、構造の稲山正弘氏は梁部分は105mm角-4mの長崎県産杉材を使ったトラス構造を基本とした。接合部は木と木を組み合せ、大工の技術で仕上げる伝統構法を採用。部材は黒く塗り、引き締まった空間を実現した。

KEYWORD

木造都市② 木造都市への試行

#60/70

木造都市を実現するための安全性について

現在、日本の木材自給率は約30%である。2012年からFIT（再生可能エネルギー電力固定価格買取制度）によってバイオマス燃料の利用が増えたことが大きい。カスケード利用（木材のカスケード利用とは製材を建材として利用し、端材をエネルギーに利用すること）により、木材加工の際に派生する端材をチップに利用することなどを林野庁も推進している。

しかし残念ながら国産木材の需要については、法正林（145頁註参照）の思想からは大きく外れ、建材利用という形では、各都市でおよそ5分の1程度しか伐採利用されていないという現実がある。

一方、木造の耐久性はこの20年間に大幅に増加した。

1990年代の後半に集成材が開発されると、準耐火構造という、耐火性能をもった木造方式が開発され、学校や体育館、商業マーケットなど中大スパンの構造に準耐火構造が採用され、木造建築が大幅に増加した。

2010年には筆者も協力した、木造で公共建築をつくる法律も施行され、これまで2階建てまでとされていた学校建築が3階建てまで可能となった。

それ以前の木造に関する法律は戦前からの基準をもとに3300㎡の学校が火災にあったりした経験も踏まえて1951年に制定されたものである。

さらに1955年には戦後の復興と人口増を背景とし、日本建築学会も耐火性能を求めてRCを奨励した。

前述したように、現代の木造技術は耐火性能を克服できるようになってきた。欧州では木造耐火の方法が時間耐火の考え方で進められ、プラスターボードによる耐火仕様も含めて、スウェーデンのストックホルム郊外には8階建ての集合住宅都市もつくられている。

今後、高齢者福祉の施設が1階建てを2階建て以上に、幼稚園も1階建てを2階建てにするという考え方も実施されることになるだろう。

病院は木造2階建ても可能である。病院より充実した避難訓練を行っている高齢者福祉施設が1階建てしかできないのは矛盾している。

同様に、保育園では上層階でも可能だが、幼稚園の活動室は1階しか認められない。この点は幼保一体化の流れを受けたこども園などの施設で問題となっている。早急な規制緩和が求められている。

木造3階建て校舎を実際に燃やす実験で、安全を検証

2015年6月1日より、建築基準法の改正で、これまで3階建て以上は耐火建築物にする必要があったが、一定の延焼防止措置を講じた1時間準耐火建築物であれば、建築することが可能になった(法27条)。

法改正にあたって、2013年10月、木造学校の実際の規模の建物の火災実験が行われ、安全性が検証されている。

出典:国土技術政策総合研究所ホームページ
(http://www.nilim.go.jp/lab/bbg/kasai/h23/top.htm)

実験ではまず、出火室で点火し、火源は成長して火炎は天井に到達したが、約10分で自然鎮火した。そこで出火点の近くで燃えてしまった可燃物を入れ替え、同じ位置と方法で再点火した。

その後、火源は成長し、再着火後約46分で室内温度が450℃に到達。再着火後約47分に室内温度が急激に上昇し、室内全体に延焼拡大した。(①)

再点火後およそ70分で3階オープンスペースに延焼。3階に断続的な散水を開始した。(②)

再点火後2時間をすぎてから消火開始。実験終了後も倒壊はしなかった。(③)

木造都市(スウェーデン、ストックホルムのハマビー地区、ベクショー市)

ストックホルム南東部のハマビー地区は、ゴミを地下真空トンネルで回収し、2050年までに温暖化ガスゼロの目標をたて、ごみ燃料化などの低炭素街のシステム手法を海外に輸出し、"3つ"の次世代インフラづくりで雇用を創出するなど、汚染された工業都市を低炭素型知識産業都市に改造した。そのなかで木造高層住宅に取り組んでいる。南のベクショー市は積極的に木造都市を推進し、高層木造住宅街を建設している。写真はハマビー地区の木造住宅。

［2050年への低炭素社会を支える自立循環型の都市づくり］

KEYWORD

木造都市③ ティンバライズ運動

#61/70

木造の素晴らしさを活かした設計のために

東大教授の腰原幹雄氏や元東京電機大講師の八木敦司氏などがＴＩＭＢＥＲＩＺＥ運動として木造都市を提案している。２００９年に青山スパイラルで行われた最初の「ＴＩＭＢＥＲＩＺＥ ＴＯＫＹＯ展」は非常に衝撃的な展覧会だった。表参道を木造都市にするという強烈な主張に参加者たちは感動した。すぐにでも木造都市が実現するように思われた。

２０５０年までに実現すべき低炭素社会にとって、木造都市は、ストック社会と同様、もっとも重要なテーマだ。

低炭素社会の基本はＬＣCO_2（生涯CO_2排出量）の削減である。木材は炭素が内部に固定されているため、ＬＣCO_2が少ない。ＬＣCO_2の大きなセメントや鉄鋼の使用を少なくし、循環型の材料である木材を基本的材料とすることが重要だ。

また、持続可能性社会における計画的な循環型運営では、森を健全に運営することを前提に、地場産の木材によって建築物をつくることが重要である。

木造都市には解決すべき課題もある。密集した街区を木造でつくるなら、耐火性能、防火性能などの防災性能が求められる。そして長期間の耐久性を確保するために、腐朽菌がつかない壁体内部の空気の流れなど、適切な設計手法などが必須となる。

１９９０年代に入って、集成材によって準耐火構造とする、燃えしろを必要な断面より厚く設計する方法が開発された。乾燥木材によってつくられる集成材は、10分につき６㎜のスピードで表面が炭化されていく。このことを利用して、30分耐火では25㎜、１時間耐火では45㎜厚の燃えしろを付加する手法である。

ほかにも、木材のなかに鉄材を封入したり、モルタル層を入れたりする耐火木材が開発されている。ただし、これらの工法は、特殊な製造工程を必要とすることや、現場で変更しにくいことなどから、一般への普及は難しいと思われる。

木材を15㎜厚の石膏ボード２枚で囲って耐火性能を確保する手法は、アメリカ由来のツーバイフォー工法の耐火構造として認定され、欧州の木造はこの方法が多い。

しかしこの手法では、木質感のない室内空間となってしまう。鉄骨造ともＲＣ造とも変わりがないことになり、木造のよさを生かした設計とはいえない問題がある。

時間で規制する準耐火木造構法に、避難が安全に行われることを加味して基準をつくることが、もっともよい方法ではないかと思っている。

上はティンバライズ運動で表参道周辺を木造都市に変える宣言をしたときのイメージパース。「これが木造でできるのか」と衝撃を与えた。その後ティンバライズ運動は矢吹町災害公営住宅や下馬の集合住宅など、具体的な実践を示し、間接的だが新木場の木材会館や大阪の木材会館などに影響を与えている。（CG提供：NPO法人team Timberize）

矢吹町中町第一災害公営住宅

（S-K-Yクハラヤギ設計＋Team Timberize）

共用廊下とベランダの床と庇に120mm厚板集成材を採用。振動防止のための柱材、手すりの防雪板や一部の外壁に木材を使用し、水平垂直に木材が重なりあった特徴的な景観に。木造3階建て準耐火建築。木造が苦手とする遮音に対し、乾式遮音二重床の開発で克服した。（出典：TeamTimberize HPより）

下馬の集合住宅

（KUS一級建築士事務所＋Team Timberize）

主体構造を一般被覆型耐火部材による木造軸組工法とした1時間耐火建築物の集合住宅。集成材の柱とフラットスラブが鉛直力を支え、外周を覆う木の斜め格子が水平力を負担し、居住空間を柔らかく包み込む。都市部に建つ、新しい「木」の建築を提案している。（出典：TeamTimberize HPより）

［2050年への低炭素社会を支える自立循環型の都市づくり］

KEYWORD

木造都市④ 気候風土型自然共生住宅 #62/70

低炭素社会の建築思想をリードするモデル

伝統木造住宅と自然との関係は深い。自然のなかで、心安らかに暮らしたいという人々は、伝統木造住宅の理念に共感し、自然の材料に囲まれて生き、エネルギーについても自然のものを利用することがもっとも自分に素直な生き方だと感じている。この価値観は、2050年に目標とする低炭素社会の価値観に通じている。

近代化がもたらした大量生産・大量消費社会、資源枯渇、機械依存型社会、縦割り社会、個人社会と、それによって生じた二酸化炭素の増加による地球温暖化に対して、これを低炭素化するために、これまでと同じような技術に頼ってしまうと、二酸化炭素を増加させることになる。

これに対して、低炭素社会型の価値観は、「となりのトトロ」に描かれたような世界を理想とする、自然との共生、自然再生可能エネルギー利用、最小の消費・もったいない精神、循環による資源利用、人間の知恵による意志復権、人間的空間の復権、縦割りゾーニングから横串、複合化、分かち合い型の社会復権といった意識を持つ。この価値観が、これからの社会を導く。

日本の伝統木造住宅は、地域の自然に適応し、最終的に自然に還る素材でつくられる建築であり、低炭素社会の建築の思想・姿をリードする基本モデルである。

2012年に国交省、経産省、環境省が共同で設置した「住まいと住まい方推進会議」で、2050年までのロードマップが決められ、住宅への義務化適用は2020年までに、となった。筆者はこの基準では伝統木造住宅など日本の歴史的住宅文化は存続できなくなると忠告した。その結果、基準に適合できない地域型住宅について例外3の規定が作成された。地域の気候風土に応じた住まいづくりの確保の観点から所管行政庁が認定基準を考えることとなった。

この問題に関し、日本建築家協会と建築士会連合会では、伝統木造の実務者たちと研究を行い、省エネに代替する価値観を加えて評価するオフセット法や、約束した一次エネルギーをライフスタイルも加えて守り、超えた場合にはペナルティとしてのエネルギー税を支払うキャップ法などの評価手法を提案した。その後、2016年3月には、国交省との再度の検討により、所管行政庁が地域の気候風土に適した住宅と認定する基準づくりがはじめられようとしている。

土佐派横滑り御免の家（設計：山本長水）

山本長水氏は土佐派リーダーの一人。林業の家に生まれ、近代建築を勉強し、土佐に戻って上田堯世氏ら６人で土佐派の勉強会をはじめる。雨の国、湿気の国で戸建て団地をつくる。土佐派の掟となるのは、土佐漆喰と杉材、５寸の切妻屋根、いぶし桟瓦、土佐和紙の障子紙、５寸角の５m低い通し柱などだ。長水氏は常に課題を見つけ、通風や換気に心をくばり、さらに省エネ化に対する断熱材の入れ方など、新しい課題に対して創意工夫を行っている。この家も土台下の基礎石を二重の御影石とし、地震時のすべり支承として水平力の分散化を図っている。1mモジュールのおおらかな空間づくりと、包容力のある氏の人柄で、地域のリーダーとして尊敬されている。

水俣エコハウス（設計：古川保）

古川保氏は熊本で活躍している建築家。材料の商社での修行をもとに、山の木を設計の間に施主と見学し、選んだ材木を買ってもらって製材に回し、理解を深めたうえで進めるプロセスをとる。構造の限界耐力計算まで自分で行い、伝統木造のめり込みの結合部もきちんと理論的におさえる。水俣のエコハウス設計では全国のエコハウスが近代的な手法で高断熱高気密に走るなか、伝統木造の技術の継承、伝統木造の「足るを知る」思想を基本に、単なる省エネだけでなく、材料の生涯CO2排出量を少なく、地場の材料、職人など、伝統木造の存続を意図した設計に取り組む。省エネ基準を守る動きに対し、筆者や篠節子氏らと伝統木造の認定の最前線で実務者のリーダーとして国交省との折衝にあたった。

［環境建築の視点から見る伝統木造のあり方］

KEYWORD

#63/70 木造都市⑤ 伝統木造住宅の特性

地域の自然素材を使った木造建築の実力

伝統木造住宅は、地域の自然素材である無垢の丸太や製材した木材を使用し、木の特性を生かして、日本古来の継手・仕口によって組み上げる、金物に頼らない貫を基本とした軸組構法でつくる住宅である。

環境建築の視点からは、地域の自然材料という$LCCO_2$およびフットプリントの小さな材料を利用し、深い軒や庇で日射を調整し、風通しのよい開放的な間取りを持ち、土や石などを壁や床に用いることで蓄熱性能をもち、土壁では調湿(吸放湿)機能をもつ。

さらに、地域の景観性、地産地消、建設時および廃棄時の環境調和性(LCA的評価)、ゴミを出さない、もったいない精神の循環型社会、気候親和性、メンテナンス性と長寿命性に優れている。

また文化的側面では、分かち合いのコミュニティ文化、職人気質としての文化、伝統的奥ゆかしいたたずまいとしての風景や町並み、そして自然と共存して生きていこうとする自然志向型精神、さらには、自然のなかで健康な生活を営んでいこうという強い志向などがあげられる。

ただし、現代的な省エネ義務化の課題と相容れない部分が生じている。環境建築の観点でほかの工法と比較したとき、気密性能と断熱性能が劣るという側面があるからだ。

土壁の場合、土の乾燥による収縮で木材の柱、梁との間に隙間が生じるため、気密性能を確保できない(C値20㎠/床㎡以上)。その一方で、伝統木造住宅の実務者たちは、壁体の内部を空気が通り、内部に入り込んだ雨水を乾燥させる断面を工夫してきた歴史的技術をアピールする。

断熱性能についていえば、木舞下地の土壁工法は、60~70㎜の厚さが必要であり、十分に断熱材を入れる空間がない。したがって外張り断熱とするしかない。その場合、厚さに限度があり、外皮性能は満足できない場合がある。また、断熱剤の外張りは、構造用合板を柱の外側に張り、その外側に固形断熱材を張る工法が一般的だが、柱の水分が抜けずに柱が腐朽する可能性を指摘する専門家もいる。

断熱に関しては、おが屑を吹き込んだり、固形化したものを利用したり、あるいは、セルロースファイバーやウールなどの自然材料による断熱方法も生まれている。これらの方法は、壁体内に入り込んだ水分を空気の流れで乾燥させることが重要であるとの考えにもとづく。

column

各地の木造建築に省エネの手法を学ぶ

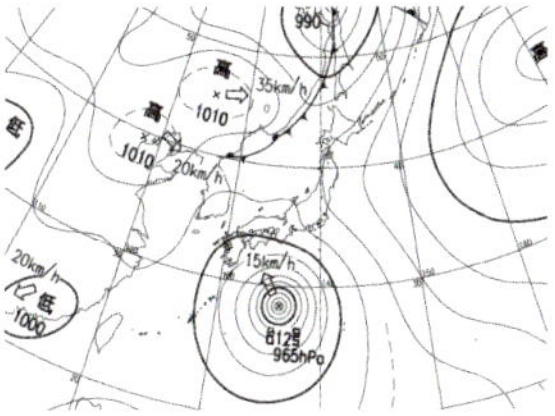

伝統木造の断熱は、地方によって考え方が大きく異なる。

◆断熱の地方性

最先端技術でつくる断熱技術もあれば、たとえば南会津で開発している角ログ（ハウス）の手法のように、木材それ自体の断熱性能を頼りに、210㎜以上の大断面で対応しようとするものがある。

その一方で、伝統木造住宅を日本の技術・技能・文化を継承するものと考え、真壁による土壁の手法を大事に守っている人たちも多い。

こうした手法の違いは、気温、雨量、風など、その土地の気候に対応したものであることが大きい。

2013年から2年間四国・中国地方の建築家たちが、11回の環境建築勉強会を行ってきた。

そこに参加して、たいへん勉強させられたのは、高知県の雨量の多さと、それに対する建築家の考え方であった。

「これが自然、風土への対応という、日本の住宅文化の基本となる思想につながるものだろう」と考えさせられた。

四国の太平洋側に位置する高知県では、猛烈な雨が、横から、下から、強い風に吹き上げられて、家に襲い掛かる。そのため、どんなことをしても水は外壁のどこからか進入してしまうのだという。

◆土佐派の家

「土佐派の家」などは大雨や強風に対する防御の姿勢をよく考えて実践してきた。

土佐派の家というのは、高知県の6人の建築家たちによるプロジェクトチームである。

その主要メンバーである山本長水氏の設計する家は、内側は真壁だが、外壁は大壁（木の柱を外に見せる真壁に対し、柱梁を土や板で覆ってしまう建築手法）とし、水に強い土佐漆喰を用いて、60㎝ごとに小さな瓦で段をつくり、大きな面積でのクラックからの水の進入を避けようとする方法を採っている。白い壁に銀色の線が横に走るデザインも素敵である。

このような工夫をしても、内部に水が入ることを前提とし、入った水が中で滞留しないように、空気が絶えず動いている隙間をつくることが大切なのだ。

また、そこには断熱材は入れたくないという。断熱材を入れる場合は、外断熱として、外漆喰壁の内側にルーフィングなどの防水紙とともに、固い発泡スチロール断熱材を入れ、その外に漆喰壁を入れる工夫が最近の工法となっている。

◆瀬戸内気候の場合

年間2500㎜以上の多雨地域の高知と対照的なのが、瀬戸内海の気候である。

瀬戸内海の年間雨量は800㎜と少なく、乾燥している気候のため、壁や木製サッシの下部に水切りの板金もしないで済ませている。

しかも年間を通じて温暖なため、断熱をする必要はないと考えている。そのため、内外真壁の家も多い。

外側真壁という工法は、屋根の庇が深く出ているか、乾燥地域で外壁にみずからの防護が必要ない地域の場合である。

パッシブ型の環境建築をつくろうとした場合、地域の気候条件をよく把握し、悪条件に耐えられるよう、さまざまな対策を講じておくことが必要である。

そうした対策の手法については、地元でつくられてきた伝統木造建築から学べることがたくさんある。また、木造建築に取り組む日本各地の建築家から重要な示唆を受けることも多い。

KEYWORD

木造都市⑥ 伝統木造の思想

#64/70

伝統木造に関係する人々が持つ共生の思想

伝統木造住宅には、材料、つくり方、設計する人、つくる人、住まう人など関係者のすべてが、低炭素型の価値観を共有しているという特長がある。

材料は自然の材料を使う。最終段階で建物が朽ち果てるとき、自然に還ることが伝統木造住宅の本望である。

ライフスタイルの近代化によってできてきた設備機器に化学物質が含まれることはやむを得ないものもあるが、できるだけ自然素材を利用することを基本としている。

自然素材で家をつくることは、その土地の気候・風土性にあった材料であることも意味している。

つくり方は建物が長持ちすることを基本とする。

土地の気候・風土によってつくり方は異なってくる。

気温・湿度・雨量・積雪・風などが起因する、腐朽菌やシロアリなどの微生物・細菌の繁殖環境をどのように制御することができるかは、その土地の長年のつくり手たちの知恵の集積によるところが大きい。

とくに水との闘いである。外壁が雨水を通さないと考えるか、通すと考えるかで、内部での水の処理は異なってくる。それがその土地の風土に対する、つくり手の応答である。これが一つの伝統木造の特徴である。

伝統木造住宅を設計する人は、地域の四季、日変化、季節行事、コミュニティのならわしなどを理解し、伝統木造住宅のつくり方の基本を押さえたうえで、住まう人の意志、動き、ライフステージ、ライフスタイルを把握し、コスト検討を行う。それぞれ相互に可能性を引き出しながら最適解を導き出す努力を行う。

つくる人は、施主の気持ちに応えようとする設計者の意志にならい、ものの組み立てをていねいに納め、長寿命の建物となるよう仕上げていく。

住まう人は、この伝統木造の住まいの掟を尊重し、自然の変化を敏感に感知して、みずからの意志で応答することが原則である。そして、建物が風土と住み方に慣れ親しむまで竣工後数年かかることを理解しつつ、設計者やつくり手とともに、その建物を次代に引き継ぐ努力をする。

伝統木造に関係する人々が持つ「自然との調和」という共生の思想は、低炭素社会、少子高齢化に対応する成熟社会をつくるうえで、基本となる思想である。

京都、秦家

京都秦家は明治２年(1869)140年前の「表屋造り」の京町家。間口が5間、南側3間半を厨子２階建。２階には額縁付きのむしこ窓を開き、北側１間半は下屋庇付きの平屋建。2階むしこ窓の前に屋根付きの大きな看板を掲げている外観は 下京の伝統的商家のおもむきを残している。表家、玄関棟、住居棟、土蔵(中庭・奥庭を含む)は、京都市有形文化財。秦氏の生活ぶりは質素倹約。冬は2階を閉ざし、下階のみで少ない暖房機で暮らすなど、省エネが高断熱高気密、高効率機器で行うものでなく、人の生活の仕方でも十分可能ということを示している。省エネ基準の気候風土型住宅認定に対し、京都市や京都建築士会では平成の京町屋を進めるなかで伝統的文化を尊重し、ライフスタイルにも可能性を含めた考え方を示している。

第4章

エネルギーを考える

70 KEYWORDS OF ENVIRONMENTAL ARCHITECTURE

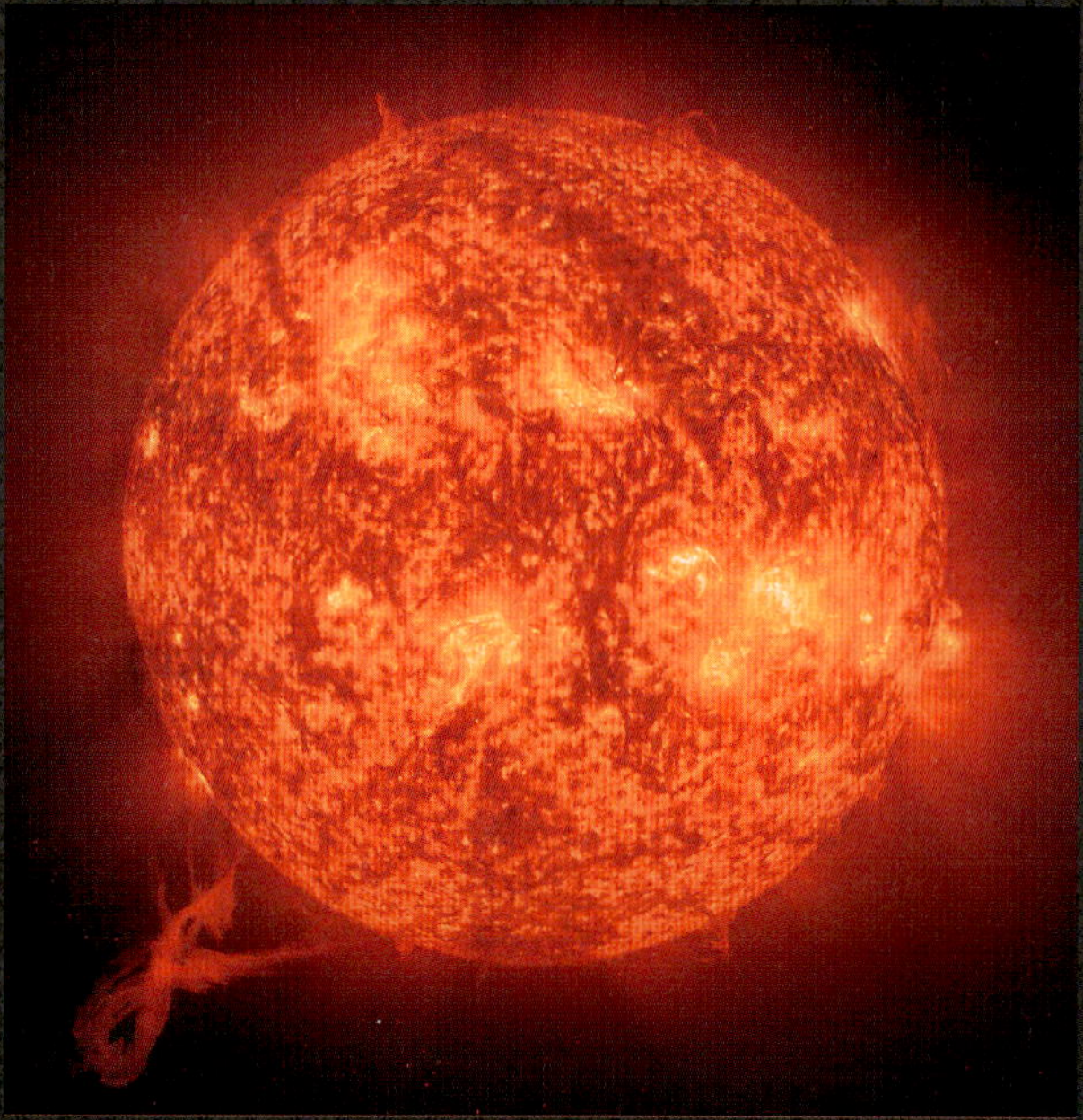

私たちが利用できるエネルギーには、有限なエネルギーと無限なエネルギーがある。

有限なエネルギーの代表は、地底の有機物が数億年かかって化石化した石炭や、石油、天然ガスなどである。

これらの埋蔵量は石油であと46年、天然ガス63年、石炭119年、ウランは69年で枯渇するのではないかといわれる。OPECの石油は枯渇まで20年といわれ、産油国自身が再生可能エネルギーの生産を計画している。石油に依存している世界経済は、崩壊のシナリオにのっているといわれている。

一方、IPCC第5次報告書で確認されたように、産業革命以降、化石エネルギーを燃焼させたことによりCO_2の量が爆発的に増加し、その結果、地球温暖化がもたらされた。地球温暖化は、異常気象や、洪水、食糧飢饉、難民大移動などの地球規模の災害の原因となっている。

資源の枯渇が人類を脅かす一方、温暖化が気候変動により人類滅亡をもたらす可能性もある。その現実認識が必要だ。

一方の無限エネルギーは、埋蔵量が無限という意味ではなくて、使い尽きることなく次々と生み出されるエネルギーという意味だ。地球の自転や太陽・風・水などを使って電力をつくり出すことは、無限エネルギーの利用である。

また、太陽エネルギーによって光合成を行い、酸素を放出しながら炭素を体内に蓄積していく植物も無限エネルギーに相当する。

無限エネルギーは、一般には、再生可能エネルギーという言葉で表現されている。再生可能エネルギーの開発は、過去40年ほどのあいだに進められたもので、その歴史はたいへん短いように思えるが、パッシブ環境建築の観点からエネルギーを考えると、はるか昔から世界中で、人々により利用されてきたともいえる。そして、その特徴は、まだ自分たちが気が付いていない、多くの未開発のエネルギーが私たちの身の周りに潜んでいることだ。

本章では、「どのようなエネルギー利用の可能性があるか」具体例を考えていく。６０００℃の熱を持つ太陽は巨大なエネルギーの塊りだ。絶対零度の宇宙も含めて、人類はまだ十分利用しているとはいえない。水や空気の動きをエネルギーとして活用する水力や風力についても、さまざまな新しい取り組みがはじまっている。潮力発電や、藻などの植物のエネルギー利用、森や里山のバイオマスエネルギーの活用もこれからだ。都市にもごみや排熱、下水熱など未活用な資源がある。エネルギーの分集配を効率化するネットワーキング技術や社会インフラの整備も欠かせない。

地球には開発されていないエネルギーがたくさんあり、開発されていても、仕組みや制度が十分でないため利用できないことも多い。事象を観察し、原理を考え、身の回りの技術でできることを試してみると、たくさんの可能性が見えてくる。

●エネルギー利用の可能性

●植物・樹木
植物や樹木は生育している環境を上手に設計すると、
周辺に日影を落とし、温度差をつくり、
自然の流れのなかでエネルギーに関与している。
伐採した後の利用も、幹から枝、葉の一つまで産業として
利用できる試みを北海道の下川町では行っている。
大きく燃やすことは重要なエネルギーだが、
ゆっくり燃やす炭火の技術には長い歴史があり、
人間の知恵の凝縮されたものがある。
チップボイラーはペレットほど
含水率の管理はできないが、どこでもできる魅力があり、
これを上手に使う技術が求められている。

●バイオマス
森や里山のバイオマスエネルギーの世界は
未開発なことが多い。

●水生植物
水で育つ藻などの植物やバクテリアなどの
エネルギー利用もまだまだ未開発だ。

●空気
地表面には空気があり、この動きをエネルギーとして利用したい。
風力発電はもちろんだが、空気の流れは大きな場所ではゆっくり流れるが、
狭いところでは早く流れる。そんな原理が利用できないか。
また温度差を利用して上昇気流を起こし、
そのドラフト力を利用することも実際に利用されている。

●蒸発
水の蒸発による温度変化も力になれるかもしれない。

●水
地面を流れる水は大河川やダムだけでなく、小河川の小落差を利用した発電や、
ゆったり流れる大河の幅を利用して、多くの小さな発電を並列することも可能だ。

●井戸
井戸水が豊富な所はそれを利用するのがもっとも効率がよいが、
ボアホールという井戸を掘り、
水を循環させて熱を回収する技術はこの10年近くで開発が進んできた。

●海
海にはマグネシウムが無尽蔵にある。
また、海の力は潮力発電として利用できる。スコットランドやスペインの沖では、
大規模な波力発電が行われている。
世界には海峡や島間で安定した潮流があるところが多く、
筆者はこれを利用した潮力発電のアイデアをスケッチしている。波力については、
東大生産技術研究所教授の木下健氏がいくつかのアイデアをもっていて、
筆者もそれに触発されて、どこの海岸の離岸堤でも発電できる装置を考えている。

●太陽
太陽は6000℃の熱を持つ、巨大エネルギーの塊りだ。
このエネルギーだけでもとてつもない量であり、
私たち人間は十分利用しているとはいえない。

●宇宙
宇宙空間は真空状態で、絶対零度（マイナス270℃）の世界だ。
この宇宙空間との関係はまだまだ未利用で未開発である。

●成層圏
成層圏は－50℃くらいの低温層である。
青空に手のひらをかざしてみると涼しい。これを放射冷却という。
手のひらから体温が放射されているのだ。この原理を利用して
冷房装置がつくれたらと考えると楽しい。

●都市
都市にはゴミや排熱、下水熱などのエネルギーや資源が満載だ。

●地中の蓄熱エネルギー
地面の中には太陽熱が蓄熱されている約800mの層があり、
地球上どこでも太陽熱が届く地域では
その土地の年間平均気温と同じくらいの温度を
利用することができるようになってきた。

●マグマ
温泉などのマグマの熱を利用すれば効率は高く、
暖冷房にはもちろんのこと、
低温でも蒸発するアンモニアなどを使ってタービンを回す
バイナリー発電なども開発されてきた。

●砂漠
多くの砂漠は、海だったところが多く、
マグネシウムを多く含むという。

●蓄エネルギー
余剰電力を蓄エネルギーする技術はまだまだ未開の分野で、
海水や砂漠の砂からつくるマグネシウム電池は
カドミウム電池より約6倍蓄電効率がよく、
オーストラリアの砂漠で実験がはじまっている。
このような蓄電池に加え、電気で水を分解し、
水素ガスとしてボンベに蓄える装置も
小さな容量でも可能なだけに、
家庭でのソーラーパネルと一緒に普及する可能性が高く、
これも蓄エネルギーと考えることができる。

KEYWORD #65/70

［エネルギーを考える］

太陽エネルギー

地上で生活、上空で太陽光発電。スカイソーラーという試み

太陽エネルギーは無尽蔵だ。太陽光は地球に1㎡あたり1370Wを放射している。わずか1時間、地球表面に注ぐエネルギー（175兆kw/時）だけで、人類が1年間に使うエネルギー量に匹敵する。

この膨大なエネルギーは、熱利用するか、電気に変換して利用する。

地球に達した太陽エネルギーは、風や波、海流などの運動エネルギーになるほか、海中に熱として蓄熱したり、地表の約800mの厚さに蓄えられる地中熱となったり、樹木などへ届いた光は光合成によりCO_2を吸収、酸素を排出させ、植物を育てている。

太陽光発電協会の資料は、地球上のクリーンエネルギーについて、1秒あたりのエネルギー量を比較すると、

・水力は5億キロカロリー
・潮汐流は7億キロカロリー
・地熱は77億キロカロリー
・風・波・海流は880億キロカロリー
・太陽光は42兆キロカロリー

であり、太陽光のエネルギー量が圧倒的に大きいことが分かる。

太陽光発電では、シリコンの結晶からパネルがつくられる。ウエハーと呼ばれる薄膜半導体をガラスで包み、太陽光を受光した面と裏側の導体の面との間に生じる電位差を集積し、電力として取り出している。

光から電力への変換は直接的かつ瞬間的に行わるため、光が当たっているときしか発電しない。そのかわり蒸気を出さず、化学反応や回転運動もしない。CO_2は排出しないし、燃えカスも残らない。

太陽熱の利用では、市販の太陽熱温水器で約60%の利用効率がある。電気利用は、太陽電池パネルからの場合、一般に11〜12%、効率のよいものは15%、理論値では20%とされている。

日本各地で気候が異なるが、NEDO（国立研究開発法人新エネルギー・産業技術総合開発機構）が日射に関するデータベースをインターネットで公開しているので、シミュレーションすることができる。

筆者は、東日本大震災以降、環境建築家として、太陽光発電に積極的に取り組んでいる。その一つが地上の日常生活の上空にパネルを設営する「スカイソーラー」システムで、広場、駐車場、河川の氾濫調節池などで次々と実現させている。このシステムは、光飽和以上の光は植物の成長に必要ないことを利用し、農業とエネルギーのシェアリングの方向に進んでいる（180頁コラム参照）。

熊谷市奈良川調節地上空ソーラー

2011年東日本大震災にあって、それまで3年間低炭素社会の理想都市を研究していた筆者は、これまで地域間のエネルギーのあり様は何となくおかしな制度だと思っていたが、真剣に考えることをしなかったことを自己批判し、福島浜通りでできる自然・再生可能エネルギーの可能性の検討をはじめた。太陽光発電については、「日本の土地がすべて貴重な資源として利用され、活動のベースになっているところに、直接野地置き型で、人も入れない設備はおかしい」と批判し、上空で発電し、下部で日常活動を行う、スカイソーラーシステムを開発した。2014年、熊谷市奈良川第2調節池上空にその第1号として2.4MWの発電所を設計した。奈良川調節地は年間10回程度灌水する。調節池の浸水高さを考慮し、上空にハイポール型スカイソーラーを設置し、発電と調節池の2つの機能を満足している。

KEYWORD

風力エネルギー

大量にあり、24時間稼働可能で、再生可能

#66/70

かつて風力は、たとえば船の推進力を得るために、帆が利用された。機械的動力を得る方法としては、粉挽き風車のような風車（ウィンドミル）や、揚水や灌漑のための揚水風車（風力ポンプ）が用いられてきた。風力をエネルギーに変換する方法としては発電風車（風力タービン）が利用されている。

風力は、大量にあり、24時間稼働可能で、再生可能で、広域に分布し、クリーンで、温暖化ガスを排出せず、必要な敷地も少ないというメリットがある。

一方、風速は秒速6m以上の場所が望ましいこと、低周波の健康への影響から住宅地から250～500m以上離すこと、企画後風の状況を調査するのに1年かかること、風況のよい、たとえば山上に設置する場合は道路整備などで環境を破壊するなど課題も多い。

2013年、デンマークは風力で3分の1以上の電気を賄った。世界では83の国で風力発電が利用されている。

風力発電の設備容量は2014年6月に336GWまで拡大した。世界の電気需要の4％を風力発電が担っており、その割合は年々増加している。

日本の洋上風力発電は、1999年には世界のトップだったが、その後「コストを考えるなら原発」という方向に押され、15年の空白期間が生じ、現在の普及率はヨーロッパの20分の1以下だ。

東京大学教授の木下健氏や石原猛氏などは、銚子沖、北九州沖の着床式に加えて、いわき沖や長崎五島で浮体式を開発し、建設が行われている。

福島沿岸の風速は毎秒5・5mでも、沖合では毎秒約7・5mで、住民への影響が少なくなるだけでなく、発電量は風速の3乗に比例するので設備利用率が高くなるメリットがある。

風力発電は、東日本大震災以降、風力発電協会や飯田哲也氏らの努力で「北海道グリーンファンド」や「市民風車」などのファンドの仕組みが進み、2014年には全国で約2000基、約2500GWの発電が行われている。

建築に附置する風力発電には1kW程度の小型発電機が多い。また、サボニウス型という垂直の3～4枚の羽根が回るタイプも有効だ。宅地の多い日本の土地利用では300kW程度の中型風力発電が適している。また、ベルシオン風車などの空気が外に広がり、効率的に空気の力を伝える風車は、風切り音が少ない静かな風車であるため、住宅地に設置しても問題が少ない。

海上風力発電所

東京大学教授の木下健氏や石原猛氏は海上浮体式の風力発電を開発し、いわき沖や佐賀沖で実践機を設置した。風力発電は6m/s以上の風が必要で、高度を増すほど安定的な風を求めることができる。一方、低周波音の影響などで500m以上住宅地から離れて設置することなどの条件が厳しく、日本の土地利用ではなかなか実現できない。そこで両氏は海上の安定した風力を利用した発電装置を開発した。とくに浮体式としたところが日本の大陸棚の深さを考慮した設計である。

［エネルギーを考える］

KEYWORD

水力発電

小さな環境世界のエネルギー自給に適している

#67/70

日本では大正時代、農業用水の整備にともない三連水車などができるなど水力利用が発達したが、ディーゼルエンジンなどの普及により廃れていった。

日本の水力発電は、1915年の猪苗代川発電所からはじまった。東京への電力長距離搬送の歴史もここにはじまる。

大正・昭和初期には多くの水力発電所が天竜川などに建設された。

高度成長期には、1956年から7年間を費やし、513億円かけて建設された黒部第四ダムが、33万5000kWの発電量を誇った。

このダムの建設は、関西電力の管轄地域への電力の安定供給と、北陸地方のアルミ加工産業への電力供給を目的としているが、大規模の自然破壊と大量の資金投入にかかわらず効率が悪く、その後は水力ではなく原子力発電の開発が主流となっていく。

揚水発電は上部の貯水池に余剰電力で水を揚水し、必要なときに放流して発電する。この仕組みは、原発が夜間も常に一定に電力を供給するため、需要が少なくなる夜間などに余った電力を利用して貯水する、いわば蓄電池の代わりとして開発された。

当初は、水を揚げるエネルギーのロスが無駄と考えていたが、位相を変えて、電力を高水位に替えることで蓄電になる手法と知った。余剰の時はつくらない方法を選ぶべきと思うが、原発は簡単に強弱を操作できない欠点がある。

水力発電には、他に小河川で行う小水力発電や、落差の小さい大きな川でたくさんの発電機を並べる低落差発電がある。

東日本大震災以降、各地で小さな河川でもコミュニティの災害時用電力を補う目的で導入が相次いでいる。

小さな環境世界でエネルギーを自給しようとした場合、水力発電は有効な方法だ。季節変動はあるものの、太陽光や風力のような天候による変動は少なく、雨天時でも24時間運転が可能である。

小水力発電は基本的に落差エネルギーと水量によるものだが、河川の特性を上手に利用したものが多い。水の流れがある限り連続して発電できるのが特徴だ。小水力発電は1000kW以下のものをいい、小さなものでは農業用水の落差1m位のものから、2〜4m位の開放式の下掛け式のもの、10〜100mの中落差で100kW以上のものなどがある。

福島県浜通りの水力発電の可能性については、180頁コラムで言及したい。

小さな
水力発電所

山梨県都留市	元気くん１号（2006年、開放型羽根式、落差2m、20kw）、２号（2010年、落差3.5m）、３号（2013年、開放型らせん式、落差1m、7.3kw）。
富山県	23か所もの小水力発電がつくられ、約10mwの発電をしている。
静岡県	河津市の公民館では用水路の水を1.2mの落差をつくって70～250wの発電を行っている。
千葉県	千葉県水道局と東京発電会社の協同で設置した妙典発電所（千葉県市川市、出力 300kw）は、浄水場から配水池に水を送るときの水の圧力と流量エネルギーを利用し発電している。

古い
水力発電所
の再生

静岡県伊豆市	伊豆市湯ヶ島の落合楼発電所は1953年にできた老朽発電所。 2006年に再生し、4.8m落差で、100kwの発電を再開した。
長野県	蓼科発電所は、小斉川の農業用水を利用した小水力発電所で、1954年に建設された。 老朽化や維持管理負担問題等で休止していたが、2011年、環境負荷を最小限にした再生工事を行い、低騒音、景観配慮のフランシス型の発電設備とした。 新生蓼科発電所は、最大出力260kw、年間211万kwhを発電している。

都留市、元気くん１号

2004年4月29日の都留市制50周年を記念して、水のまち都留市のシンボルとして、小水力発電の普及･啓発を図ることを目的に、市役所を供給先とする下掛け水車方式の小水力発電所を市民参加型で実施した。市役所庁舎前を流れる家中川(かちゅうがわ)に、最大で20kwの発電能力を有する直径6mの木製下掛け水車を設置し、NEDO（新エネルギー･産業技術総合開発機構）の新技術導入事業（自治体として全国初）として実施した（※都留市HPより）。2009年に行った環境省の全国エコハウス事業で都留市役所敷地内に都留市エコハウスを建設し、市民に協議会を通じてエコハウスの啓発普及活動を行っている。

column

福島からはじめる持続可能性社会②

建築家の福島への提案 太陽光、水力、バイオマス

◆太陽光発電の現在

10kWの太陽光発電システムを設置した場合、全国平均で年間約1万kWhの発電量が期待できる。これは原油消費削減量としては年間約2270リットル、CO_2排出削減量としては年間5.04t-CO_2となる。

2012年から自然エネルギーの固定買い取り制度がはじまった。太陽光を含む自然再生可能エネルギーの普及のために、20年間の高価格での買い取りを固定化し、電力会社は発電者から買い取りを義務づけるというものである。

太陽光では2012年では42円/kWからはじまり、その後36円/kW、32円/kW、27円/kWとなったが、多数の太陽光発電事業者が各地の電力会社に対し、売電を行うようになった。

最終的な目標として約30%の供給比率を目指しているが、2014年末時点で約10%の電力比率にとどまっている。

◆太陽光発電復興案

2011年の福島原発事故のあと、筆者はすぐに復興提案を行い、汚染された農地の上空に太陽光発電を設置して、その売電コストあるいは借地料を原資として、除染や除塩の整備を行い、下部できのこや花卉などの栽培を行うことを提案した。

4回にわたり公的資金の提案募集に応募したが、すべて非採択とされた。当初農水省は、農地上でソーラーパネルを設置することを将来の農業に影響があると認めなかったためである。

2013年から下部の農業が一般の収穫量と比べて80%以上の営農を行う場合に限って認めることに制度変更された。

しかし、3年ごとに確認し、基準値に達しない場合は許可を取り消す方針が付け加えられたため、現実的に3年ごとに取り消されるリスクをもつソーラー発電に融資する金融関係はなく、また、下部の営農の責任が、上部の数倍もの投資をしなくてはならないソーラー開発に影響を及ぼすために、このビジネスモデルは成功しなかった。唯一、下部の農業者が自分で営農しながら上部のソーラー開発を行うような小規模の場合のみ、自己責任で頑張れることから現実的に可能となっている。

◆普及するスカイソーラー

これらのスカイソーラーと呼ぶシステムは、その後、農地以外の土地、宅地、雑種地、河川の氾濫調節池などで、上空や、造成地の調整池、そして駐車場などで実現してきた。また、豪雪地帯の災害時に備えた発電システムとして、会津若松市にも整備されている。

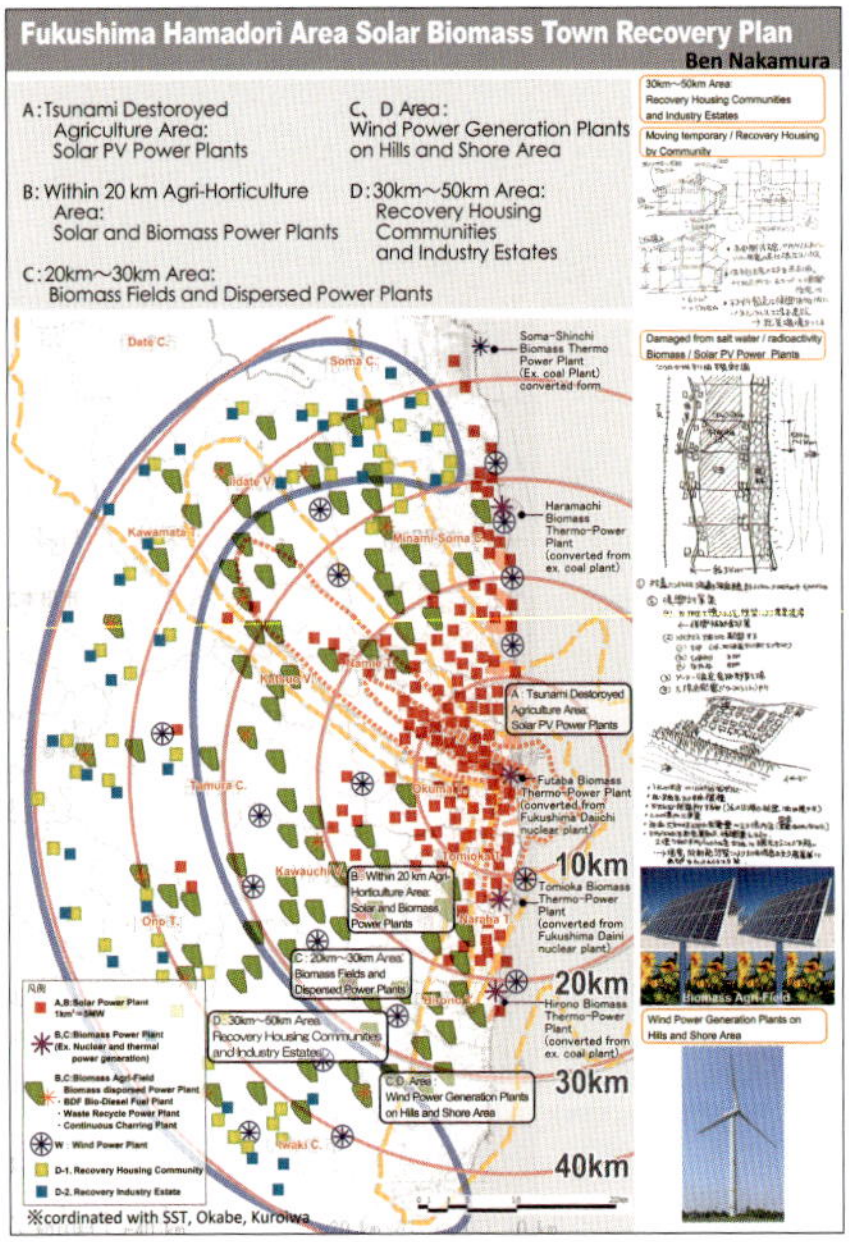

2011年以前は、地域規模の発電を提案することは考えていなかった。自分の設計する建築の屋上に太陽光発電を付随させる程度であった。そのなかでも大きなものはBIPV（建材一体型太陽光パネル）という、壁や屋根材料に組み込まれているものを外壁材として利用するものであった。大東文化大学板橋キャンパスでは、講義棟南面と屋根にシースルー型の太陽光パネル（30kW）を設置した（037頁参照）。

東松山市では、商店街広場上空にシースルー型の太陽光発電パネルで祭事の山車スペースを覆った。これも開放的な空間が雨、雪から守られる空間としてよみがえった。この方式は大和郡山では温室に利用され、小松菜などの葉物の生産には十分な光量を送ることができる。

スカイソーラーは下部での花卉生産や盆栽などには向いている。農業六次産業化など農業への貢献が期待される。

◆浜通りの水力発電

筆者は2011年の震災後、福島県浜通りの溜池、河川、そして農業用水に着目した。

この地は天明の大飢饉の後に、北陸からの移民を受け入れ、富田高慶による報徳仕法という二宮尊徳の教えを継承し、溜池をつくり、治水を行いながら開拓を行った歴史がある。

この溜池や農業用ダムを活用した小水力発電がどの程度可能性があるかを専門家に協力してもらいながら調査した。

浜通りの36河川には、既に19の溜池や農業用ダム、24の水力発電所など多くの利水施設が設置されている。

それでも1000kW未満の小水力発電所の建設余地はまだ十分にある。

発電量は既設水力発電所の常時出力の2割程度に過ぎず、年間1400㎜の全国でも多くない降水量では、灌漑期の発電量も制約されるので稼働率は決して高くはない。

そのため、既得取水量を常時使用することは難しい可能性もあるが、初期投資額を抑制できる既存施設改良による水力発電であれば、採算性を検討する価値は十分にある。

平均出力は324kW、平均有効落差が20mで、概略建設費は1.8億／基、約34億で19基と推定。発電原価は、2.7〜5.4億円で、12.5〜6.75年で回収できる。

溜池や農業用ダムを活用した小水力発電は、あまり効率がよくないことから、ふつうは手を付けないところだが、復興計画に加えてもよいのではないかと思われる。

◆風力・バイオマス

洋上風力発電については176頁で言及したが、いわき沖で建設が進められている。

また、都市廃棄物（ごみ）の利用については、185頁のコラムで言及するが、浜通り全体では年間2.6億kWの発電の可能性がある。

KEYWORD #68/70

バイオマス

日本の木材と木質燃料の可能性は極めて大きい

バイオマスは、太陽のエネルギーを光合成により固定化した植物の炭素をエネルギー資源とするものだ。

森林バイオマスは、計画的に利用すると、自然エネルギーの宝庫となる。ＥＵは「自然エネルギー20％」を２０２０年までに目指す計画だが、その半分は木質バイオマスである。木質燃料の重要性はとても大きい。

日本の森林面積は、オーストリアのおよそ6倍で、ドイツのおよそ2倍、一人当たりではドイツの約1・55倍だ。毎年の成長量は1億７０００万㎥だが、伐り出される量は年間２０００万㎥（およそ8・5分の1）に過ぎない。

木材利用と木質燃料の可能性はとても大きい。各市町村は独自に年間成長量を調べてほしい。現実にはおよそ5分の1程度しか利用されておらず、森は残置森林として放っておかれているのが現状だ。

日本の森林資源を計画的に使い尽くすことができるなら、建築材料もエネルギーも、外から仕入れなくてもよくなるはずだ。

日本の木質エネルギーが伸びない理由は、熊崎実氏（日本木質バイオマスエネルギー協会会長）によれば、

・薪炭の徹底的な放逐（木質燃料は時代遅れ）
・出材料の激減と機械化の遅れ（残廃材なし）
・良質材志向の「一番玉林業」（低質材は放置）
・零細規模の製材業（残廃材エネルギー利用難）

この体質改善が大きな課題だ。

また、バイオマス資源は、広い面積に樹木が生育するため、化石燃料と比較して、資源をボイラーまで集めてくる運搬過程が難しい課題となっている。

その段階でコストをかけたり、CO_2排出を認めると、少ないエネルギーの環境性と産業として成立するための経済バランスが成り立たず、エネルギー販売コストは高くなってしまう。この段階をどうするかが、健全に循環型で持続可能な社会をつくれるかを左右する。

２０１０年からＦＩＴを利用した木質バイオマス発電施設が全国約15か所で約3万５０００kWの発電を行い、さらに40か所が申請をしている。

林野庁の試算では、木質バイオマス発電施設を導入することの、地域への経済波及効果は、送電出力５０００kWの発電所の場合、未利用材の燃料として年間約10万㎥の間伐材等が使用され、約12億円の売電収入（うち燃料代は約7〜9億円）が得られるほか、燃料の収集等を含めて50人以上の雇用が見込まれるとしている。

ウイーン、スピッテラウ焼却場

ウイーン・エネルギー社は1989年の火災後、環境保護に情熱を傾けた画家・建築家フリーデンスライヒ・フンデルトヴァッサーにデザインを委ねた。清潔な電気と温水供給などのエネルギーをウイーン市民に供給しているばかりでなく、廃棄物処理とリサイクリングのシステムを市民に示す展示場、そして煙突上部には回転する食事のできるレストランなどを備えた芸術的で先進的な施設である。フンデルトヴァッサー氏はガウディと並び称される自然派で、市内のクンストハウスなどは氏の環境への憧憬が随所にみられる。

［エネルギーを考える］

KEYWORD

蓄エネルギー技術

低炭素水素製造と蓄エネルギー技術への期待

#69/70

ガス燃料については、液化石油ガス（LPG）、液化天然ガス（LNG）などがこれまで一般的だったが、蓄エネルギーの効果を持つ水素や、バイオメタン、バイオ軽油などが注目を集めている。

水素ガスは再生可能エネルギーに分類するか、有限エネルギーに分類するか迷うところだ。水素ガスは、有限資源からつくられる場合と、再生可能資源からつくられる場合があるからである。

福岡県北九州市では、鉄鋼の高炉、すなわち還元炉からの副産物としての水素を利用して「水素都市」をつくろうとしているが、製造過程で大量のコークスを使用するため、CO2排出量が大きいという課題がある。

再生可能エネルギー由来の、CO2を排出することなく水素を生成する技術についても、風力発電や太陽光発電などを利用して、水の電気分解により水素を生成する方法は、小さなユニットで水素を製造し、昼にボンベに蓄えておくことで、給湯や熱源として利用できる簡易な技術だ。完成が待たれるところである。ほかには、触媒によって水素を生成する方法が東レなどで開発されている。

CO2を排出しない水素の生産方法が実用化されれば、画期的なことだ。

そのほか、微細藻からメタンを生成、発電に利用する研究が筑波大学で進んでいる。また、北海道別海町の牧場汚泥からメタンガスをつくるプラントにも注目している（次頁コラム参照）。

一方、東北大と東工大は、オーストラリアの砂漠で太陽熱炉をつくり、砂漠のマグネシウムを抽出し、マグネシウム蓄電池をつくる実験をしている。

世界の砂漠地帯は太古に海であったことからマグネシウムが豊富で、これを安価に抽出することができればマグネシウム電池の可能性が大きく広がる。マグネシウムはリチウム電池の6倍の容量が可能という。もし現在100km程度の電気自動車の走行距離が6倍に伸びるなら、その利便性は大いに高まるはずだ。

いずれにしても、今後の注目点は、蓄エネルギー技術である。小さなエネルギーは住宅や車に、大きなエネルギーは地域間エネルギー輸送に、またエネルギー種別間のスマートグリッド技術に応用が期待されている。

column

再生可能エネルギーをいかに生産するか?

バイオマスに取り組む先進地の方法に学ぶ

◆北海道別海町

北海道別海町では牧場汚泥からメタンガスをつくるプラントがある。貯蔵タンクの容量に制限があるため、別海町には900もの牧場があるが、牧場汚泥からのメタンガス開発は10牧場規模にとどまっている。今後の規制緩和が望まれる。

◆山梨県道志村

山梨県道志村では、NPOで民有林整備の間伐を行い、伐るチームと運ぶチームをつくり、5千円／㎥で購入し、経営費3千円／㎥を加えて村営浴場のボイラーで道志の湯を経営している。これは間伐作業とエネルギーで循環型社会のモデルとなる実例である。

◆北海道下川町

北海道上川郡下川町は、元は鉱山の町で、1983年に閉山後土地を町が譲り受け、森づくりを始めた。今では計画FSC認証システムができ、森の資源を建材、エネルギー、生活雑器などへ余さず使い尽くすシステムを完成させている。

◆ギッシング市

森林資源の活用に関しては、オーストリア、ギッシング市のバイオマスボイラーによる工業団地誘致の町興しの例は、ドイツ、オーストリアの欧州型バイオマスエネルギーの持続可能性都市づくりへの一例として重要である(144頁参照)。

◆岩手県山形町

岩手県九戸市山形町は、赤松で有名だが、赤松を建材としての利用以外に薪炭の生産を産業としている町としても有名。薪炭利用は、化石燃料以前の日本のエネルギー産業としてはどこでも見られたのかもしれないが、持続可能性の都市づくりのエネルギー方式として、あらためて見直すと大事なヒントが隠されているように思える。

◆茨城県つくば市

栽培植物によるものは、つくば市の研究所で研究されている微細藻の大量栽培によるエネルギー利用が注目されている。微細藻によるCO_2の吸収と酸素の生産、そして微細藻からメタンを生成したり、発電所を構築したり、その可能性について筑波大学の研究が進んでいる。

◆茨城県土浦市

茨城県土浦市は、日立セメントと協働して低炭素社会に向けた循環型まちづくり計画を立案した。セメント会社は廃棄物の焼却灰からセメントを生成する工場をもち、市内の廃棄物の回収については市が担い、再生利用をセメント会社が担うという、官民での取り組みを行う計画である。

◆ウイーン

都市の生活廃棄物も大きなエネルギー資源だ。オーストリアのウイーンにあるスピッテラウ焼却場には、毎日約700tのゴミが集積し、5・5kWの電力生産と、66MWの地域暖房への熱供給を行う。

◆福島浜通り

筆者の試算した福島浜通りのクリーンセンターの発電可能性は、原町で51・7t／日のゴミから5424kWh／日の発電が可能だ。浜通り全体では年間2・6億kWの発電の可能性がある。都市の生活ごみは収集コスト、運転維持コストを利用者が負担しているが、発電による売電利益が利用者負担を軽減できることに加え、再生可能エネルギーとして、エネルギー供給の一端を担う重要な方法だと思う。

［エネルギーを考える］

KEYWORD #70/70

脱原発の将来社会へ

将来における多大なレガシーコスト

東日本大震災で止まっていた原子力発電所の一部がとうとう再稼働をはじめてしまった。

筆者は毎年南相馬市、浪江町の状況を見てきた。そして海外の会議で毎年報告を行っている。「漁師は海を亡くした。農家は田畑や牧場を亡くした。商人は商圏を失った。みずからの意志ではなく。家族は離れ離れになり、コミュニティも別れてしまった。2016年、いまだ13万人の人々が一生をかけようとした仕事もなくし、家族との幸せな生活もなくなり、遠くの仮設住宅に避難している。町はゴーストタウンだ」と。

「チェルノブイリの祈り」を書いたノーベル賞作家のスベトラーナ・アレクシエービッチ氏は2003年に北海道泊原発を視察した。福島原発事故後にこう語った。

「プリピャチ市は、先進的で大変美しい町だった。深夜の原発火事を人々は美しいと見物した。しかしその火は格納容器が崩壊して原子炉が露出し黒鉛が炎上したものだった。人々の被曝は放置され、放射線の恐怖にさらされた。泊で技術者から日本の原発は地震にも耐え、安全だと聞かされたが、それでも福島原発事故は起きた。技術がどんなに進歩しても、人間は自然を征服できない」と。

これは福島原発事故で浪江村民が、線量の高い西の津島地区に向かって請戸川沿いを渋滞の中をのろのろと7時間もかけて避難したのと同じだ。

前述の宿谷昌則教授は、「不安定な原子核を大量に生み出しながら電力を生み出す技術は、人々の暮らしが営まれる建築環境で利用される電力にはふさわしくない。発電能力1GWの原発が丸一日稼働すると、放射性物質が必然的に3.3kg生まれる。これは広島原爆の4倍だ」と語る。

日本学術会議は2015年、廃棄物処分地が決まらないまま再稼働を進める国の姿勢を「将来の世代に対する無責任」と批判し、新増設も容認できないとした。

イギリスウエールズのトロースフィニッド原発は1991年の停止後、廃炉作業が20年経過し、さらに70年の施設解体が必要だ。福島原発事故直後に、日本政府はH社と営業をかけ2013年に新設原発を落札した。福島原発事故後の後始末もできない状態で各国に売り込みをかける姿勢は、歴史で批判され、大きな倫理的負の遺産となるだろう。筆者はアングルジー島の自然エネルギー自立構想を提案した。原発をなくし、小さな環境世界で自立する豊かな低炭素社会への流れを早く進めたい。

column

ホセ・ムヒカ
ウルグアイ第40代大統領

「貧しい人とは、豪華な暮らしを保つためだけに働き、次から次へと物を欲しがる人のことを言うのです」

◆指導者の資質

「私たち、各国の指導者たちは、少数派ではなく多数派のような暮らしをすべきだと私には思えるのです」

「金持ちは政治家になってはいけない。お金持ちではない多数派の人々を代表するという仕事を、裕福な人々がうまくできるとは思えません」

「金持ちは政治の世界では危険です。彼らはビジネスや商売のために身を捧げ、富を増やそうとするものです。しかし政治とは、すべての人の幸福を求める闘いなのです」

◆発展

「発展は幸福を阻害するものであってはいけないのです。発展は人類に幸福をもたらすものでなくてはなりません。愛情や人間関係、子どもを育てること、友達を持つこと、そして必要最低限のものを持つこと。これらをもたらすべきなのです」

「私たちは発展するために生まれてきているわけではありません。幸せになるためにこの地球にやってきたのです。人生は短いし、すぐ目の前を過ぎてしまいます。命よりも高価なものは存在しません」

「若い人には恋する時間が必要。子どもが生まれれば、子どもと過ごす時間が必要。働いてできることは、請求書の金額を払うことだけ。職場と家の往復をするだけに時間を使っていると、いつの間にか老人になってしまうよ」

◆消費主義社会について

「人は物を買う時は、お金で買っていないのです。そのお金を貯めるための人生の割いた時間で買っているのですよ。従って人を雇っている場合、その人の時間で物を買っていることになるのです。経済資源というのはそういう人生の時間を割いたものから出来ているのです」

「現代の超消費主義のおかげで、私たちはもっとも肝心なことを忘れてしまい、人としての能力を、人類の幸福とはほとんど関係がないことに無駄使いしているのです」

「人間はもっとよい暮らしを持つために、ものが必要なのですが、それを達成するために消費と仕事をどんどん増やさなければいけない計画的陳腐化や底を知らない消費主義社会にイエスと言ってはいけない」

◆共存共栄

「苛烈な競争で成り立つ消費主義社会で、『みんなの世界をよくしていこう』というような共存共栄の議論が、果たしてできるのでしょうか?」

「西洋の富裕社会が持つ同じ傲慢な消費を、世界の70~80億人の人達ができるほどの原料が、この地球にあるのでしょうか?」

095 環境建築評価ダイアグラム
(出典:白江龍三)

097 写真:新海良夫/アフロ

099 上下写真:三木光/アフロ

101 上　出典:「森林・林業白書」平成25年度
中　出典:温室効果ガスインベントリーオフィス

103 求道学舎(写真提供:堀内広治氏)

105 写真:HEMIS/アフロ

107 写真:ONLY FRANCE/アフロ

109 NEXT21(写真提供:大阪ガス)

111 NEXT21(写真提供:大阪ガス)

113 アムンゼン・スコット基地の空撮
(パブリックドメイン)

115 出典:日本木材総合情報センター

117 出典:日本建築学会LCA指針(2006年)

119 出典:一般社団法人ウッドマイルズフォーラム

121 出典:建築基準法施行令より

123 出典:建築副産物リサイクル広報推進会議

125 上下写真:坂本照/アフロ

126 写真:GENSAKU IZUMIYA/アフロ

131 出典:中村勉

135 出典:土浦市バイオマスタウン構想

135 出典:東京大学大野研究室

137 出典:東京大学大野研究室

139 出典:「低炭素社会の理想都市実現に向けた研究」日本建築学会

141 七沢希望の丘初等学校
(写真提供:中村勉事務所)

143 キャンドル追悼式
(写真提供:中村勉事務所)

145 上　出典:岸本直彦氏調査報告
下　写真提供:中村勉事務所

147 上　Author: Tom Chance
(CC BY 2.0)
下　写真提供:中村勉事務所

149 写真提供:日本大学糸長浩司教授

151 トットネス
(写真提供:中村勉事務所)

153 出典:「低炭素社会の理想都市実現に向けた研究」日本建築学会

155 分かち合い団地
(図素材提供:中村勉事務所)

157 森山保健センター
(写真提供:中村勉事務所)

159 上　国土技術政策総合研究所
下　写真提供:中村勉事務所

161 写真提供:NPO法人Team Timberize

165 出典:気象庁HP防災情報「天気図」

167 京都秦家

168 写真:スタジオサラ/アフロ

170 写真:Cultura Creative/アフロ

171 写真:ロイター/アフロ

175 奈良川調節地上空ソーラー
(写真提供:中村勉事務所)

177 写真:坂東俊輝/アフロ

179 都留市HP

180 出典:中村勉事務所

181 写真:エムオーフォトス/アフロ

183 Author:Gralo
(CC BY-SA 3.0)

187 写真:Science Faction/アフロ

188 Author:Roosewelt Pinheiro/ABr
(CC BY 3.0 BR)

執筆者

伊藤正利（いとう・まさとし）
主査・全体構成・序章担当
ITO, Masatoshi

イトウ・アーキテクツ・オフィス代表。武蔵野美術大学建築学科卒業。JIA環境会議所属。建築再生総合設計協同組合理事、東京建築士会ストック委員会委員。環境省政策提言等の環境建築の普及啓発活動及び耐震化等の建築物長寿命化に関わる活動を行う。著書（共著）「環境建築ガイドブック」。

白江龍三（しらえ・りゅうぞう）
1章担当（一部）
SHIRAE, Ryuzo

白江建築研究所代表。日本大学大学院理工学研究科修了。JIA環境会議所属。地球の生態系に整合する建築の可能性を模索しながら、建築設計活動を続けている。日本建築学会賞作品賞、JIA環境建築賞、免震構造協会賞作品賞など受賞。著書（共著）「環境共生建築95」、「建築計画を学ぶ」。

近角真一（ちかずみ・しんいち）2章担当
CHIKAZUMI, Shinichi

集工舎建築都市デザイン研究所代表取締役。東洋大学大学院客員教授。東京大学工学部建築学科卒業。JIA環境会議所属。東京建築士会ストック委員会委員長。日本建築学会オープンビルディング委員会委員。大阪ガス実験集合住宅NEXT21、求道学舎リノベーションなどS/I理論に基づく建築実践を続けている。

中村勉（なかむら・べん）　1・3・4章担当
NAKAMURA, Ben

中村勉総合計画事務所代表取締役。ものつくり大学名誉教授。東京大学工学部建築学科卒業。元JIA環境行動ラボ委員長。東京建築士会会長。日本建築学会地球環境委員会委員長。低炭素社会推進会議WG代表主査。2050年低炭素社会・人口縮減社会を研究。環境建築の実践を通じて普及啓発活動を行っている。

出典・画像クレジット

010 写真：佐納徹／アフロ

011 写真：山口博之／アフロ

012 写真：松浦和夫／アフロ

019 上　Author: Isoyan（CC BY-SA 3.0）
下　Author: 663highland（CC BY-SA 2.5）

024 写真：後藤昌美／アフロ

027 写真：曲谷地毅／アフロ

029 大東文化大学
（写真提供：中村勉事務所）

031 上：七光台保育園
（写真提供：中村勉事務所）
下：環境型保育園ダイアグラム
（図素材提供：中村勉事務所）

035 写真提供：篠沢健太氏

037 大東文化大学
（写真・図素材提供：中村勉事務所）

039 上：みなと保健所
（写真提供：中村勉事務所）
下：ヘッジロー
（写真提供：中村勉事務所）

041 太田市立中央小学校
（図・写真提供：中村勉事務所）

043 土浦岩瀬家
（写真・図素材提供：中村勉事務所）

045 上：光浄院／下：ハーン邸
（写真提供：中村勉事務所）

047 上：出典：日本建築学会2009年地球温暖化対策ビジョン
下：七沢希望の丘初等学校
（図素材提供：中村勉事務所）

051 出典：宿谷昌則氏

055 出典：鎌田紀彦氏

057 出典：キマド株式会社

059 莵田野小学校
（写真提供：中村勉事務所）

061 大東文化大学
（写真提供：中村勉事務所）

063 横浜市美園邸
（写真提供：中村勉事務所）

065 横須賀市藤原邸
（写真提供：中村勉事務所）

067 ウインドキャッチャー／ハイデラバードの産院
（写真提供：中村勉事務所）

069 今西家
（写真提供：中村勉事務所）

071 大東文化大学
（図素材提供：中村勉事務所）

073 浪合フォーラム中央公民館
（写真提供：中村勉事務所）

075 上　出典：東京大学清家剛研究室
下　出典：キマド株式会社

077 トンキラ農園
（写真提供：中村勉事務所）

079 表出典：「室内濃度指針値一覧表」厚生労働省化学物質安全対策室

081 写真・情報提供：善養寺幸子氏

083 写真提供・図出典：非電化工房

085 みなと保健所
（写真・図素材提供：中村勉事務所）

087 写真：アフロ

090 写真：縄手英樹／アフロ

［JIA環境会議プロフィール］

公益社団法人日本建築家協会（JIA）では1993年のJIA大会宣言（持続可能な社会に向けての行動指針）以来、建築における地球環境問題に取り組んでいる。JIA環境会議とそのワーキンググループである環境行動ラボは、その具体的な研究、啓発、政策提言や環境建築に関する書籍の企画・出版等の活動を行っている。

世界でいちばん受けたい
環境デザインの授業

2017年2月1日 初版第一刷発行

著者――中村勉+近角真一+白江龍三+伊藤正利［JIA環境会議］
発行者――澤井聖一
発行所――株式会社エクスナレッジ
〒106-0032
東京都港区六本木7-2-26
http://www.xknowledge.co.jp/
問合せ先――［編集］
Tel: 03-3403-1381
Fax: 03-3403-1345
info@xknowledge.co.jp
［販売］
Tel: 03-3403-1321
Fax: 03-3403-1829

無断転載の禁止
本誌掲載記事（本文、図表、イラストなど）を当社および著作権者の承諾なしに無断で転載（翻訳、複写、データベースへの入力、インターネットでの掲載など）することを禁じます。